칼빈의 성경해석학,
성경해석자로서 성령

칼빈의 성경해석학, 성경해석자로서 성령

고광필 · 김재흥 지음

UBF 출판부

칼빈을 공부하도록 도와주시고 기도해주신
한국의 칼빈, 정규오 박사님께 이 책을 드립니다.

목차

추천사

고광필 교수님은 광신대학교에서 20년 동안 봉직하면서 후학들을 양성하신 실력과 인격을 겸비한 분입니다. 그동안 건강의 어려움 속에서도 변함없는 자세로 칼빈을 연구하시고 학생들을 따뜻하게 보살펴 주셔서 큰 은혜가 되었습니다. 특별히 "칼빈주의 신학의 보수와 선포"라는 교훈을 따라 광신대학교에서 정규오 박사님의 뜻을 받들어 20년 동안 칼빈에 대해서 연구하고 가르치시므로 목회자 후보생들에게 올바른 신앙의 기초를 놓아 주셨습니다. 공저자인 김재홍 목사님도 고광필 박사님 밑에서 칼빈의 성경해석학을 공부하여 박사학위를 하였습니다. 두 분의 노력으로 칼빈 성경해석학에 대한 귀한 책이 나오게 되어 감사하고 축하를 드립니다.

다음 세대를 이끌어 갈 대학생들과 영적 지도자들에게 성경을 올바르게 해석하고 가르치는 일은 참으로 중요합니다. 요즘 외적인 부흥일변도의 목회 방법론이 판치는 세태를 바라볼 때 안타까운 마음이 듭니다.

이 책은 기독교 역사 속에서 성경 해석의 변천과정을 살피고, 칼빈의 성경해석학이 갖는 의의를 깊이 연구했다는 점에서 큰 의미가 있습니다. 그동안 칼빈신학을 연구한 학자들이 많이 있었지만, 칼빈의 성경해석학을 깊이 있게 연구한 책은 한국에서 매우 희귀했습니다. 이 책은 칼빈이 주장하는 바, 성경을 해석함에 있어서 성령의 역할이 얼마나 중요한가를 강조하고 있습니다. 성경을 단지 이성적으로만 접근하지 말고, 기도함으로, 경외심을 가지고, 성령의 도우심을 받아야 할 필요성을 절실히 느끼도록 합니다. 이 책이 칼빈신학을 연구하는 학자들에게나, 성경을 해석하고 설교하는 일선 목회자들에게 큰 도움과 영적 자양분이 되리라 믿습니다.

광신대학교 총장 정규남 박사

서문

저는 칼빈을 공부해온지 21년이 넘어갑니다. 칼빈 공부는 자의적이라기보다는 타의적이었습니다. 여기서 타의적이라는 말은 칼빈을 공부하게 하신 분은 첫째는 하나님이요, 둘째는 한국의 칼빈이라고 불리우는 광신대학교 정규오 초대 총장님의 권유로 칼빈 공부를 실제적으로 시작했습니다. 저는 칼빈을 좋아했다기보다는 어거스틴과 루터를 더 좋아했습니다. 특히 실존주의 효시인 소렌 키에르케골(Soren Kiekegaard)과 20세기 언어철학의 효시인 루드위그 비트겐슈타인(Ludiwig Wittgenstein)을 매우 좋아했습니다. 그래서 저의 학위논문이 비트겐슈타인의 문법이라는 개념을 도입해서 키에르케골의 자아 개념(The Grammar of the Self: Soren Kierkegaard)을 분석하는 것이었습니다. 그러나 저는 학위를 마치고 한국에 돌아와서 대학생성경읽기선교회 이 여호수아목자님의 소개로 전 세계에서 둘째가라면 서러울 정도로 칼빈주의를 선포하고 사수하는 광신대학교에 둥지를 틀게 되었습니다. 그래서 정규오 총장님의 강권으로 칼빈 공부를 시작했습니다. 지금 돌이켜보면 정규오 목사님께 마음으로부터 깊이 감사를 드립니다. 그 분이 아니었다면 믿음의 대학 광신대에 오지도 않았을 것이며 지금의 저도 없었을 것입니다. 이것이 다 하나님의 예정과 섭리 가운데 이루어졌으며 오늘의 저는 하나님의 은혜로 된 것입니다. 하나님께는 찬양을, 정규오 목사님께는 감사와 존경을 드립니다. 그리고 이 부족한 책을 정규오 총장님께 감히 드립니다.

칼빈을 공부하기 위해 새롭게 공부해야하는 언어가 라틴어와 불어입니다. 원어를 잘 모르면 깊은 이해가 어렵기 때문에 원문을 읽을 수 있는 언어를 공부하는 것은 필수적입니다. 그러나 광주에서 라틴어를 가르치는 학교가 없었습니다. 저는 라틴어를 공부하기 위해 서울에 2주 동안 머물었는데 그때 정규오 총장님이 2주간 머무를 수 있는 물질을 마련해 주셨습니다. 그러나 2주 공부하여 라틴어를 마스터할 수 없었습니다. 결국 수소문 끝에 찾은 곳이 광주 카톨릭대학이었습니다. 그곳에 계시는 박상배 교수님으로부터 1년 이상을 무료로 라틴어를 배웠습니다. 박상배 교수님께 감사를 드립니다.

2002년에는 미국 미시간주 Calvin 대학교에 있는, 세계적으로 유명한 칼빈연구센타인 헨리 미터 센타(H. Henry Meeter Center for Calvin Studies)에서 교수 연구장학금(faculty research fellowship)을 받아서 칼빈을 공부할 기회를 가졌습니다. 이 연구가 칼빈의「기독교강요」를 이해하는데 큰 도움을 주었습니다.[1] 그리고 다시 우리 학교에서 영어를 가르쳤던 R. Kibby 교수가 광주 프랑스문화원에 등록금까지 내주어서 불어를 다시 공부하게 되었습니다. Kibby 교수님께도 진정으로 감사를 드립니다. 6개월쯤 공부하다가 몸이 아파서 중단했다가 2005년 간 이식수술 후 다시 시작하여 1년을 다시 공부했습니다. 그러나 아직 몸이 약하기 때문에 집에서 불어 성경과 라틴어 성경을 읽으면서 공부하고

1. 본 책에 저술된 "성경해석목표"는 2002년 미국 칼빈연구소 헨리미터센터에서 연구장학금으로 연구한 논문의 일부이다

있습니다. 아직 부족하지만 지금은 사전을 가지고 원문을 읽을 수 있을 정도가 되었습니다. 하나님께 감사를 드립니다. 하나님이 앞으로 기회를 주신다면 더 열심히 칼빈을 공부하기를 소망합니다.

저의 신학이해에 지대한 영향을 준 사람이 세 사람이 있습니다. 연대기적으로 말하면 첫째, 소렌 키에르케골입니다. 그는 저에게 인간을 이해하는 길을 가르쳐 주었습니다. 둘째, 루드위그 비트겐슈타인입니다. 그는 저에게 언어의 사용(the grammar of language)을 통한 이해의 길을 가르쳐 주었습니다. 마지막으로는 존 칼빈입니다. 그는 저에게 성경을 올바로 이해할 수 있는 길을 가르쳐 주었습니다. 성경은 성령의 내적 조명을 통해 읽고 연구하고 설교 해야만 올바로 이해할 수 있다는 것이었습니다. 참으로 놀랍고도 하나님 앞에 무릎을 꿇게 하는 경외심을 갖게 하는 칼빈의 통찰이라고 감히 고백하고 싶습니다. 요약하면 성경의 해석자 성령이 당신이 기록한 성경의 의도를 파악하여 성경본문의 자연스럽고 분명한 문자적인 의미를 드러내는 것이 가장 좋은 성경해석방법임을 배웠습니다. 그리고 그 말씀을 경외심을 가지고 순종할 때만이 백배 육십배 삼십배의 결실을 맺을 수 있는 신앙생활을 할 수 있음을 배웠습니다.

이번에 김재홍 박사와 같이 칼빈 성경해석학을 마무리하는 저술을 출판하게 되어 매우 기쁩니다. 김재홍 박사는 저의 도움을 받으며 박사과정 동안 칼빈의 성경해석학을 집중 연구하였습니다. 이 책은 저의 칼빈 성경해석학 연구 20년의 결실이자, 김재홍 박사의 연구 결과이기도 합니다. 참으로 하나님께 영광과 찬양을 드립니다. 바라옵기는 앞으로 칼빈을 더 깊이 공부하여 '성경의 진정한 해석자는 성령'이라는 칼빈의 깊은 뜻을 이 땅에 펼치는 경건한 목회자요, 탁월한 신학자들이 많이 배출되기를 간절히 기도합니다.

이제 이 책을 출판하는 데 도움을 주신 분들에게 감사를 드릴 시간입니다. 먼저 지금까지 저를 인도해주시고 지켜주시고 오늘을 있게 하신 하나님께 찬송과 영광을 돌려 드립니다. 그동안 부족한 저를 위해 기도해주신 광신대학교 정규남 총장님, 그리고 이사장님과 이사님들께도 감사를 드립니다. 저의 신앙의 아버지요 어머니로서 기도해주시고 도와주신 대학생성경읽기선교회의 세계 대표이셨던 전요한 박사님과 전선지 사모님께 진심으로 감사를 드립니다. 언제나 어려울 때 기도해주시고 도와주신 나의 친구, 정준기 교수님께 마음으로부터 감사와 존경을 드립니다. 그동안 20년 이상을 광신이라는 공동체에서 함께 살아오며 기도해 주신 조봉근 교수님, 정명자 교수님, 동료 교수님들과, 저와 같이 칼빈을 배우고자 기도하고 공부했던 광신대학교 학생들, 그리고 저를 위해 알게 모르게 기도해주신 모든 분들께 마음으로부터 뜨거운 감사를 드리며 하나님의 놀라운 축복이 임하기를 기도합니다. 부족한 저를 위해 염려하며 기도해주신 보성 득량제일교회 나현주 목사님, 경주 선교교회 박광준 목사님과 광주 UBF 청소년사역담당 사역자 김홍기 목사님께 감사를 드립니다. 그동안 광주 서현교회에서 오랫동안 칼빈에 대한 동영상 강의를 하도록 배려해주신 박은식 박사님, 그리고 부족한 저를 위해서 기도해주신 두암 중앙교회 박성수 박사님께도 감사를 드립니다. 또한 이 책을 출판하도록 배려해 주신 UBF 한국대표이신 김다윗 목자님께도 감사를 드립니다. 정성껏 추천사를 써 주신 정규남 총장님과 정준기, 조봉근, 안명준, 이승구, 문병호 교수님들께도 감사드립니다.

- 고광필

하나님의 종으로 부름 받아 하나님의 말씀인 성경을 해석한다는 것은 큰 영광임과 동시에 두려운 일입니다. 주님이 맡겨주신 영혼들을 잘 돕기 위해서 어떻게 성경을 해석하여 가르칠 것인가 수없이 많은 고민을 했습니다. 그런데 칼빈의 성경해석학을 전공하면서 말씀의 종으로서 가져야 할 바른 성경관과 성령의존적 성경해석을 배우게 된 것은 참으로 감사한 일입니다. 칼빈에게 있어서 성경은 단지 학문의 대상이 아니었습니다. 살아계신 하나님의 음성이기에 그는 성경을 참으로 사랑했고, 하나님의 말씀을 올바로 해석하여 왜곡됨이 없이 전하고자 몸부림쳤습니다. 칼빈은 성령이 인간저자를 영감하셔서 성경을 기록하게 하셨기 때문에, 성경해석의 주체도 성령이어야 한다고 주장하였습니다. 칼빈은 성령의 신학자요, 경건의 목회자로서 단지 성경해석의 이론만 가르친 것이 아니라, 목회현장에서 실제 본을 보인 사람입니다. 이처럼 귀한 칼빈의 성경해석학을 고광필 박사님 밑에서 5년 동안 배우게 되어 하나님께 감사를 드립니다. 고 박사님은 학문의 선배이자, 신앙과 인생의 선배로서 저에게 많은 사랑과 가르침을 베풀어 주셨습니다. 항상 목회로 바쁜 저를 섬세하게 배려해 주시고, 좋은 자료들을 건네주시며, 유익한 가르침을 아끼지 않으셨습니다. 학문적인 측면, 그리고 영적인 측면, 목회적인 측면에서 칼빈이 어떻게 하나님의 말씀을 대하고, 해석하고, 설교했는가에 대해서 수시로 저에게 가르쳐 주셨습니다. 그래서 제가 단지 머리로만이 아니라 가슴으로 성경을 대하고, 칼빈과 같이 성령의존적 성경해석, 경건의 성경 해석을 하고자 애쓰게 되었습니다. 그러나 아직도 한없이 부족할 따름입니다. 또한 광신대에서 공부할 수 있도록 여러모로 환경을 마련해 주신 정준기 박사님께 감사를 드립니다. 정 박사님은 제가 2001년 서울에서 광주로 내려왔을 때부터 아버지같은 사랑과 섬세한 관심으로 보살펴 주셨습니다. 또한 학문적인 소양을 키우도록 많은 조언을 해 주셨습니다. 조봉근 박사님은 친절하게 저의 논문 지도를 해 주시고 성령론 분야에 바른 시각을 갖도록 많은 도움을 주셨습니다. 또한 저의 논문을 지도해 주시고 성경해석학 분야에 지평을 넓혀주신 안명준 교수님께 감사를 드립니다. 탁월한 지성과 온유함으로 격려해 주신 이승구 교수님께 감사를 드립니다.

이 책이 나오기까지 격려해 주신 광신대학교 정규남 총장님, 그리고 저의 신앙의 은사가 되시는 UBF의 Sarah Barry, John Jun, Grace A. Lee, Joseph Chung, Mark Yang, Joseph Ahn, Isaac Kim, Paul Hong, Jacob Lee, Abraham Lee, Peter Chang, Paul Koh 선교사님들과 이여호수아, 이사무엘, 김다윗, 이바울, 이다니엘 목자님들께 감사를 드립니다. 광주에서 함께 사역하시는 박다윗, 박요한, 송누가, 김모세, 이요셉, 박요셉, 신아브라함, 온갈렙, 이다윗 목자님들께 감사를 드립니다.

– 김재흥

들어가는 말

칼빈에 의하면 성경의 진실되고 확실한 해석자는 성령이다.[2] 참으로 성경해석에 대한 혁명적인 선언이다. 많은 사람들이 신학자나 목회자에 의해서 성경이 해석되는 줄 알고 있다. 그러나 신학을 공부했다고 해서 다 성경을 올바로 해석할 수 있는 것은 아니다. 성경의 진정한 해석자는 성령이기 때문이다.

성부 하나님이 성령 하나님을 통해서 성자 하나님에 대해서 기록한 것이 성경이라고 한다면 성경의 진정한 저자는 사도나 선지자가 아니라 성령 하나님이다. 선지자나 사도는 성령의 감동을 받아서 성경을 기록한 필사자(筆師者)에 불과하다.

성경의 저자는 하나님(authorem eius esse Deum)이다.[3] 따라서 성경은 절대무오한 하나님의 말씀이며, 신앙과 행위의 유일한 규범이다.[4] 하나님이 성경을 기록했기 때문에 하나님은 성경자체 내에 성경을 올바르게 해석하는 길을 제시하고 있다고 칼빈은 본다. 이 길이 성령이 성경을 해석한다는 말이다. 다시 말하면 성경은 스스로 성경을 해석한다(scriptura ipsa sui interpres)는 말이다.

초대 교부들이나 중세신학자들도 성경해석에 있어서 성령의 역할을

2. Comm. on Cor 2:10('Holy Spirit of God is a sure and faithful interpreter of his prophetic declaration(quis enim certior aut fidelior erit interpres huius oraculi quod ipse Iesaiae dictavit, sicut os Pauli expousuit); Comm. on Cor 2:10(Hoc est spiritus Dei, a quo procedit evangelii doctrina, solus est verus eius interpres, quia eam nobis patefaciat./ The Spirit of God is the only true interpreter for opening it up to us).
3. Inst., 1.7.4.
4. 웨스트민스터 대요리문답」, 문 3.

무시하지는 않았으나 칼빈처럼 성경의 진정한 해석자는 성령이라고 강력하게 주장하지는 않았다. 더구나 현대 해석학자들은 성경해석에 있어서 아예 성령의 역할 자체를 거론하지 않는다.

오늘날 목회자들은 '초대교회로 돌아가자'라는 케치프레이스를 내걸고 있다. 초대교회 교부들은 경건하고 정통적인 규범에 충실했고, 신자생활에 있어서 성령의 중요성을 역설했다. 그러나 오늘날 신자들은 초대교회 성도들의 신앙을 본받는 것이 중요함을 알지만, 신앙의 규범이 어디에 기초해야 하는지 잘 이해하지 못하는 경우가 많다. 신앙과 생활의 규범은 성경이지 초대 교회가 아니다. 따라서 우리가 돌아가야 할 곳은 초대교회라기 보다는 하나님의 말씀, 즉 신앙과 행위의 규범인 성경으로 되돌아가야 한다. 그래서 오늘날 우리가 외쳐야 하는 케치프레이스가 있다면 그것은 '성경으로 돌아가자' 혹은 '오직 성경(sola scriptura)으로' 라는 종교개혁의 절규일 것이다. 진정한 의미에서 종교개혁은 오직 성경을 통해서 이루어졌으며 이런 점에서 종교개혁은 성경의 재발견 혹은 성경의 절대권위를 회복한 것이라고 말할 수 있다.

오늘날 교계에는 설교에 있어서 중요한 것은 성경만이 아니라 "성경과 신문"이라는 말이 유행하고 있다. 설교하기 위해서는 한 손에 성경을, 그리고 다른 한 손에는 신문을 읽어야 한다는 말로 이해할 수 있다. 물론 성경의 말씀을 적용하기 위해서 현재 우리가 살아가고 있는 현실상황을 이해하기 위해서는 신문을 읽는 것이 필요하다. 그럼에도 불구하고 우리가 살고 있는 실존 상황이 성경을 해석하거나, 성경과 신문을 동일시한다거나 서로 상호적으로 해석하는 것은 올바르지 못하다. 성경이 우리의 현실상황을 해석하고 개혁해야 하기 때문이다.

성경과 신문이라는 말은 오늘의 목회현장에서 설교는 성경과 실존 상호적인 관계에서 이루어진다는 설교에 대한 잘못된 의식이 목회자의 마음속에 은연중에 자리 잡고 있지 않나하는 의구심을 마음으로부터 떨쳐버릴 수가 없다. 다시 말하면 성경해석에 있어서 성경이라는 텍스트(text)와 현실이라는 콘텍스트(context)가 서로 상호작용을 하는 과정에서 해석이 이루어진다는 것이다. 물론 해석에 있어서 해석이란 텍스트와 해석자의 상호관계에서 시작되기 때문에 해석이란 일방통로가 아니라 쌍방적이라는 말은 맞는 말이다. 그럼에도 불구하고 올바른 성경해석은 텍스트(text)에 의해서 항상 콘텍스트(context)는 개방되고 조절되어져야한다. 콘텍스트(context)는 항상 유동적이지만 변하지 않는 것은 성경이라는 텍스트(text)이기 때문이다. 칼빈의 입장에서 보면 올바른 성경 해석이란 성령이 해석자의 지평을 항상 새롭게 해주어야만 한다. 성경이 항상 상황을 해석하고 변화시켜야 한다.

성경은 하나님의 말씀이다. 그래서 우리는 해석에 앞서서 하나님의 말씀을 들을 귀를 가지고 들어야 한다. 들을 귀를 가지게 하는 것이 성령의 역할이다. 듣지 않고 어떻게 하나님의 말씀을 선포 할 수 있는가? 하나님의 말씀을 듣고 그 말씀을 순종하기 위해서 설교하고 주석하고 해석해야 한다. 아무리 문자적으로 올바른 해석이라 할지라도 순종이 없는 성경해석은 감동을 주지 못하기 때문이다. 여기서 칼빈의 입장에서 순종은 경건이라고 할 수 있다. 그래서 칼빈은 경건 없이는 올바른 하나님의 지식을 가질 수 없다고 힘주어 말하고 있다.[5] 다시 말하면 올바른 하나님의 지식은 경건에 의해서 탄생된다는 말이다. 이것은 아기

5. Inst., 1.6.2(Omnis recta cognition Dei ab obedientia nascitur).

를 잉태한 사람이 산모라고 말하는 것과 같다. 산모가 되지 않고 산모처럼 말한다면 그것은 사기꾼이다. 그런 성경해석은 거짓 해석이다. 감화력을 주지 못한다. 산모가 되게 하는 것이 성령의 역할이다. 성령은 그냥 우리로 하여금 산모가 되게 하는 것이 아니라 말씀을 순종하게 함으로 우리로 하여금 산모가 되게 한다. 그래서 하나님의 말씀을 성령을 통해서 우리 삶에서 잉태해야 한다. 그래야 산모가 되는 것이 아닌가? 성령이 하나님의 말씀을 우리의 삶에서 순종(경건)하게 함으로써 우리의 신앙을 성장시키며 올바른 하나님에 대한 지식을 갖게 한다. 이 점이 성경해석에서 경건의 중요성을 부각시키는 점이다.

칼빈의 성경해석학에 대한 수많은 논문이나 책들이 나왔다. 그 나름대로 자신의 관점에서 칼빈의 성경해석학을 조명하고 있다. '성경해석자로서 성령'이라는 저서도 저자의 관점이 있다. 저자는 세상의 어떤 해석이론을 도입해서 칼빈의 성경해석학을 설명하는 것이 아니라 칼빈 스스로 천명한 혁명적인 선언을 통해서 그의 성경해석학을 조망해 보고자 한다.

칼빈은 학문적으로나 경건함에 있어서 타의 추종을 불허하는 '탁월하고 경건한, 교회를 위한 목사(the eminent and godly pastor for the Church)였다'고 그의 친구 갈라스 목사는 평가 했다.[6] 칼빈은 그의 학식과 주석, 설교에서 타의 추종을 불허하는 탁월한 신학자요 목회자였다. 그는 목회자는 일급 신학자가 되어야한다고 강조했다.[7] 이것은 목

6. Calvin's Commentaries, Vol.VII(volume second), Epistolary Dedication by Nicolas Des Gallars to the Ancient Friend, John Crispin), Xiii.
7. One of the most memorable sentences occurs in one of his sermons on Deutronomy(5:23-27). "Nul ne sera jamais bon ministre de la parolle de Dieu sinon qu'il soit premier escolier"(No a good minister of the Word of God if he is not a first-rate scholar).

회자는 경건뿐만 아니라 학문적으로도 탁월한 목회자가 되어야 함을 의미한다. 그리고 그는 신구약성경을 거의 다 주석했으며, 불후의 명저 「기독교 강요」를 저술했다. 또한 수많은 신학적인 논문과 제네바에서 설교를 통해서 교회를 개혁한 목회자였다. 어찌 보면 성경해석의 권위자로 불리울 수 있는 위대한 신학자요, 목회자였다. 그럼에도 불구하고 그가 진정한 성경해석자는 성령이라고 말한 것은 성경을 하나님의 말씀이요, 성경의 진정한 저자는 성령임을 깊이 깨달은 사람이었다는 사실을 인식하게 한다. 그래서 그는 성경의 진정한 해석자는 성령이라는 명언을 했지 않는가!

모든 성경은 하나님의 감동으로 된 것이라고 사도 바울이 말했다(딤후 3:16). 여기서 성경이라는 말은 헬라어로 '기록'이라는 말이다. 어떻게 헬라어로 쓰여진 기록이 성경이 될 수 있는가? 무엇이 기록을 거룩하신 하나님의 말씀이 되게 했는가? 그것은 사도나 선지자가 아니라 성령의 감동(all scripture is inspired by God)으로 쓰여졌기 때문이다. 성령이 헬라어 기록을 성경으로 만드는 것이다. 그래서 성경의 저자는 성령 하나님이다. 다시 말하면 성부 하나님은 성령 하나님을 통해 사도와 선지자들을 감동 감화시켜 성자 하나님에 대해서 기록하게 하셨다. 이것이 성경이다. 따라서 성경의 진정한 해석자는 목회자도 신학자도 아니고 성령 하나님이시다.

성경은 성령의 감동으로 쓰여졌기 때문에 절대무오하며, 절대적인 권위가 있으며 우리의 신앙생활에 유익하다(딤후 3:16). 그래서 성경을 권위 있게, 그리고 올바르게 해석해야 한다. 올바른 성경해석이란 첫째, 성경을 통해 예수님에 의해서만 구원받는다는 교훈을 배워야 한다. 둘째, 책망을 받아야 한다. 셋째, 책망 받은 것을 고쳐(회개)야 하며, 넷

째, 올바르게 살도록 가르치고 교육시켜야 한다(딤후 3:16).[8]

본 저서는 세 부분으로 구성된다. 앞 부분은 칼빈 이전의 성경해석을 다룬다. 여기서 초대 교부 중에서 어거스틴의 성경해석학과 안디옥과 알렉산드리아 학파의 해석을 다룬다. 중간 부분에서는 칼빈의 성경해석, 즉 성경해석자로서 성령을 다룬다. 마지막 부분에서는 현대해석자들의 견해를 칼빈의 입장에서 평가한다.

따라서 본 저서의 요지는 성경의 진정한 해석자는 성령이라는 것을 천명하는 것이다. 성경해석자로서 성령이라는 제하에 칼빈의 성경해석의 목표, 방법, 해석자의 자질을 재구성하고자 한다. 이 구성은 인위적인 것이 아니라 칼빈이 사용하는 성경해석방법을 종합적으로 분석, 평가한다는 말이다. 진정 칼빈은 성경해석사에 있어서 타의 추종을 불허하며 성경해석에 대한 새로운 지평을 제시한 위대한 하나님의 종이다.

8. 초대교회의 교부들도 딤후 3:15-17을 주석 했고 어떤 교부도 성경의 유익성에 대해서는 언급을 했는데 권위에 대해서는 언급이 없다. 이것은 무엇을 말하는가? 성경의 권위는 칼빈에게 아주 중요한 교훈임을 시사한다. 성경의 저자가 하나님이 아니라면 기독교에 대한 모든 교리는 허무맹랑한 것으로 돌아가기 때문이다(Ancient Christian Commentary on Scripture: Colossians, 1-2 Thessalonians, 1-2 Timothy, Titus, Philemon, New Testament IX, Editted by Peter Gorday, General Editor, Thomas C. Oden (Illinois:Downers Grove:Inter Varsity Press, 2000), 268-269.

The true interpreter of the Bible is the Holy Spirit.

"성경의 진정한 해석자는 성령이시다"

1장 칼빈 이전의 성경해석 – 초대교부 성경해석

프뢸리히(Karlfried Froehlich)에 의하면 교회사는 성경 해석사이다.[9] 이 말은 교회사를 역사로 보는 견해라기보다는 성경 해석 관점에서 교회사를 이해한 것으로 볼 수 있다. 그래서 성경 해석은 교회의 신앙과 삶을 형성하며 동시에 교회의 신앙과 삶은 성경 해석의 결과이다. 이런 점에서 본다면 교파 형성의 주된 요인은 사회적 경제적 정치적인 요인에 기인하는 것이라기보다는 성경 해석에 기인한 것으로 보는 것이 타당하다. 각 교파의 성경 해석이 다르기 때문에 그 교파에 속한 신자의 신앙과 삶이 다르다.

교회사를 보면 여러 가지 이단들이 있다. 이단으로 판정된 것은 그들이 성경을 잘못 해석하는 데서 기인한다고 볼 수 있다. 그 중에 아리우스는 예수님은 하나님에 의해서 탄생되었기 때문에 하나님과 동등 되지 않으며 예수님을 우주의 조성자인 희랍의 데미어즈나 요즘 식으로 말하면 슈퍼맨 정도로 이해했다. 정통주의 신학자들은 니케아 회의에서 아리우스의 주장을 이단으로 정죄하고 예수님은 하나님과 동일하신 분으로 규정했다.

> 나는 한 주 예수 그리스도를 믿는다. 그는 하나님의 독생자이시며, 모든 세상이 있기 전에 하나님에게서 나셨으며 하나님의 하나님이시요,

9. Biblical Hermeneutics in Historical Perspective ed. Mark S. Burrow & Paul Rorem (Michigan: William Eerdmans Publishing Company, 1991), 15. David L. Puckett, John Calvin's Exegesis of the Old Testament (Kentucky: Westminster John Knox Press, 1995), ix.

> 빛의 빛이시요, 참 하나님의 참 하나님이시다. 그는 하나님께서 나셨으나 지으심을 받지 않으셨으며, 모든 것을 지으신 아버지와 한 본체를 가지신 분이시다. 그는 인류와 우리의 구원을 위하여 하늘에서 내려오셨고 성령에 의하여 동정녀 마리아로부터 몸을 입으시고 사람이 되시어서 우리를 위하여 본디오 빌라도에 의하여 십자가에 달리셨다.[10]

그렇다면 아리우스의 잘못이 어디에 있는가? 성경을 너무 한쪽으로 치우쳐서 해석한데 있다. 요한복음 1:1은 예수님의 신성을 명확히 증거하고 있는데도 불구하고 아리우스는 인간의 몸을 입고 탄생한 사람이 어떻게 하나님과 동등된다고 말할 수 있는가?라고 질문했다. 그렇다. 이성의 논리로 보면 인간으로 태어난 사람이 어떻게 하나님과 동등 된다고 말할 수 있는가? 이성의 논리에 어긋난다. 그럼에도 불구하고 성경은 분명히 예수님은 하나님과 동등된 분이라고 기록하고 있다. 성경대로 믿어야 한다. 그렇지 않고 철학적 논리를 성경의 신적 기원보다도 더 우위에 놓으려고 하면 성경을 잘못 해석하는 오류를 범하게 된다. 성경 해석에서 논리적인 사고가 불필요한 것은 아니지만 논리적인 사고를 성경의 신적 권위보다 앞세우려 하는 것은 성경은 하나님의 감동으로 쓰여졌다는 사실을 인정하지 않은 데서 온 것이다. 성경의 저자가 하나님이라는 사실을 인정하지 못할 때 성경을 올바로 해석한다는 것은 불가능하다.

신앙과 삶의 규범은 성경 해석에 기인한다. 문제는 어떻게 성경을 올바로 해석해서 성경이 기록하는 말씀대로 올바른 신앙을 갖고 그대로 살 수 있는가 하는 문제이다. 오늘처럼 문화적으로 다원화되고 사회적으로 혼탁하고 도덕적으로 부패되고 혼동된 세상에서 신앙으로 살기

10. 「개혁주의 신앙고백집」, 김의환 목사 편역, 10-11.

보다는 감정과 느낌으로 살려고 하는 풍조가 강한 시대에 사는 우리에게 올바른 성경 해석에 기인한 올바른 신앙과 삶은 대단히 중요하다.

오늘날 많은 신자들이 신자로서 정체성이 불투명하다고 한다. 이것은 이들을 지도하고 교육해야 할 목회자들의 책임이 크다고 볼 수 있다. 정체성이란 자연적으로 형성되는 것이 아니라 어떤 신앙과 삶을 사느냐에 따라서 정체성이 확립되는 것이다. 개혁주의 신앙에 따라서 살면 개혁주의 신자의 정체성을 가지는 것이고, 자유주의 신앙에 따라서 살면 자유주의 정체성을 갖는 신자가 되는 것이다. 올바른 성경 해석과 그에 입각한 삶을 살도록 교육하는 것은 한국 교회의 장래를 결정하는 중요한 요소라고 본다. 이런 위기적인 상황에서 초대 교부들의 성경 해석 논리를 살피는 것은 오늘을 사는 우리에게 주는 교훈이 크다고 생각한다. 오늘의 우리는 진공 속에서 나온 것이 아니라 과거에 기초하고 있다. 그래서 오늘의 성경 해석을 올바로 이해하기 위해서는 과거의 성경 해석 논리를 살피는 것이 필연적이다. 초대 교부들은 현대에서 말하는 해석학의 이론은 아닐지라도 성경을 올바로 해석하는 논리를 그 시대에 맞게 정립했다. 따라서 이 글에서는 초대 교부들의 성경 해석 논리를 살피고자 한다.

믿음의 규범(the rule of faith)

동방 교부인 이레네우스(Irenaeus,140~203)는 이단, 영지주의와 말시온주의자들에 반대해서 올바른 성경 해석 논리로 "진리의 척도" 혹은 믿음의 규범을(the cannon of the truth/ the rule of truth)를 제시하고 서방 교부인 터툴리안(Turtulian, 155~230)은 "믿음의 규칙"(the rule of faith)을 성경을 올바로 해석하는 논리로 설정했다. 이레네우스는 믿음의 규범을 이렇게 정의했다.

교회는 비록 전 세계에 걸쳐 퍼져있지만 ...사도들과 그 제자들로부터 이 신앙을 전수받았다. 한 하나님, 전능하신 성부를 믿는다. 그는 하늘과 땅과 바다와 그리고 그 가운데 있는 모든 것을 만드신 분이다. 그리고 한 분 그리스도 예수, 하나님의 아들을 믿는다. 그는 우리의 구원을 위해 성육신 하셨다. 그리고 성령을 믿는다. 그는 선지자들을 통하여 섭리와 강림, 사랑하는 우리 주 예수 그리스도의 동정녀 탄생과 수난과 죽은 자로부터의 부활과 승천과, 만물을 총괄(엡1:10)하고 인류 전체의 모든 육체를 새롭게 일으키시기 위해 영광중에 하늘에서 장차 나타나실 것을 선포하셨다. 이는 보이지 않는 하나님의 뜻에 따라 그리스도 예수, 즉 우리 주요 하나님이시요 구세주이시요 왕 되신 분께 하늘과... 그 발에 만물이 모두 무릎을 꿇게(빌2:10-11)하시고 모든 혀가 그를 고백하기 위함이다. 그리고 그는 모든 이들에게 정의로운 심판을 하시는데 악한 영(엡6:12)과 타락으로 인해 불경건하고 불의하고 사악하고 속된자들과 함께 반역의 상태로 떨어진 천사들을 영원한 불에 던지실 것이다. 그러나 의롭고 거룩한 자들과, 어떤 이들은 처음부터, 다른 이들은 회개함으로 그의 계명을 지키고 그의 사랑 안에서 견인한 자들에게는 은혜로써 불멸을 주시고 영원한 영광으로 그들을 두르실 것이다.[11]

터툴리안은 믿음의 규범을 이렇게 정의 한다.

이제 신앙의 규칙에 대하여...너희는 다음과 같이 믿음을 규정한 것을 알아야 한다. 오직 한 하나님이 계시는데, 그는 세계의 창조자로서 그 자신의 말씀 즉 '만물의 처음'을 통해 만물을 무로부터 창조하셨다. 이 말씀은 그의 아들로 불리우며, 하나님의 이름으로 족장들에게 여러 형

11. 프란시스 영, 「초대 기독교 신조 형성사」, 이후정.홍삼열 역 (컨콜디아사, 1994), 26-28.

태로 보이셨고, 선지자들에게 말씀하셨고, 마침내 성령과 아버지 하나님의 능력으로 동정녀 마리아에게 내려오셔서, 그녀의 태내에서 육이 되셨고, 그녀에게서 태어나셔서, 예수 그리스도로 사셨다. 그 후 그는 하나님 나라의 새 법과 새 약속을 가르치시고, 기적을 행하시고, 십자가에 달리시고 사흘 만에 다시 사셨다. 그는 하늘로 들리우셔서 하나님 우편에 앉으셨다. 그는 믿는 사람들을 인도하기 위해 자기 대신 성령의 권능을 보내셨다. 그는 영광중에 다시 오셔서 성도들을 영생과 하늘 약속의 열락에로 이끄시고, 악인들을 정죄하사 영원한 불에 던지실 것이다. 이는 모든 이들이 그들의 육체의 회복과 함께 부활이 일어난 이후에 있을 것이다. 이 규칙은 그리스도께서 가르치신 것이고, 이단들이 제기하는 이외에는 우리 중에서는 어떤 질문도 야기하지 않는다.[12]

오리겐(Origen,185-254)은 믿음의 규범을 이렇게 규정한다.

... 거룩한 사도들은 그리스도 신앙을 설교할 때, 여러 교리들 즉 그들이 필요하다고 생각한 것들을 채택해서 가장 평이한 용어로 모든 신자들에게 전해주었다... 사도의 가르침을 통해 평이한 용어들로 전달된 교리들은 다음과 같다:
우선, 하나님은 한 분이시고, 그는 만물을 창조하시고 질서를 세우셨으며, 아무것도 존재하지 않았을 때 우주를 존재하게 하셨다. 그는 세계의 기초인 첫 창조 때부터 하나님이었고 모든 의인들(구약의 영웅들의 목록이 나옴)의 하나님이다. 이 하나님이 마지막 때에 그의 선지자들을 통해 말씀하신 귀중한 예언에 따라 주 예수 그리스도를 보내셨다. 그 후, 땅에 오신 그리스도는 만물의 창조되기 전 아버지에게서 나시고... 이 마지막 때에는 자신을 비워 인간이 되셨으나, 비록 하나님이셨지만

12. Ibid., 27.

육이 되셨다,... 그는 동정녀와 성령에 의해 태어났다는 사실만 다르지, 우리와 똑같은 몸을 스스로 취하셨다. 그리고 이 예수 그리스도는 단지 외형으로가 아니라, 참으로 태어나시고 고난 받으시고, 참으로 우리들과 공통되는 죽음을 죽으셨다. 더욱이 그는 참으로 죽은 자들 가운데서 살아나시고, 부활 후 제자들과 동행하시고 그 후 하늘로 올리우셨다. 또한 사도들은 이 교리를 전해주었다. 즉 성령은 영광과 존귀에 있어서 아버지와 아들과 함께 하나이시며... 다음으로 사도들은 영혼이... 이 세상을 떠난 후 그 보답을 받을 것이고 가르쳤다. 영생과 지복을 상속받든지 ... 아니면 영원한 불과 고통에 넘겨질 것이다... 그리고 죽은 자들의 부활의 때가 있을 것이다(그 후 오리겐은 많은 교리들을 사도적인 것으로 첨가 한다: 자유의지, 악마와의 싸움, 구원으로 인도하는 천사들의 도움 등. 그리고 논란의 여지가 있는 의심스러운 많은 것들을 진술하고 있다)[13]

이레네우스가 정의한 신앙의 규범과 터툴리안의 규범, 그리고 오리겐의 규범은 언어의 사용과 길이에 있어서 다소 다른 점이 있지만 내용에 있어서는 상이하지 않다. 세 교부들은 다 같이 이단에 반박하는 글에서 믿음의 규범을 말했으며 이 규범은 인위적인 것이 아님을 강조한다. 이레네우스는 사도들과 그 제자들로부터 전승된 것임을 강조한 반면 터툴리안은 그리스도께서 가르치신 것이며 이단 외에는 아무도 이 진리의 규범에 대해서 의문을 제기하지 않았으며 오리겐은 사도들이 설교했으며 전해준 것임을 강조한다. 여기서 말하는 믿음의 규범은 그리스도로 부터 가르쳐짐을 받았고 사도들과 그 제자들에 의해서 전승된 것이다. 이 규범은 올바른 성경 해석의 타당성을 가늠하는 자와 같

13. Ibid., 28.

다. 가령, 영지주의자들과 말시온주의자들은 구약의 하나님은 신약의 하나님보다 열등하다는데 공통점을 갖고 있다. 구약의 하나님은 심판의 하나님이며, 신약의 하나님은 사랑의 하나님이라고 했다. 그러나 이레네우스에 의하면 이와 같은 하나님의 이해는 잘못된 것이다. 성경에서 가르치는 하나님은 한 분이 하나님이시며 동일한 삼위일체 하나님이시기 때문이다. 따라서 믿음의 규범은 올바른 성경 해석을 가늠하는 자로서 사용되었을 뿐만 아니라 정통교리의 시금석으로서 발전하는데 지대한 영향을 미쳤다.

구약과 신약은 한 분 하나님의 작품이지만 구약과 신약의 관계성은 서로 상관관계에 있다. 구약 성경은 모형(types)으로 충만하다. 구약의 모형은 신약의 그리스도를 예표한다. 그리스도는 밭에 숨겨진 보물과 같다(마13:44). 그리스도는 구약의 비유나 모형에 의해서 숨겨졌다. 숨겨진 그리스도는 인간의 이성으로서는 알 수 없고 구약에 약속된 메시아, 그리스도가 오심으로 구약의 모형은 분명해지는 것이다. 그래서 구약의 모형은 신약의 그리스도를 통해서 해석되어져야 올바로 성경을 이해할 수 있다. 이레네우스는 이렇게 구약은 그 자체로서 해석하기 보다는 예언의 성취인 그리스도를 통해서 해석되어져야함을 이렇게 말한다.

> 때가 오기 전에는 모든 예언은 사람들에게 수수께끼이며 모순이다. 그러나 그 때가 오며, 예언된 바가 성취되면 그 예언에 가장 확실한 해석이 주어진다. 그러므로 현재 유대인이 율법을 읽을 때 그것은 신화와 같다. 왜냐하면 유대인은 하나님의 아들이 사람으로 오심이 모든 것의 해답임을 받아들이지 않기 때문이다. 그러나 그 율법을 기독교도가 읽을 때 밭에 묻어 놓은 보화요 그리스도의 십자가로 드러난다.[14]

14. R.M. 그랜트,「성서해석의 역사」, 이상훈 역(대한기독교서회, 1990), 59에서 인용. Irenaeus, Adv. Haer. IV., 26.

사랑의 규범(The Rule of Charity)

성 어거스틴의 성경 해석은 알레고리칼한 해석과 문자적인 해석을 병행했다. 그래서, 알렉산드리아 학파를 중심으로 한 풍유적(allegoria/αλληγορια)인 해석과 안디옥 학파를 중심으로한 테오리아(Theoria/θεωρια)를 통한 해석을 병행했다. 어거스틴은 창세기를 문자적으로 3장까지 주석했다. 반 더 미어즈(Van der Meers)는 말하기를 어거스틴은 성경을 하나님의 말씀으로 믿는 학생이었으며 그는 글자 그대로 성경 안에서 산 사람(the believing Bible student... He literally lived in Holy Scripture)이라고 했다.[15] 그는 창세기 주석에서 창세기는 문자적으로 이해되어져야 한다고 믿었으며 문자적인 의미를 깊이 이해한다는 것은 참으로 어려운 일이라고 고백했다. 참으로 성경 해석은 쉬운 일이 아니다. 피와 땀과 하나님의 도우심이 필요하다. 경건한 생활이 필수적이다.[16]

어거스틴은 그의 명저「기독교 교리」(De Christina Doctrina)는 석의신학의 개요(a copendium of exegetical theology)이다.[17] 교회사가인 Philip Schaff는 성 어거스틴의 기독교 교리(De Christina Doctrina /On Christian Doctrine[knowledge])는 최초의 학문적인 성경 해석학이며 고대사에서 그 유래를 찾아볼 수 없는 작품이며 그 후 지금까지 지대한

15. F. vander Meer, Augustine the Bishop: the Life and Work of Father of Church, Trans. Brain Battershaw and G. R. Lamb (London and New York, 1961), 343.
16. 아다나시우스는 성경 해석자의 자질을 On the Incarnation of the Word에서 이렇게 말했다. "In addition to study and real knowledge of the Scriptures, integrity of life, purity of soul and Christlike virtue are required..... Whoever wishes to understand the mind of the sacred writers must first cleanse purify himself by holiness of life and imitate the saints themselves by behaviour similar to theirs."(De Incarn. Verbi, 57).
17. Collectanea Augustiniana, Melanges T.J., Van Bavel, Publes Par (Leuven University Press, 1990), 1028. 기독교 교리에서 교리에 해당하는 희랍 말은 παιδεια라는 말로서 교육이라는 말이다. 희랍사람들은 완전한 인간을 만드는 것은 교육을 통해서만 가능하다고 믿었다.

영향을 미치고 있다고 평가했다.[18] 이 책은 4부로 된 것인데 처음 3부는 주후 397년에, 그리고 마지막 4부는 주후 426년에 완성했다. 그는 그의 「회고록」에서 자신의 책을 성경을 해석하는 데 도움을 주기 위해서 저술했다고 말하고 있다. 다른 말로 말하자면 어거스틴은 그의 저술에서 성경을 해석하는 논리를 제시했다.

어거스틴에 의하면 성경을 올바로 해석하는 것은 아주 중요하며 동시에 성경을 올바로 해석하기 위해서는 성경을 올바르게 해석하게 하는 룰이 필요하다. 올바른 성경 해석은 성경에 기초한 경건한 삶을 형성하도록 하기 때문이다. 이 점에서 성경 해석자는 책임성 있는 해석과 그 해석에 의해서 살아지는 삶을 살아야 호소력이 있고 권위를 가지고 성경을 가르칠 수 있다고 했다. 성경을 해석하는 방법은 성경으로 부터 오지만 세상적인 학문이 필요하지 않는 것은 아니라고 말했다. 성경을 이해하는데 도움이 되기 때문이다. 모든 학문은 성경을 잘 이해하기 위해서 배워야 한다. 그러나 궁극적으로 성경을 올바로 해석하기 위해서는 성령님의 조명(divine illumination)을 통해서 도우심을 얻고 하나님으로부터 오는 지혜를 얻기 위해서 간절하게 기도하며 경건한 생활을 해야 한다고 강조했다.

제 1 부에서는 성경을 해석하는 데는 두 가지 점을 고려해야 한다. 하나는 성경의 저자가 의도하는 의미를 찾는 방법(mode)이요, 다른 하나는 찾은 의미를 효과적으로 가르치는 방법을 고려해야 한다. 첫째 방법을 1-3부까지 다루고 제 4부에서는 둘째 방법을 다룬다.

어거스틴에 의하면 모든 가르침은 사물(things)에 대해서 가르치거나

18. A Select Library of the Nice and Podst-Nicene Fathers of the Christian Church, ed. Philip Schaff, St. Augustine's City of God and Christian Doctrine, Vol.II (Grnad Rapids: WM. B. Eerdmans Publishing Company, 1979), Vii. Cited as CD.

언어(signs)에 대해서 가르친다고 봤다. 사물과 언어는 상관관계가 있다. 첫째, 언어(기호)는 무엇을 표시 혹은 제시(signify)하는 사물이다(signs are things which are used to signify something).[19] 둘째, 언어(기호)는 사물이 감각에 주는 인상을 초월해서 무엇을 생각토록 하는 사물이다(A sign is a thing which causes us to think of something beyond the impression the thing itself makes upon the senses).[20] 이 사실로부터 언어와 사물의 관계를 생각해 볼 수 있다. 인간은 언어를 통해서 사물을 배우며 언어는 사물을 우리에게 제시한다. 우리는 언어를 통해서 사물을 이해하며 언어를 통해서 세계와 관계를 가진다. 여기서 언어의 중요성을 알 수 있다. 어거스틴은 현대 언어철학의 선구자라고 할 수 있다. 따라서, 성경 해석에 있어서 언어의 중요성을 깊이 생각하게 해 준다. 하나님은 인간의 언어를 통해서 우리에게 당신의 뜻을 성경에 계시하셨기 때문이다.

제 2 부에서 어거스틴은 언어에는 자연적인 언어(natural sign/signa naturalia)와 일상적인 언어(conventional sign/ signa data)가 있다고 했다. 자연적인 언어는 의도적으로 사용하는 언어가 아니지만 무엇에 대한 지식을 전달해 준다. 예를 들면, 연기라는 언어는 불을 연상케 한다. 여기서 "연기"라는 언어는 어떤 사람에 의해서 의도적으로 불을 제시하기 위해서라기보다는 연기는 불이 있는 곳에서 나타나는 직접적으로 경험되어지는 현상, 혹은 증상이다. 그러나 일상적인 언어는 언어를 사용하는 사람의 의도 즉 사상, 감정, 이해가 포함되어 있다. 이런 점에서 보면 성경의 언어는 성경 저자의 의도, 사상, 감정을 표현하는 언어라고 할 수 있다. 따라서 성경 해석에 있어서 일상적인 언어가 중요하다. 성경에

19. CD, 1.2.2,11.
20. CD, 2.1.1,5-7.

나오는 언어 중에서 해석상에 어려움을 주는 두 가지가 있는데 그것은 알려지지 않거나(unknown signs) 불명료한 언어(ambiguous signs)이다. 여기서 알려지지 않은 언어는 우리의 무지에서 온다. 이러한 무지는 성경의 원어를 공부함으로 해결할 수 있다. 그리고 명료하지 않은 성경 언어의 의미는 원문을 보거나 문맥을 통해서, 또한 여러 번역본을 비교함으로써 밝혀질 수 있는 것이다. 그러나 성경에 나오는 비유나 풍유를 해석하기 위해서는 세상에서 그 비유나 풍유가 어떻게 사용되어지는가를 공부할 필요가 있다. 다시 말하면, 세상적인 지식을 배울 필요가 있는 것이다.

제 3 부에서는 해석하기 어려운 언어에 대해서 다룬다. 이것은 은유적인 언어(figurative language)이다. 여기서 혼동을 일으키는 것은 문자적으로 해석해야 할 것을 은유적으로 해석한다든지 은유적으로 해석해야 할 것을 문자적으로 해석하는 데서 온다. 성경에 경건한 생활(purity of life)과 올바른 교리(soundness of doctrine)에 관한 것이 아닌 것은 문자적이라기 보다는 은유적이라고 할 수 있다.[21] 여기서 경건한 생활이란 하나님 사랑과 이웃 사랑의 관계가 있으며, 올바른 교리 혹은 가르침은 하나님과 이웃에 대한 지식과 관계된 것이다. 그래서, 하나님을 사랑하고 이웃 사랑을 실천하게 하지 않는 성경 해석은 잘못된 성경 해석이라고 했다. 이해하기 어려운 성경 구절은 분명한 것에 비추어 해석해야 한다고 했다.[22] 이것은 성경의 통일성(the unity in the OT and NT)을 말한다. 성경 전체와 부분은 서로 절대적인 관계를 갖고 있다. 신구약 성경을 라틴어로 번역한 제롬은 성경의 통일성을 이렇게 말했다. "모든 성경은 한 성령에 의해서 서로 긴밀하게 연결되어 있다. 한 체인에 여러

21. CD, 3.10.14.
22. CD, 3.26.

개의 체인이 서로 연결되어 있는 것과 같다. 그래서 하나를 잡아당기면 다른 것도 따라 나온다."[23] 후일 성경의 절대적 통일성은 성경은 성경으로 해석한다는 의미로 이해되어졌다.

어거스틴에 의하면 사물에는 세 가지 종류가 있는 데 즐겨야 할 사물(thing to be enjoyed)이 있으며, 사용될 사물(thing to be used)이 있으며, 즐겨야 하고 사용될 사물(things which use and enjoy)이 있다. 우리가 영원토록 즐거워해야 할 대상은 인간을 행복하게 하고 만족하게 한다. 그러나 사용의 대상은 우리를 만족하고 행복하게 하는 것을 돕는 수단이 된다. 우리를 만족케 하고 행복하게 하는 대상(object)은 인간이 아니요 세상도 아니요 지고의 선이시요 참 인간의 행복이 되시는 삼위일체 하나님이시다. 만약 우리가 사용해야 할 수단을 만족케 하는 대상으로 삼으면 그 인생은 방황하게 되고 타락하게 된다. 왜냐하면 우리 인간은 이 세상에서 영원한 만족을 얻고자 하지만 그것을 얻고 나면 허무하게 되고 또 다시 영원한 행복을 주는 것을 찾아야만 안주할 수 있기 때문이다.

하나님을 제외하고는 이 세상에 있는 것은 사랑의 대상이 아니라 사용의 대상이다. 그러나 세상 것을 사랑하게 되면 영원한 만족을 얻을 수 없다. 왜냐하면 세상 것은 사랑의 대상이 아니라 사용의 대상이기 때문이다. 하나님은 인간을 우리의 유익을 위해서 사용하신다.

성경은 말하기를 "네 마음을 다하고 목숨을 다하고 뜻을 다하여 주 너의 하나님을 사랑하라 하셨으니 이것이 크고 첫째 되는 계명이요, 둘째는 그와 같으니 네 이웃을 네 몸과 같이 사랑하라 하셨으니 이 두 계명이 온 율법과 선지자의 강령이니라"(마22:37-40). 어거스틴에 의하면

23. "All of Holy Scripture is bound togather, and it has been united by one spirit. It is like a single chain, one link attached to another, and when you have taken one, another hangs from it"(Boniface Ramsey, Beginning to Read the Fathers, 40에서 인용.

하나님 사랑과 이웃 사랑이 모든 성경 핵심이다. 그래서 사랑의 규칙(the rule of charity)이 올바른 성경해석의 척도이다. 올바른 성경 해석이란 하나님과 이웃을 사랑하도록 하는 것이다. 하나님은 우리가 즐겨야 할 영원한 대상이요 이웃은 하나님 사랑을 통해서 서로 교제하는 대상이다. 따라서 올바른 성경 해석은 하나님 사랑과 이웃을 사랑하도록 하는데 있으며 그렇게 하는 성경 해석은 설령 저자의 의도를 잘못 이해한다고 할지라도 틀린 성경 해석이 아니라고 했다. 왜냐하면 잘못된 해석이라고 하더라도 하나님을 사랑하고 이웃을 사랑하려다 보면 잘못된 것을 고칠 수 있기 때문이다.[24]

제 1, 2, 3부에서는 성경을 올바로 해석하는 논리를 제시했다. 제 4 부에서는 올바로 해석된 성경의 의미를 효과적으로 전하고 가르치는 논리를 제시한다. 그렇다고 해서 제 4 부가 수사학을 가르치는 것은 아니다. 수사학적인 기술이 지식을 효과적으로 전하는 데 있어서 필요한 것은 사실이지만 결정적으로 중요한 것은 아니다. 성경을 가르치고 전하는 자는 성경을 올바로 해석하는 임무뿐만 아니라 성경에 제시된 진실된 교리를 변증하고 험증하는 임무를 가지고 있다. 그래서 우리는 성경에서 그때 그때 어떻게 진리를 변증하고 험증하는가를 성경으로부터 배울 수 있다. 여기에는 지혜와 웅변술(combination of eloquence with wisdom/수사학)이 필요하다. 예를 들면, 사도 바울은 로마서 5:3-5에 보면 환난 중에 기뻐하는 이유를 말하고 있다. "다만 이뿐 아니라 우리가 환난 중에도 즐거워하노니 이는 환난은 인내를, 인내는 연단을, 연단은 소망을 이루는 줄 앎이로다. 소망이 부끄러워하지 아니 함은 우리에게 주신 성령으로 말미암아 하나님의 사랑이 우리 마음에 부은 바 됨

24. CD, 1.36.40.

이라" 사도 바울의 말은 단순한 언어 배열이 아니라 수사학적인 배열이다. 여기서 말하는 배열은 희랍어로 말하면 크리마스(κμιμαζ/climax)요 라틴어로 말하면 점층법(gradatio)이다. 다시 말하면 처음 '환난이 인내를 가져 오는 줄을 알면서'에서 시작하여 점차 강도가 올라가서 마지막 소망으로 끝나는 클라이막스가 있다. 뿐만 아니라, 첫째, 환난은 인내를, 둘째, 인내는 연단을, 셋째, 연단은 소망이라는 절은 다음 절의 세 단락, 첫째, 희망을 부끄럽지 않게 한다, 둘째, 하나님의 사랑이 마음에 부은바 된다, 셋째, 성령을 통해서 마음에 부어진다와 댓구를 이룬다. 이것은 절편(節片/κομματα 혹은 περιοδος)이라고 부르는 수사학적인 배열이다.[25]

어거스틴에 의하면 목회자에게는 말씀을 선포하고 가르치는 데 있어서 하나님의 말씀을 분명하게 가르치는 명료성이 중요하다. 그래서 하나님의 말씀을 분명히 가르쳐서, 듣는 자를 기쁘게 하여 마음을 움직이도록 하는 것이 중요하다고 했다. 뿐만 아니라 상황에 따라서 가르치는 스타일이 다양할수록 효과가 있다. 가령, 장례 예배 설교와 결혼 예배 설교는 똑같은 설교이지만 설교자의 무드나 목소리의 톤이 같을 수는 없는 것이다.

우리는 믿음으로 성경의 권위를 인정하고 인정한 것을 희망함으로써 살아가며 희망한 것을 사랑으로 소유하게 된다.[26] 성경의 메시지를 효과적으로 전달하기 위해서는 세상적인 수사학적 지식, 인간 이해가 필요하지만 하나님으로부터 오는 지혜를 받아야 한다. 그리고 설교 하기 전이나 설교를 듣는 대상을 위해서 열심히 기도해야 한다. 하나님으로부터 지혜를 얻고 성령님이 듣는 자 안에서 역사하시도록 해야 하기 때문이다. 무엇보다도 중요한 것은 성경을 해석하는 자는 자기가 해석한

25. 소절과 문구가 문장에서 아름답게 그리고 다채롭게 배열하는 수사학적인 방법을 말한다.
26. CD, 1.37.41,38,42.

것을 삶에서 실천하는 사람이 되어야 권위를 가지고 가르칠 수 있다. 앎과 삶이 일치가 되어야 권위를 갖고 가르칠 수 있으며 설득력 있게 전달 할 수 있다. 경건한 사람이 되어야 하나님의 말씀을 올바로 가르칠 수 있다.

정리하면, 어거스틴의 성경 해석은 성경의 문맥에 따라서, 풍유적 문자적인 해석을 병행했다. 뿐만 아니라 성경의 삼중적인 의미를 가르치기도 했다. 그것은 원인론적(aetiological meaning of Scripoture), 유비적(analogical meaning of Scripture), 풍유적(allegorical meaning of Scripture)인 성경의 의미이다.[27] 그러나 올바른 성경해석은 사랑의 규범(The rule of charity)에 의해서 지배된다.

풍유(Allegoria/*αλληγορια*)에 의한 해석

초대 교부들은 성경의 의미는 두 가지 의미, 혹은 두 차원의 의미를 가지고 있다고 믿었다. 문자적인 의미와 영적인 의미이다. 이것은 초대 교부들의 믿음의 조항(the article of faith)이다.

풍유적 해석학(allegorical Hermeneutics)은 주후 2-3세기에 알렉산드리아에서 생겨난 성경해석 방법으로서 성경의 문자적인 의미를 무시하고 영적인 의미를 찾고자 하는 방법이다. 이 성경 해석 방법을 지명 이름을 따 알렉산드리아 학파(The Alexandrian School)의 성경 해석학이라고도 한다. 이 학파의 대표적인 사람은 클레멘트(Clement)와 오리겐(Origin)이다. 클레멘트와 오리겐이 살았을 당시 알렉산드리아는 당대

27. 어거스틴과 동시대 교부인 John Cassian은 삼중적인 의미를 조금 다르게 구분했다. 성경의 도덕적인 의미(tropological meaning), 풍유적인 의미(allegorical meaning), 영적인(anagogical meaning) 의미이다. 도덕적인 의미는 글자 그대로 경건한 생활을 가르치는 의미이며 풍유적인 의미는 숨겨진 의미로서 역사적 사건 배후에 숨어 있는 모형론적인 의미이며 영적인 의미는 천상적인 비밀스러운 의미로서 하나님과 인간이 연합되는 의미를 말한다.

의 석학들이 사는 중심지였으며 당시의 최고의 도서관(70만 장서)을 가지고 있었다고 한다. 그 도시는 플로틴누스와 암모니우스, 사게우스에 의해서 창시된 신플라톤주의, 바실데스의 영지주의, 필로의 사상을 따른 헬라적 유대주의와, 클레멘트와 오리겐의 플라톤주의가 한데 엉켜 끓고 있는 도시였다고 한다.[28]

풍유적인 성경 해석학의 선구자는 헬라적 유대인 필로(Philo)로서 그는 희랍 철학을 이용하여 성경을 해석하고자 했다. 성경의 문자적인 의미를 무시하는 것은 아니지만 문자적인 의미는 성경의 깊은 의미를 발견할 수 없고 풍유적 해석을 통해서만 성경의 깊은 의미를 파악할 수 있다고 믿었다.[29] 가령 창세기 2:1(천지와 만물이 다 이루니라)의 주석을 이렇게 했다. "분리할 수 없는 정신이나 특별한 감각에 의해서 완전하게 된 것이 아니다. 하늘과 땅의 합침, 즉 한 정신의 이데아와 다른 감

28. Justo L. Gonzalez, History of Christian Thought, 1 Vol. (Nashville: Abingdon Press, 1970), 187.

29. Donald A. Hagner, "Philo", New Dictionary of Theology, 509-10. 풍유는 비유법의 하나로 본뜻은 뒤에 숨기고 비유하는 말만으로 숨겨진 뜻을 암시하는 방법, 속담 혹은 격언이라고 한다. 한자로 풍자는 "빗되어 말할 諷"과 "깨우칠 諭라"는 의미로서 빗대어서 말함으로 깨우치는 수사학적방법이라고 할 수 있다. 直喩는 수사법의 하나로서 어떤 사물을 다른 사물에 직접적으로 빗대어 나타내는 수사법으로서 "같다" 혹은 "처럼"이라는 표현을 쓴다. 隱喩(metaphor 숨을 隱)는 수사법의 하나로서 원뜻은 숨기고 유추나 공통성의 암시를 따라 다른 사물이나 관념으로 대치하여 나타내는 방법으로써 예를 들면 "A는 B"이다에서 A는 원관념이고 B는 보조관념이다. 또한 은유는 일상적인 언어를 통해서 그 이상을 초월하는 영적인 의미를 표현할 때 쓰는 표현방법이라고 할 수 있다. 비유는 직유의 연장이다. 그러나 풍유는 은유의 연장이다. 비유나 직유에서는 중요시 되는 표현이나 물체가 분리되는 반면에 은유와 풍유에서는 중요시되는 것이 그 이미지 자체와 동일시 된다. 마태 복음 "너희는 세상의 소금이다"(5:13)에서 기독교인과 소금은 은유의 목적을 위해서 하나로 여겨진다. 요한 복음 "나는 포도나무요 내 아버지는 농부라"(요 15:1)에서 예수와 포도나무는 하나로 묶여져 있다. 한 단어 혹은 문장으로 구성된 은유는 풍유가 아니다. 그러나 이것이 연장되어 세부적인 이야기로 되었을 때는 풍유가 된다. 시편 80:8-15에서 나오는 "애굽에서 옮겨진 포도나무"는 풍유로서 하나님이 이스라엘(포도나무)에게 행하신 바를 명백하게 말한다. 은유는 잠언 5:15-23에서 찾을 수가 있다(월터 C. 카이저. 모세스 실바 공저, 「성경해석학 개론」, 강창헌 번역[도서출판 은성, 1996], 150). "Allegory is a narrative in which the agents and action, and sometimes the setting as well, are contrived so as to make coherent sense on the literal or primary level of signification, and also to signify a second, correlated order of agents, concepts, and events"(A glossary of Literary Terms, 5th ed. M.H. Abrahams, Holt, Rinehart and Winston, INC., 4). Parable is a short narrative.

각에 의해서 완전하게 된다. 여기서 하늘은 정신(mind)을 의미하고 땅은 감각(sense)을 의미한다. 왜냐하면 정신에 의해서 이해될 수 있는 것은 하늘에 있으며 감각에 의해서 이해할 수 있는 것은 땅에 있기 때문이다"[30]

풍유적 성경해석의 대표자는 클레멘트와 오리겐이 있다. 그들은 성경을 믿음의 규칙에 의해서 해석하는 것을 중요시했지만 당시 영지주의자들이나 헬라의 철학에 영향을 받은 사람들에게 믿음의 규칙에 의해서 성경을 해석하는 것은 어리석은 것으로 이해되었다. 영지주의자들은 자기 나름대로의 해석학을 제시했다. 가령 영지주의자들은 구약의 하나님은 신약의 하나님보다 열등했다고 믿었다. 구약의 하나님은 선하신 지고의 하나님과 악한 신의 중간 위치에 있는 데미어즈(demiourgos)로서 자기 임의대로 중재인 역할을 한다. 영지주의자들의 가름침은 구원의 가망이 없는 육적인 사람(fleshly or hylic people)이나 이미 구원에 이른 영적인 사람(pneumatics/those who grasp spiritual fullness, that is, pleroma)을 위해서가 아니라 혼적인 사람(psychics)을 위해서 가르쳤다. 이들은 단순한 문자적인 성경의 의미로부터 보다 더 고차적인 성경의 영적인 의미를 가르침으로 혼적인 사람이 구원에 이르도록 인도했다. 이런 상황에 대처하기 위해서 클레멘트와 오리겐은 신플라톤주의 철학을 가미한 풍유적 성경해석 방법을 발전시켰다. 이런 측면에서 보면 알렉산드리아학파의 성경 해석학은 기독교 변증적인 측면이 있다.

클레멘트에 의하면 성경에는 한 가지 의미만 아니라 여러 가지 의미가 있으며 성경의 영적인 의미는 단순히 우리의 관찰이나 경험에 의해서 발견되어지는 것이 아니라 풍유적 해석에 의해서 발견되어진다고

30. The Works of Philo, Trans. CD. Yonge (Massachusetts: Hendrickson Publishers, 1993), Allegorical Interpretation, I.(1).

봤다. 성경의 문자적인 의미는 성경의 주된 의미가 아니라 이차적인 의미라고 생각했다. 클레멘트는 플라톤의 철학과 풍유적인 방법을 조화하여 영지주의자의 잘못된 비 성경적 지식(false gnosis)에 반대하여 성경의 진정한 지식(true gnosis)을 얻고자 했다. 여기서 진정한 지식은 로고스인 그리스도를 통해서 얻어지는 지식이다.

오리겐은 최초의 조직 신학자이며 성경 신학자이다. 그는 신플라톤주의의 영향을 받았다. 클레멘트와 같이 성령의 감동으로 된 성경의 깊은 의미는 문자적인 의미가 아니며 영적인 의미라고 봤다. 그는 인간의 구성 요소를 인식론의 기초로 하여 인간이 몸과 혼과 영으로 구성된 것같이 성경의 의미도 세 가지의 의미가 있다고 했다. 그 세 가지는 문자적인 의미(literal or physical), 도덕적인 의미(moral or psychical sense), 영적인 의미(allegorical or intellectual sense)이다. 그 중에 가장 깊은 의미는 영적인 의미(allegoria)라고 했다.[31] 세 가지 차원의 성경 의미는 성경에서 한 가지 차원의 의미(문자적인 의미)를 주장한 안디옥 학파와 다르다. 문자적인 의미란 성경에 여러 차원의 의미(meaning)가 있는 것이 아니라 한 차원의 의미가 있다는 것이지 성경의 각 언어에 하나의 의미(significance)만이 있다는 것은 아니다. 오리겐의 풍유적 성경 해석은 신플라톤 철학의 전제에 영향 입은 바가 크다.[32] 이 지상에 존재하는 것은 천상의 이데아의 그림자이다. 그래서 지상의 그림자를 통해서는 천상의 의미를 올바로 이해할 수 없다. 그림자 뒤에 숨은 영적인 의미를 파악해야 한다. 다시 말하면 문자 뒤에 숨은 풍유적(allegoria) 의미를 찾아야 한다.

31. Origen, First Principles, 4.1.11-17(For as man consists of body, and soul, and spirit, so in the same way does Scripture, which has been arranged to be given by God for the salvation of man).
32. The Fathers of Church, A New Translation, Vol. 80(Washinton, D.C.: The Catholic University of America, 1989, 12. Cited as FC).

풍유적(Allegoria)은 희랍에서 기원이 되어 지며 신의 메시지에는 신비스러운 의미가 있기 때문에 문자적인 의미로서는 파악할 수 없다고 봤다. 그래서 풍유적인 해석(영적, 형이상학적)이 필요하다고 봤으며 영적으로 해석할 수 없는 것은 신적인 기원이 없는 것으로 간주했다. 신적인 것은 영원하고 비역사적이며 초월적인 진리이다. 그러나 역사적인 것은 한계성이 있고 현상적인 것이다. 오리겐도 이러한 사상에 영향을 받았다.[33]

Paul K. Jewett에 의하면 풍유적 성경해석과 알레고리의 해석은 구분되어져야 한다고 했다.[34] 알레고리는 고정되고 인정을 받는 문학의 한 형식이다(an allegory is a fixed and recognized form of literature). 성경에도 알레고리가 있다. 은유적(metaphor/figure/smile)인 표현이 그 중의 한 예이다. 알레고리를 해석하는 것은 은유적인 해석(metaphorical interpretation)이다. 가령 "나는 선한 목자이다"라고 우리 주님은 말했다. 여기서 예수님은 실제로 양을 치는 목자는 아니다. 그럼에도 불구하고, 우리 주님은 양을 치는 목자처럼 죄악된 인간을 위해서 목숨을 버리신 선한 목자이심을 실감있게 말해준다. 이것은 알레고리를 은유적으로 해석한 것이다. 그러나 풍유적 해석은 알레고리의 해석이 아니다. 알레고리의 해석은 알레고리의 문자적인 의미를 무시하지만 은유적인 해석은 무시하지 않는다. 이점이 알레고리의 해석과 알레고리칼 해석의 차이다. 하버드 대학 희랍 문학과 철학 교수인 H.A. Wolfson은 그의 명저「파일로」라는 책에서 풍유적 해석을 다음과 같이 정의한다. "풍유적 해석은 텍스트를 텍스트와 전연 관계없이 해석하는 방법이다" (The allegorical method essentially means the interpretation of a text in

33. Dan G. McCarteny, Westminster Theological Journal, Vol.48 (1986), 281-301. Cited as WT
34. Paul K. Jewett, Concerning The Allegorical Interpretation of Scripture, WTJ.

terms of something else, irrespective of what that something else is).[35]

풍유적 성경 해석의 가장 좋은 예는 어거스틴의 사마리아 사람 비유(눅 10:29-37)에서 볼 수 있다. 어거스틴은 본문의 텍스트와는 전혀 관계없이 텍스트에 없는 것을 집어넣어 인위적으로 해석한다.

> 예루살렘으로부터 여리고로 여행하던 사람은 아담이다. 예루살렘은 평화의 하늘 도성이다. 아담은 그 축복으로부터 벗어난 것이다. 여리고는 달을 의미하면서 인간의 도덕성을 상징한다. 왜냐하면 달은 만삭되었다가 반달이 되고 결국에는 기울고 마는 특징을 가졌기 때문이다. 아담을 공격한 도적들은 마귀와 그의 졸개들이다. 저들이 아담을 때리고 옷을 벗긴 것은 그의 도덕성을 갈취하고 죄를 짓게 만든 것이다. 그들은 그를 거의 죽은 상태로 내어버리고 떠났다. 그를 도와주지 아니하고 그냥 지나간 제사장과 레위인은 구원을 가져오지 못하는 구약의 제사장과 사역자들이다. 사마리아인이란 말은 보호자란 뜻이 있다. 따라서 사마리아인은 예수님 자신을 일컫는 것이다. 상처를 싸매는 것은 죄를 덮음을 의미하고, 기름은 소망의 위로를 의미한다. 그리고 포도주는 열심히 일할 것에 대한 권고이다. 인간을 태운 짐승은 인간 가운데 오신 그리스도의 성육을 믿는 것을 의미한다. 그 사람이 옮겨진 주막은 하늘 도성으로 돌아가는 순례자들의 발걸음을 잠시 쉬게 하는 교회를 상징한다. 그리고 선한 사마리아인이 여관 주인에게 준 동전 두 개는 이생과 장차 오는 생에 대한 약속이거나 교회에 준 두 성례를 의미한다. 여관 주인은 사도 바울이다.[36]

오리겐에 의하면 성경의 저자는 성령이다. 따라서 성경에는 문자 뒤

35. H. A. Wolfson, Philo (Cambridge, 1947), I., 134.
36. 헤이즈. 할러데이,「성경주석학」, 김근수역(도서 출판 나단, 1993), 27-28.

에 숨겨진 영적인 의미가 있다고 봤다. 세상에 있는 것은 하늘에 있는 것의 그림자로 본 것이다. 다시 말하면 세상의 모든 것은 영적인 사실을 반영하는 그림자로 본 것이다. 따라서 문자적인 의미는 성경의 깊은 의미가 될 수 없으며 감추어진 allegoria(신령한 의미)를 찾아야 하는 것이다. 예를 들면 창세기에서 하나님이 인간을 당신의 형상으로 지으셨다는 것을 주석하면서 인간의 내면은 하나님의 형상으로 지음 받았으나 몸은 하나님의 형상으로 지음 받은 것이 아니라고 했다.[37] 이것은 문자적인 의미보다는 영적인 의미를 더 중요시 하고 있음을 보여주는 단적인 사례라고 본다. 그럼에도 불구하고 오리겐은 성경에서 문자적인 의미를 무시하지 않았다.

기독교를 반박한「셀수스에 반대」(Against Celsus)에서 문자적인 의미의 중요성을 세 가지로 말했다. 첫째, 성경은 사실적이고 중요한 역사적인 사실을 가지고 있다. 둘째, 단순한 문자적인 의미는 평신도의 신앙을 북돋운다. 셋째, 문자적인 의미는 변증적인 면이 있으며 성경을 공부하도록 돕는다.[38] 그럼에도 불구하고, 오리겐에 의하면 성경은 풍유적으로 해석해야 하며, 성경의 텍스트에 숨겨있는 깊은 진리를 발견해야 한다고 믿었다. 그렇게 함으로서 신자로 하여금 하나님과 신비적인 연합을 하도록 하는데 그 목적이 있다. 여기서 보는 바와 같이 풍유적인 성경 해석은 성경의 역사성을 무시하며 성경의 문맥에 없는 것을 삽입하여 문맥과는 전혀 다른 의미로 영해함으로써 성경의 본래적인 의미 즉 문자적인 의미를 곡해하게 만드는 것이 문제이다.

칼빈은 풍유적인 해석을 성경의 진정한 해석방법이라고 믿은 오리겐의 성경해석에 반대한다. 성경의 자연스럽고 문자적인 의미를 부인하

37. FC, Vol.71, 63.
38. Dan G. McCartney, "Literal and Allegorical Interpretation in Origen's Contra Celsum", WTJ, Vol.48 (1986), 281-301. Against Celsus, 3.43., 1.17; 18;27; 7.60), 288-89.

기 때문이다. 뿐만 아니라 풍유적인 해석이 오늘날 이단의 성경해석방법인 비유풀이로 갈 수 있는 위험성을 이미 제시했다.[39]

테오리아(Theoria/*θεωρια*)에 의한 성경 해석

Theoria에 의한 성경해석 논리를 발전시킨 학파는 안디옥이라는 지명 이름을 따서 안디옥학파(The Antiochene School)라고 불리운다. 안디옥학파는 역사적 그리고 모형론적 해석학(Literal-historical and typological hermeneutics)으로 특성 지워진다.

안디옥은 사도행전 13장에 보면 최초로 이방인이 신자를 크리스천이라고 불렀던 곳이며 동방 제국의 수도였다. 안디옥학파에 의하면 성경의 주된 의미는 역사적인 의미 즉 문자적인 의미라고 믿었다. 알렉산드리아 학파가 성경의 깊은 의미를 풍유적인 방법을 통해서 발견할 수 있다고 믿었다면 안디옥학파는 성경의 깊은 의미는 테오리아(theoria/θεωρια)에 의해서 얻어진다고 봤다.[40] 여기서 테오리아(Theoria)는 관찰 혹은 통찰력이라는 말로서 성경의 문자적인 의미를 기초로 해서 영적인 의미를 발견하고자 한다. 성경은 구속사이다. 구속사이기 때문에 예언과 성취가 있고 그 가운데 모형과 원형이 있다. 가령, 가인은 회당을, 아벨은 교회를, 유월절 어린양은 예수 그리스도를 예표한다. 이와 같이 성경의 문자적인 의미를 유지하면서 그 문자가 예표하는 깊은 영적 의

39. Calvin's Commentaries, Vol. XII. 257. 성경에 있는 풍유는 풍유로 해석하는 것이 올바른 것이라고 했다. 가령 예를 들면 다니엘서 4:10-16절 주석에서 이 구절은 풍유라고 말했다.
40. Theoria는 해석하는 사람에 따라서 다르나 희랍어로 Theoria는 "보다" "관찰하다" "묵상하다(contemplate) "라는 동사에서 나온 말로서 이론적이고 사변적인 사고나 논리적인 추론이라기보다는 이미 소유한 지혜나 지식을 관조하는 통찰력(insight)을 의미한다. 확정되지 아니하고 변화하는 것을 탐구하기 위해서는 사변이나 논리적인 추론이 필요하지만 이미 확정되고 확고부동한 진리를 탐구하는 것은 그것을 있는 그대로 보는 것이 중요하다(W.K.C. Guthrie, A history of Greek Philosophy, Vol.6 [Cambridge: Cambridge University Press, 1981], 396).

미 즉 테오리아(theoria)을 찾는 방법이다.

안디옥학파의 선구자인 Diodore of Tarsus는 성경 해석에 있어서 성경은 theoria를 사용하는 것을 금하지 않는다고 했다. 그는 〈알레고리와 테오리아의 차이〉 (On the Difference between Theoria and Allegory/τις διαφορα θεωρια και αλληγοριας)라는 책을 썼지만 아리안 주의자들에 의해 불타서 없어졌다. 참으로 애석한 일이다. 그는 시편 주석 서문에서 안디옥의 Theoria를 이렇게 정의했다.

> 우리는 진리를 축소시키지 않고 역사적인 사실(historia)과 단순한 문자적인 의미(lexis)에 따라서 주석한다. 동시에 영적인 해석(anagogy)이나 차원 높은 theoria을 무시하지 않는다. 왜냐하면 역사(historia)는 theoria에 반대되지 않는다. 오히려 theoria는 깊은 영적 의미의 기초요 근본이다. 그러나 한 가지 사실을 주의 깊게 살펴야 한다. theoria는 역사적인 사실이 의미하는 것을 결코 무시하지 않는다는 사실을 명심해야 한다. 문자적인 의미 이외에 다른 의미를 삽입해서 해석한다면 결국은 그것은 historia가 아니라 allegory가 되어 버린다.[41]

여기서 중요한 사실은 테오리아는 역사적(historia)인 사실을 기초로 해서 좀 더 깊은 영적인 의미를 찾고자 하는 시도를 말한다. 따라서 안디옥학파에 의하면 성경에서 문자적인 의미를 무시하는 것은 결국 풍유적 해석이 된다는 것이며, theoria라는 말은 성경의 문자적인 의미에

41. Biblical Interpretation in Early Church, Trans. & Edit. Karlfried Froehlich(Philadelphia: Fortress Press, 1984), 85. "We will not shrink from the truth but will expound it according ro the historical substance(historia) and the plain literal sense(lexis). At the same time, we will not disparage anagogy and the higher theoria. For history is not opposed to theoria. On the contrary, it proves to be the foundation and the basis of the higher senses. One thing is to be watched, however: theoria must never be understood as doing away with the underlying sense; it would then be no longer theoria but allegory.

기초해서 깊은 영적인 의미를 찾게 하는 통찰력 혹은 관찰을 의미한다.[42]

Diodore는 시편 118편 주석의 서문에서 성경 해석자는 역사적인 것, 영적인 것, 풍유적인 것, 비유적인 것(historia, theoria, allegoria, tropologia, parabola)을 잘 구별해야 한다고 했다. 계속해서 말하기를 성경은 알레고리에 대해서 언급하지만 그것의 적용은 말하지 않았으며 그 예가 갈라디아서 4:25의 해석이라고 했다. 사도 바울도 알레고리라고 말했지만 그의 해석은 풍유적인 해석이 아니라 모형론적인 해석이라고 했다.[43]

디오도레의 의해서 배운 두 사람이 Theodore of Mopsuestia와 John Chrysostom이다. Mopsuestia는 성경의 문법적인 구조를 중요시했으며 성경을 역사적 상황에서 보려고 노력했다. 그러나 성경의 역사성과 문자적인 의미를 무시하고 theoria를 사용하는 것은 풍유적 해석을 초래하게 된다고 말했다. 그들은 성경에서 문자적인 의미가 불가능할 때 모형론적으로 성경을 해석했다.

모형(type)이라는 말은 희랍어로 튜포스(τυπος)라는 말에서 유래되었으며 닮음(resemblance), 유사성(likeness), 비슷함(similarity)의 의미가 있다. 따라서 모형론적인 해석은 구약을 해석하는데 사용된 방법으로 구약은 예수 그리스도를 예언하고 신약은 예언의 성취라는 상관관계에 기초하고 있다. 성경은 구속사로서 구약의 사건은 암시적으로 예수 그리스도를 예표하고 있다는데 기초하고 있다.

안디옥학파의 대표자는 John Chrysostom이다. 그는 성경의 문자적, 역사적, 문법적 의미를 중요시했으며 성경은 하나님이 저자이시며 동시

42. Frederic W. Farra, History of Interpretation, Reprinted 1961 by Baker Book House from the 1886 edition published by E. P. Dutton, 213, 각주 3번.
43. Biblical Interpretation in the Early Church, 85.

에 인간의 언어로 쓰여 있음을 중요시했다. 알렉산드리아 학파가 플라톤의 이데아와 그림자의 형이상학적 세계 이해에 중점을 둔다면, 그는 아리스토텔레스의 궁극적인 실제는 세상의 사실에서 이해해야 한다는 사상에 영향을 받고 있다.

크리소스톰에 의하면, 성경에서 인간의 이해의 한계성에 대한 하나님의 사랑과 배려를 볼 수 있다. 이것을 크리소스톰은 하나님의 은혜스러운 배려(synkatabasis/God′s gracious acceptance of human limitations/astheneia)라고 한다.[44] 하나님은 인간의 이해의 한계성을 고려하셨다는 것이다. 그래서 하나님은 성경을 인간이 이해할 수 있는 언어로 쓰신 것이다. 따라서 성경 언어는 정확(concreteness)하고 단순하다.[45] 예를 들면 창세기 3장 설교(Homily)에서 "서늘할 때 그들이 동산에 거니시는 여호와의 말씀을 듣고서"(창3:8)에서 하나님이 동산에서 거니신다는 말은 인간의 발을 하나님으로 간주한다는 말이 아니다. 하나님은 무소부재하신 분이신데 어느 한정된 곳에 국한되고 가둘 수 있는 유한한 인간이 아니시다. 하나님의 특별한 배려와 사랑에 의해서 인간이 이해할 수 있는 언어로 하나님의 나타나심을 묘사함으로서 아담과 이브로 하여금 자기를 반성하고 죄를 깨닫도록 함에 있다. 사실 아담과 이브는 동산에 거니시는 하나님의 음성을 듣고 두려워서 나무 뒤에 숨었으며 벗은 줄도 알게 되었다.[46]

크리소스톰은 알레고리칼 성경 해석은 올바르지 않으며 신자를 잘못되게 이끈다고 말했다. 그는 성경은 성경으로 해석한다는 실례를 잠

44. R.C. Hill에 의하면, 크리소스톰에게 있어서 "sunkatabasis is always a manifestation of the goodness(philanthropia) and providential care(kedemonia, pronoia) of God"라고 했다(Prudentia 13, 1981, 3-11). 여기서 sunkatabais는 sun+katabasis의 합성어로 함께 내려오심으로 번역할 수 있으며 한계성을 가진 인간에 대한 하나님의 사랑과 배려(considerateness)를 의미한다.

45. FC, Vol. 74, 17-18 .

46. The Fathers of the Church, A New Translation, Vol. 74 (Washington, D.C.: The Catholic University Press, 1986), Homily 17, 223-24.

언 5:17-19, 이사야 8:7-8, 그리고 에스겔 17장으로 든다. 이들은 알레고리이지만 크리소스톰은 은유적으로 해석한다. 갈라디아서 4:22-24에서 사도 바울의 알레고리를 은유적으로 해석한다. "바울은 언어를 잘못 사용하여 예형(豫型)을 비유라고 하였다. 바울의 진의는 이것이다. 즉 역사 자체는 명백한 의미를 소유할 뿐 아니라 다른 것도 일러준다. 그래서 비유라고 불린다. 그러나 무엇을 일러주는가? 현존하는 것 이외에는 더 이상 아무것도 없다"(By a misuse of language he[Paul] called the type allegory. What he means is this: the history itself not only has the apparent meaning but also proclaims other matters; therefore, it is called allegory. But what did it proclaim? Nothing other than everything that now is).[47] 그는 안디옥학파의 theoria를 예술과 비교해서 성경의 두 가지 의미(역사적. 모형론적 의미)의 관계를 보여준다. "진리가 실현되기까지는 예형(豫型)에 진리라는 명칭을 준다. 그러나 진리가 성취되면 그 명칭은 더 이상 사용되지 않는다. 그것은 繪畵(회화)에 있어서도 마찬가지다. 예술가가 왕을 스케치하지만 그 위에 도색되기 전에는 그 그림은 왕이 아니다. 그리고 그 위에 도색이 될 때 진리 때문에 그 型(형)이 감추어지며 다시는 보이지 않게 되며 그 때 비로소 우리들은 '이 왕을 보라'하게 된다."[48] 왕에 대한 스케치와 왕의 초상화의 관계에서 스케치는 예형이요, 왕의 초상화는 theoria에 의해서 드러난 스케치의 역사적인 의미이다. 그럼에도 불구하고, 초상화의 최종적인 의미는 스케치와 초상화와의 관계에서 찾을 수 있다.

크리소스톰은 성경에는 분명하게 쓰여졌다고 보았다. 하나님이 저

47. John Chrysostom, Commentary on the Epistle to the Galatians, 4.24.
48. John Chrysostom, In Epist. ad Phil. Hom., 10.(The type is given the name of the truth until the truth is about to come, but when the truth has come, the name is no longer used. Similarly in the painting: An artist sketches a king, but until the collars are applied he is not called a king; and when they are put on the type is hidden by the truth and is not visible; and then we say, 'Behold the King')

자이기 때문이다. 따라서 성경의 명료성을 강조했으며 성경의 텍스트에 의한 문자적인 의미를 찾으려고 했다. 그의 성경의 문자적인 의미와 인간의 한계성에 대한 견해는 후일 칼빈의 성경해석에 간접적인 영향을 주었다고 본다.

중세 성경해석: 성경의 4중적인 의미

본 저서의 목적상 짧게 요약하면 중세 성경해석자들은 성경의 4중적인 의미를 찾았다. 사중적인 의미는 다음과 같이 요약된다. 성경의 문자는 사건을 가르치고 알레고리는 우리가 믿어야만 하는 의미를 찾고 우리가 살아야할 것을 가르쳐주는 윤리적인 의미를 찾았으며 마지막으로 우리가 목표로 삼아야할 것을 가르쳐주는 신비적인 의미를 찾았다(The letter teaches events, allegory what you should believe, morality teaches what you should do, anagogy what mark you should be aiming for).[49] 이것은 한마디로 말하면 성경의 영적인 의미를 찾는 것이라고 중세 성경해석학의 대가인 Henri de Lubac은 말했다. 다시 말하면 비록 중세에서는 성경의 4중적인 의미를 찾았으나 궁극적으로는 성경의 영적인 의미를 찾았다고 강력하게 주장한다. 여기서 영적인 의미란 (spiritual interpretation of the Bible) 알레고리칼한 의미가 아니라 성경을 예수 그리스도의 관점에서 그리고 신약의 관점에서 성경을 해석하려고 하는 방법을 말한다.[50] 그럼에도 불구하고 성경의 4중적인 의미란 인위적인 해석이 될 수 있다. 모든 성경에 4중적인 의미가 있는 것이 아니기 때문이다.

49. Henri de Lubac, S.J., Medieval Exegesis, Vol. 1, The Four Senses of Scripture, Trans. Mark Sebanc(Edinburgh:T.&T Clark, 1998),
50. Henri de Lubac, S.J., Medieval Exegesis, Vol. 1, 1.

정리하면 초대 교부들은 예수 그리스도는 신구약의 진정한 의미라고 믿었다. 다시 말하면 예수 그리스도가 신구약을 하나로 통일시키는 핵심이라고 본 것이다. 그래서 성경은 예수 그리스도를 통해서 봐야한다는 것을 암시한다.

이레네우스나 터툴리안은 믿음의 규범으로, 어거스틴은 사랑의 규범에 의해서 성경을 해석했다. 어거스틴은 성경 해석에 있어서 언어의 중요성, 수사학, 경건한 생활의 필요성을 강조했다. 안디옥학파는 Theoria에 의해서, 알렉산드리아 학파는 풍유(allegoria)에 의하여 성경의 영적인 의미를 찾고자 했다. 영적인 의미를 찾는데 있어서 서로 다른 방법론적인 차이가 있다. 풍유(allegoria)는 성경의 문자적인 의미의 이면에 있는 영적인 의미를 찾고자 했다면 Theoria는 성경의 문자적인 의미를 기초해서 영적인 의미를 찾고자 했다.

칼빈은 교부들을 통해서 성경해석에 대한 여러 가지 통찰력을 배웠다. 그러나 여과 없이 배운 것은 아니다. 칼빈은 어거스틴으로부터 신학적인 많은 통찰력을 배운 것은 인정했지만 성경해석에 있어서는 안디옥학파의 문자적인 성경해석방법을 선호했다. 비록 칼빈이 안디옥학파의 성경의 문자적인 의미를 선호했지만 그는 문자에 기초해서 영적인 의미를 찾기 보다는 성경의 문자적인 의미가 성경의 진정한 의미임을 강조했다. 이 점이 다른 점이다. 풍유적인 해석은 성경의 역사적 사실을 무시하기 때문에 성경을 올바로 이해하는 데 도움을 주지 못하지만 그렇다고 해서 성경에 나오는 풍유 자체를 무시해서는 안 된다고 칼빈은 보았다. 성경의 풍유에 담긴 영적인 의미를 문자를 기초로 해서 은유적으로 해석해야 한다. 초대교부들은 성경에서 알레고리아와 테오리아를 찾았으며 중세에서는 성경의 4중적인 의미를 찾았다. 그러나 칼빈은 성령의 내적 조명을 통해서 성경에서 저자의 의도(scopus)와 성경의 자연스럽고 분명한 문자적인 의미를 찾았다.

2장 칼빈의 성경해석 – 성경의 참 해석자로서 성령

칼빈에 의하면 성경의 진정한 해석자는 목회자나 신학자가 아니라 성령이다. 이 말은 칼빈이 성경해석사에 던진 원자폭탄과 같은 막강한 위력을 가진 혁명적인 선언이다. 주석의 왕으로 불리우는 칼빈이 아니고서 누가 이런 폭탄적인 선언을 할 수 있단 말인가? 성령에 의해서 성경해석은 시작되고 끝이 난다.

성경 해석원리로써 성령

칼빈에 의하면 성경(omnis Scriptura)은 하나님의 감동으로 된 것(divinitus inspirata est)이다(딤후 3:16). 따라서 성령이 성경의 저자(authorem eius esse Deum)이다.[51] 그래서 성경의 저자는 사도나 선지자들이 아니라 성령이다.[52] 물론 성경의 필기자는 사도나 선지자들이지만 그들이 저자가 아닌 것은 그들은 자신의 사상이나 지식을 기록한 것이 아니라 성령의 감동을 받아서 기록했기 때문에 실제로는 성령이 저자이다. 그러므로 성경은 절대적인 권위를 가지고 있으며, 살아있는 하나님의 말씀이다. 만약에 성령이 성경의 저자가 아니라면 성경은 사도 바

51. Inst.,1.7.4. 초대교회의 교부들도 딤후 3:15-17을 했는데 어떤 교부도 성경의 유익성에 대해서는 언급을 했는데 권위에 대해서는 언급이 없다. 이것은 무엇을 말하는가? 성경의 권위는 칼빈에게 아주 중요한 교훈임을 시사한다. 성경의 저자가 하나님이 아니라면 기독교에 대한 모든 교리는 허무맹랑한 것으로 돌아가기 때문이다(Ancient Christian Commentary on Scripture: Colossians, 1-2 Thessalonians, 1-2 Timothy, Titus, Philemon, New Testament IX, Edited by Peter Gorday, General Editor, Thomas C. Oden (Illinois:Downers Grove:Inter Varsity Press, 2000), 268-269.
52. Inst.,1.7.4.

울의 말이거나 선지자의 말이 될 것이며, 성경은 하나님의 절대무오한 말씀이 아니라 인간의 말이 될 것이다. 우리는 성경의 저자가 성령이라는 사실에서 네 가지 중요한 교훈을 배울 수 있다.

첫째, 성경의 저자는 성령이다. 따라서 성경은 절대적인 권위를 가지고 있다. 이 사실이 무너지면 성경은 하나님의 말씀이 아니라 인간의 말로 전락하게 된다. 성경은 무오하지도 않고 절대적인 권위도 가질 수 없다. 성경의 영감 교리는 루터가 이신칭의 교리가 교회를 세우고 무너지게 하는 교리라고 한 것처럼 칼빈에게 있어서 교회를 세우고 무너지게 하는 교리이다.[53] 만약에 성경의 저자가 하나님이 아니라고 한다면 기독교의 모든 교리--창조, 구속, 부활, 종말--는 다 무너지고 말 것이다. 기독교의 모든 교리는 인간이 만들어 낸 교리이며 하나의 이론에 불과할 것이다. 칸트가 말한 것처럼 기독교는 구속의 종교가 아니라 도덕의 종교로 전락하고 말 것이다.

디모데후서 3:16 주석에서 칼빈은 성경의 저자가 성령이라는 사실 때문에 성경이 권위가 있고 다른 종교와 질적으로 구별된다고 했다. 만약에 그렇지 않다면 다른 종교와 하등 다를 바가 없으며, 기독교도 많은 고등 종교 가운데 하나일 뿐이다. 기독교의 유일성은 성경의 저자가 성령이라는 진리에 기초하고 있다. 이 세상에서 고등종교라고 말하는 힌두교, 불교, 마호메트교의 경전은 누가 기록한 경전인가? 인간이 기록한 경전이다. 성경만이 유일하게 하나님이 성경의 저자이다. 이것이 기독교가 다른 종교와 질적으로 다른 점이며 유일한 종교라고 불리워지는 이유이다. 그렇다면 성경의 권위는 어디에 기초하고 있는가? 교회인가? 아니면 인간의 신비적 경험인가? 칼빈에 의하면 성경의 권위

53. 성경의 영감은 축자영감이며 그래서 성경은 무오하고 절대적인 권위를 가진다. 이오갑교수는 칼빈에 있어서 성경의 영감은 축자영감이 아니라 내용영감이라고 했다. 그러나 이것은 칼빈주의 입장은 아니다.

는 로마 카톨릭 교회처럼 교회에 있는 것도 아니요, 재세례파처럼 인간의 신비적인 경험에 있는 것도 아니다. 성경은 성령의 영감으로 되었기 때문에 절대적인 권위를 가진 하나님의 말씀이다. 성경의 절대적인 권위는 축자영감설에 기초하고 있다.

둘째, 디모데후서 3:16의 원문에 의하면 '모든 성경은 하나님의 감동으로 된 것이니' 에서 '감동으로 되었다'는 말은 '하나님의 숨결(θεοπν ευστος)'이라고 번역할 수 있다. 다시 말하면 하나님은 성경에서 숨 쉬고 계신다. 그래서 하나님의 말씀은 살아있는 하나님의 말씀이다. 창세기 2:7에 보면 하나님이 사람을 지으실 때 흙으로 아담을 만들고 그 코에다 생기를 불어 넣음으로 생령(living soul)이 되었다. 여기서 생기(breath of life)는 하나님의 호흡(נשמת חיים)이라는 루아흐(רוח)와는 다른 언어를 사용하고 있으나 루아흐(רוח)와 거의 동의어이다.[54] 신약에서는 성령을 의미한다(요 20:23). 요한복음 20:23에서도 부활하신 후에 예수 그리스도는 제자들에게 찾아와서 숨을 내쉬시며 "성령을 받으라" 말했다. 이런 성경 구절에서 보는 바와 같이 하나님의 호흡은 성령을 말하며 성령은 하나님의 말씀에 생명(life-giving spirit)을 부어준다. 성령은 하나님의 말씀을 우리 안에 살게 하고 우리를 생명력 있게 한다.[55] 그래서 성령은 우리로 하여금 성경이 하나님의 살아있는 말씀으로 확실하게 이해하게 할 뿐만 아니라 하나님의 형상을 회복하게 한다. 따라서 성령이 역사하지 않으면 성경은 죽어 있는 말씀이다. 성령만이 성경의 말씀을 우리로 하여금 살아있는 하나님의 말씀으로 이해하게 하며 우리를 생명력 있게 살게 한다.

54. Word Biblical Commentary Vol. 1(Genesis 1-15)(Waco: Texas, Word Books, Publisher, 1987) 60. Genesis 6:17.

55. Calvin's Commentaries, Vol.5, The Gospel according to St. John and The First Epistle of John(Philadelphia: Wm. B. Eerdmans Publishing Co. 1964), 329. 235. Comm. on 1 John 1:2, Cited as CC.

셋째, 성경은 성령의 영감으로 된 것이기 때문에 하나님이 성경의 저자임을 우리로 하여금 확신하게 한다. 다시 말하면 성경은 하나님이 저자임을 성경 스스로 증명(αυτοπιστος)하지만 우리 마음에 확신을 주는 것은 성령의 내적 증명(the interior witness of the Holy Spirit)이다.[56]

넷째, 성령은 성경의 진짜 해석자(quis spiritus, qui per prophetas loquutus est, sit idem unicus sui interpres)이다.[57] 그래서 성경은 인간의 지식이나 경험에 의해서 해석되어져서는 결코 아니 되고 성령에 의해서만 해석되어져야 한다. 성경 자체가 이것을 요구한다. 그렇다고 해서 성경해석에 있어서 인간의 학문이나 경건이 필요 없다는 말은 아니다. 목회자는 일급 신학자가 되어야 하다는 칼빈의 말에서도 반증된다.[58] 그럼에도 불구하고 성경의 원 저자가 성령 하나님이기 때문에 성경해석에 있어서 해석의 우선권이 성령에게 주어져야 올바른 성경해석이 이루어진다. 어찌 사도나 선지자가 성령 하나님 보다 성경을 더 잘 알 수 있단 말인가? 결코 그렇지 않다. 그들은 성경을 기록한 성령의 도구(a spiritu sancto dictatam/ organ)이지 성경의 원 저자가 아니기 때문이다.[59] 따라서 성경의 진정한 해석자는 성령이다. 그렇다면 성령이 어떻게 진정한 성경의 해석자라는 말인가? 성경은 성령의 내적조명에 의해서 해석되어져야 한다는 말이다. 이것이 성경이 가르치는 올바른 성경

56. CC, Vol. 10, Corinthians and Timothy, Titus & Philemon(Philadelphia: Wm. B. Eerdmans Publishing Co. 1964), 330. Comm. on 2 Timothy 3:16

57. "The Spirit who spoke by the prophets is His own true interpreter."(Calvin's Commentaries, Vol. 12, The Epistle of Paul The Apostle to the Hebrews and The First and Second Epistles of St Peter(Philadelphia: Wm. B. Eerdmans Publishing Co. 1964), 343. Comm. on. 2 Peter 1:20) CO, Vol. LV, 457.

58. One of the most memorable sentences occurs in one of his sermons on Deutronomy(5:23-27). "Nul ne sera jamais bon ministre de la parolle de Dieu sinon qu'il soit premier escolier"(No a good minister of the Word of God if he is not a first-rate scholar).

59. Comm. on 2 Timothy 3:16 (C0, Vol.52, 383). 칼빈에 의하면 성경은 선지자나 사도가 성령의 지시에 의해서 받아 기록한 책이라고 할 수 있다.

해석의 순서이다. 성령의 내적인 조명에 의해서 성경은 해석된다는 의미를 나중에 자세하게 말할 것이다. 이와 같이 성경의 진정한 해석자는 목회자나 신학자가 아니라 성령이다. 참으로 놀라운 성경해석에 대한 칼빈의 깊은 통찰이며 동시에 성경해석에 대한 새로운 지평을 열어준다. 따라서 성령은 성경을 올바로 해석하게 하는 전 과정을 지배하는 원리이다.

성경의 핵심

칼빈은 사도 바울이 디모데후서 3장 15절 말씀을 통해서 우리를 "성경의 핵심이요 알맹이가 되는 그리스도에 대한 신앙"으로 이끈다고 말했다.[60] 그렇다. 성경의 중심과 핵심은 "예수 그리스도"이다(Jesus Christ is the center and sum of the Scripture).[61] 다시 말하면 성경은 우리에게 예수 그리스도 안에 있는 믿음(faith in Christ Jesus)을 통하여 구원에 이르게 하는 지혜를 가르쳐 주는 책이다. 성경에는 역사, 시, 이야기, 편지 등이 있지만 성경은 문학이나 철학, 윤리, 시를 가르치는 책이 아니다. 예수 그리스도를 믿음으로 말미암아 구원에 이르게 하는 지혜를 가르치는 책이다. 동시에 성경은 예수 그리스도를 믿는 사람은 경건하게 살아야 함을 가르쳐준다. 이렇게 사는 것이 행복하게 사는 생활이며, 동시에 하나님께 영광을 돌리는 생활이기 때문이다. 칼빈은 성경의 핵심에 대해서 이렇게 더 자세하게 말한다.

> 성경은 그리스도만을 우리에게 계시하며, 그에게로 보내고, 그 안에서 우리를 세워간다. 암브로시우스는 이렇게 말한다. '그는 우리의 입이

60. 존 칼빈, 「칼빈 성경 주석」, Vol.20 (성서원, 1999), 593.
61. CC, Vol. 10, Corinthians and Timothy, Titus & Philemon(Philadelphia: Wm. B. Eerdmans Publishing Co. 1964), 329.

다. 그를 통해 우리는 아버지께 말한다. 또 그는 우리의 눈이다. 그를 통하여 우리는 아버지를 본다. 그는 우리의 손이다. 그를 통하여 우리는 자신을 아버지께 드린다. 그가 개입하지 않고서는 우리나 다른 모든 성인들은 하나님과의 인격적인 관계성을 맺을 수 없다.' 그래서 우리는 성경을 읽을 때 성경에서 그리스도를 찾아야 한다. 예수 그리스도는 신구약을 하나로 묶는 끈이요, 신구약을 한 눈으로 볼 수 있는 설계도이다.[62]

예수 그리스도는 신구약의 설계도이요 신구약을 하나로 묶는 끈이다. 예수 그리스도는 성경의 핵심이며 센터이다. 따라서 우리는 예수 그리스도를 찾기 위해서 성경을 읽어야 한다. 이렇게 성경을 읽는 것이 올바르게 성경을 읽는 것이다.[63] 그렇다면 성경의 핵심 메시지는 무엇인가? "예수 그리스도 안에 있는 믿음"을 통해서 구원을 얻는다는 메시지이다. 여기서 중요한 것은 예수 안에 있는 믿음이다. 예수 그리스도 밖에 있는 믿음으로는 구원이 불가능하다. 그래서 불교나 마호메트교 그리고 힌두교를 통해서는 구원을 받을 수 없다. 왜 그런가? 하나님은 우리에게 예수 그리스도 외에 다른 이름을 우리에게 주신 일이 없기 때문이다(행12:4).

성경의 자증성(autopistia)

성경의 저자는 하나님(authorem eius esse Deum)이다. 그렇다면 성경의 저자가 하나님이라는 것을 어떻게 우리가 알 수 있는가? 인간의 이성이나 경험으로 알 수 있는가? 칼빈은 인간의 이성과 경험을 무시하

62. 「기독교강요」(1536), 3장 6절(사도신경 해설).
63. 칼빈은 요한복음 5:39 주석 그리고 누가복음 1:70 주석에서도 성경의 중심과 핵심은 예수 그리스도임을 강력히 천명한다.

지 않지만 성경이 하나님의 말씀이라는 진리는 인간의 판단에 의해서 증명되는 것이 아니라 성경 스스로 증명한다고 했다. 이것이 성경의 자증성(autopistia)이다. 만약에 인간의 이성으로 성경이 진리라는 사실을 증명한다면 성경의 절대성을 이야기 할 수 없다. 인간은 한계성을 가진 존재이기 때문이다. 하나님이 성경을 성령을 통해서 기록하게 하셨기 때문에 하나님이 스스로 성경의 진리성을 증명하실 수 밖에 없지 않는가! 필자가 미국에서 공부할 때 자동차가 없어서 교회 장로 한 분이 중고차를 주워서 타고 다녔는데 문제는 중고차는 고장이 많이 난다는데 있다. 그래서 정비소에 가서도 잘 고쳐지지 않으면 정비사가 하는 말이 만든 데로 가져가라고 하는 말을 들었다. 왜냐하면 자동차를 가장 잘 아는 사람은 그 자동차를 설계하고 만든 사람이기 때문이다. 마찬가지로 성경을 쓰신 분이 하나님이시기 때문에 하나님 스스로 성경이 진리라는 사실을 증명하실 수 밖에 없다.[64]

칼빈은 하나님이 스스로 성경의 진정성을 이렇게 증명하신다고 했다. "성경은 검은 것과 흰 것을 색으로 보여주듯이, 단 것과 쓴 것을 맛으로 나타내듯이, 자신의 진리에 대한 명백한 증거를 온전히 제시한다. 따라서 이점을 분명히 하자. 성령이 내적으로 가르치신 자는 진정으로 성경을 의지하며, 성경은 실로 자증성을 갖는다."[65] 칼빈은 「기독교 강요」에서 성경의 신빙성 혹은 확실성은 성경의 저자가 하나님이시라는 사실이 받아들여지기 전에는 성립하지 않는다고 말하면서 "성경의 최

64. Frame에 의하면 인간의 언어는 정확무오한 하나님의 말씀을 옮길 수 있다. 하나님은 인간의 언어에 있어서도 주인이시기 때문이다(John M. Frame, "God and Biblical Language: Transcendence and Immance," God's Inerrant Word. Ed. John Warwick Montgomery(Minneapolice: Bethany Fellowship, 1974, 159.)

65. Inst. 1.7.2. "칼빈에 있어서 성경의 권위의 최종적 근거는 어디서 찾을 수 있는가? 물론 성경을 가르치도록 만든 교회도 아니요, 성경이 말씀으로서의 예수 그리스도에 한 증거이기 때문도 아니요, 성령으로 말미암아 성경이 하나님의 말씀이라고 믿어지는 우리들의 확신만도 아니다. 성경의 권위의 최종적 근거는 성경은 우리의 판단과 상관없이 '본래적으로 하나님의 말씀' 이라는 성경의 자증적 권위(self-authenticatng--autopiston)에 의존한다고 했다(김의환, 칼빈의 성경관-성경 권위의 근거를 중심으로-특집: 개혁주의 성경관논쟁 27).

고의 증거는 일반적으로 하나님이 친히 그 속에서 말씀 하신다"는 데 있다.[66] 성경이 하나님의 말씀이라는 사실은 하나님 스스로 성경 안에서 말씀하심으로 증명한다. 따라서 "성경은 스스로에 의해 보증 받고 있다"(Scripture indeed is self-authenticated."[67] 이것이 성경의 자증성이다. 성경의 자증성은 성경 스스로 증거한다는 말이다. 초대 교부인 Hilary of Poiters도 그의 저서「삼위일체에 대해서」(On the Trinity)에서 성경 자체의 권위를 이렇게 말했다. "친히 하신 말씀을 통해서만 알 수 있는 하나님 자신이 바로 자신에 관한 가장 적합한 증인이다(For He whom we can know only through his own utterance is a fitting witness concerning himself)."[68] 그렇다. 성경을 기록하신 하나님이 스스로 성경이 진리라는 객관성을 증명해야 한다. 그래야 논리적으로도 타당하다. 그렇다면 우리는 어떻게 하나님이 성경을 통해서 스스로 증명하신 다는 것을 확신할 수 있는가?

성경의 확실성

칼빈은 하나님이 스스로 성경에서 우리에게 인격적으로 말씀 하신다고 했다.[69] 그렇다. 하나님이 스스로 성경 안에서 성경은 권위 있는 말씀임을 증명하고 있다. 이것을 성경의 본질적인 권위(the intrinsic authority of Scripture) 혹은 성경의 객관적인 권위라고 한다.[70] 이 본질

66.「기독교강요」, 1.7.4.
67.「기독교강요」, 1.7.5.
68. A Select library of Nicene and Post-Nicene Fathers of the Christian Church, Second Series, Vol.IX., "On the Trinity", Book. 1.18, 45. I.XVIII.
69.「기독교강요」, 1.7.4.
70. 정규남에 의하면 칼빈에 있어서 성경의 권위는 두 가지로 설명된다. 첫째, 본질적인 권위(intrinsic authority)와 둘째, 인식된 권위(recognized authority)이다. 첫째는 성경이 하나님의 영감에 의하여 쓰여졌다는 데서 오는 권위 즉 성경 자체가 갖고 있는 객관적인 권위이다. 둘째는 "성경이 가르치는 교리의 신뢰성은 우리가 하나님이 성경의 저자이시다는 것을 의심 없이 확신할 때까지는 세워지지 않는다(1.7.4.). 그리고 하나님의 말씀은 성령의 내적 증거에 의해 인처지기 전에는 사람들의 마음속에서 받아지지 않는다고 한다"(1.7.4) 그런데 여기서 부연해서 설명하면 본질적인 권위와 인식된 권위는 구별은 되지만 서로 분리되지 않

적인 권위는 스스로가 가지고 있는 권위를 말한다. 가령 대통령의 권위는 대통령 자신이 가지고 있는 권위라기보다는 그 직책에 주어진 권위이다. 그래서 누가 대통령이 되던 그 사람은 그 권위를 가지고 대통령의 직분을 수행하는 것이다. 마찬가지로 성경의 권위도 인간이나 교회가 부여한 권위가 아니라 하나님 자신이 성령을 통해서 성경에 부여한 권위이다. 그래서 성경의 권위는 하나님으로부터 주워진 것이다. 그렇다면 어떻게 우리가 성경의 권위를 확신할 수 있는가? 성경이 스스로의 자증성을 가지고 있지만 우리 마음에 확신을 주는 것은 우리의 경험이 아니라 성령의 내적 증거(the interior witness of the Holy Spirit)에 의해서 된다. 성경을 기록하게 하신 성령이 우리의 마음에 확신을 주시지 않으면 하나님의 말씀이 우리 마음에 심겨지지 않으며 확신을 주지 않는다. 따라서 칼빈은 하나님의 말씀과 성령을 조화 있게 연결시키므로 성령의 역사는 항상 하나님의 말씀과 함께 역사하심을 가르쳐준다. 그래서 성령은 말씀 안에서 역사 하신다(Spiritus in Verbo operans). 놀라운 칼빈의 통찰력이다. 성령을 통하여 우리 마음에 인쳐진 확신을 말하여 인식된 권위(recognized authority)라고 한다. 따라서 성경이 스스로 하나님의 말씀임을 스스로 증명한다고 하더라도 그에 대한 확신은 성령의 내적증거에 의한다. 그렇다면 본질적인 권위와 인식된 권위의 관계는 어떠한가?

성경의 본질적인 권위와 인식된 권위는 서로 구별되지만 그렇다고 상반된 것이 아니라 동전의 양면과 같다. 그래서 H. van den Belt는 The Authority of Scripture in Reformed Theology에서 성경은 그 자체로서 권위를 가지고 있지만 신자에게 확신을 주는 것은 성령의 내적증거라

는 동전의 양면과 같다. 여기서 성경자체의 권위를 칼빈은 성경의 자증성(autopistia)이라고 한다(정규남, 칼빈의 성경관, 97-98).

고 했다.[71] 하나님이 스스로 성경의 저자이심을 증명하신다는 말은 성경은 성경에 의해서 해석해야 한다는 통찰력을 얻을 수 있을 뿐만 아니라 성경이 우리를 해석해야 한다는 타당성을 제공한다.

성경의 권위와 순종

성경의 저자는 하나님(authorem eius esse Deum)이시다. 따라서 성경은 권위 있는 하나님의 말씀이다. 그렇다면 우리는 성경이 권위 있는 하나님의 말씀이라는 사실을 어떻게 말할 수 있는가? 말로 할 수 있는 것인가? 말로 설명할 수 있다. 그러나 성경의 권위는 말로 할 수 있는 성질의 것이 아니다. 이 말은 성경의 권위를 말로 할 수 있지만 이렇게 하면 설득력을 줄 수 없다는 말이다. 창세기 22장에 나오는 아브라함이 이삭을 바치는 사건을 한 번 생각해보자. 아브라함이 이삭을 번제물로 바친 것은 하나님이 바치라고 하셨기 때문에 아브라함은 바쳤다. 하나님이 아브라함에게 말씀하셨기 때문에 아브라함은 순종했다. 모세는 이것을 하나님에 대한 경외라고 했다. 다시 말하면 아브라함이 이삭을 바친 것은 하나님의 말씀에 대한 경외심 때문이었다. 어떻게 아는가? 아브라함이 이삭을 바친 후에 하나님의 사자가 뭐라고 말했는가? "내가 이제야 네가 하나님을 경외하는 줄을 아노라"(창 22:13)고 말했다. 아브라함은 하나님의 말씀을 순종함으로 자신이 하나님을 경외하고 있다는 사실을 보여 준 것이다. 순종이 어려운 것은 말 자체에 있지 않고 순종하려면 고난과 희생을 당해야 하기 때문에 어려운 것이다. 그래서 우리 주님도 고난을 통해서 순종을 배웠다고 했다(히 5:8). 아브라함이 이삭을 하나님의 말씀대로 번제물로 드린 사건은 무엇을 말해주는가? 하나님의 말씀은 절대적인 권위를 가지고 있다는 사실을 가

71. Henk van den Belt, The Authority of Scripture in Reformed Theology(Leiden.Boston: Brill, 2008), 115.

장 잘 보여주지 않는가! 아브라함은 하나님의 말씀에 순종함으로 "여호와이레"라는 신앙을 배웠지 않는가! 이렇게 성경을 배우는 것이 성경을 올바로 사용하는 것이며 성경이 우리를 해석한다는 것을 보여준다.

칼빈도 디모데후서 3:16 주석에서 성경은 하나님이 저자(authorem eius esse Deum)이기 때문에 하나님의 말씀이고 존경심을 가진 순종을 요구한다고 했다.[72] 그렇다. 성경은 하나님의 말씀이기 때문에 우리의 존경심과 순종을 요구하신다. 따라서 순종하지 않는 것은 성경의 권위를 인정하지 않는 것이며 동시에 신성 모독이다. 성경은 성령의 감동으로 쓰여 졌다. 그래서 성경은 올바르게 사용되어져야 하며 해석되어져야한다.

성경의 올바른 사용과 유익

칼빈은 디모데 후서 3:16 주석에서 16절 말씀은 사도 바울이 성경의 권위와 혜택에 대해서 말한다고 했다. 여기서 혜택이라는 말은 영어로 유익(profitable)하다는 말로 번역된다. "유익하다"는 말을 한국말로 번역하면 성경은 우리에게 혜택을 준다는 말로 번역된다. 유익하다는 말이나 혜택을 준다는 말은 우리에게 그렇게 강한 의미를 주지 못한다. 그래서 칼빈은 유익하다는 말은 유익하지 않다는 말과 대비해서 이해되어야 할 말이라고 했다. 이러한 점에서 보면 칼빈은 오늘 날의 언어철학의 중요성을 내다보지 않았는가 하는 마음을 갖게 된다. 아무튼 성경이 우리에게 유익을 줄 수도 있고 그렇지 않을 수도 있다. 그렇다면 문제는 어떻게 성경을 해석해야 성경은 우리에게는 유익을 주는가?

72. 존 칼빈,「칼빈 주석」, Vol.20 (성서원, 1999), 594.

두 가지로 이야기 할 수 있다. 첫째, 성경은 성령의 감동으로 된 것이다. 그래서 성경은 성령에 의해서 해석되어져야 한다. 둘째, 하나님이 저자(authorem eius esse Deum)이시기 때문에 성경은 우리에게 유익을 준다. 다시 말하면 성경의 저자가 하나님이 아니시라면 성경의 절대적인 권위는 없으며 우리에게 아무런 혜택도 줄 수 없다는 말이다. 성경은 하나님의 말씀으로써 우리에게 유익하다 혹은 혜택을 준다는 말이다. 셋째, 성경의 저자가 하나님이시기 때문에 권위 있게 올바르게 적용해야 한다. 성경을 어떻게 적용하느냐에 따라서 성경이 유익성을 발휘한다. 성경을 잘 못 적용하면 그 반대의 효력이 발생한다. 그래서 우리는 성경을 효력 있게, 성경을 권위 있게, 혹은 올바르게 적용해야 한다. 그렇게 적용하지 않는다면 유익을 주지 못한다. 여기서 중요한 사실은 하나님의 말씀은 우리에게 유익을 줄 수 있는 능력의 말씀이라는 사실이다. 그러나 그 능력은 모든 자에게는 해당하지 않는다. 그렇다면 누구에게인가? 예수 그리스도를 믿는 자에게 이다. 이 말 속에는 믿음이 없는 자에게는 성경은 아무것도 가르치지 않는다는 것이며, 성경을 올바로 해석하지 않는다면 우리는 성경에서 아무런 유익도 받을 수 없다는 말로도 해석할 수 있다. 여기에 올바른 적용이라는 말의 중요한 의미가 있다. 그렇다면 성경을 올바르게 적용해야 한다는 말은 무슨 의미인가? 이것은 디모데후서 3:16 후반부 주석에서 배울 수 있다.

성경이 가르치는 중요한 교훈

칼빈에 의하면 성경은 우리에게 선한 일을 하고 행복하게 살게 하는 완벽한 길(the perfect rule of a good and happy life)을 가르쳐준다.[73] 무엇보다 먼저 우리는 성경을 통해서 교훈을 배워야한다. 어떤 교훈을 배

73. Calvin's Commentaries, Vol. 10, Corinthians and Timothy, Titus & Philemon(Phildelphia: Wm. B. Eerdmans Publishing Co. 1964), 330.

울 수 있는가? 여기서 말하는 교훈은 세상적인 교훈이 아니라 성경에서 배우는 교훈을 말한다. 성경은 책 중의 책이다. 성경에서 우리가 배워야 할 중요한 교훈을 두 가지로 말할 수 있다.[74] 첫째, 성경은 우리에게 구원을 주는 지혜를 가르쳐 준다. 그렇다. 이 세상에서 성경 외에 어떤 책도 구원에 이르는 지혜를 가르쳐 주는 책은 없다. 오직 성경뿐이다.[75] 우리는 이 진리를 깊이 있게 배워야 한다. 둘째, 성경은 예수 그리스도 안에 있는 믿음으로 구원받는 지혜를 가르쳐 준다. 사실 성경은 우리에게 여러 가지 교훈을 준다. 도덕적인 교훈, 혹은 삶의 지혜를 준다. 그러나 성경에서 가르치는 중요한 교훈은 예수 그리스도 안에 있는 믿음을 통해서(faith in Jesus Christ) 구원받는다는 것이다. 이것이 성경의 중심이요 핵심 메시지(the center and sum of Scripture)이다.[76] 이것이 복음이다. 이렇게 성경을 가르치고 설교해야 성경을 유익되게 가르치고, 권위 있는 말씀으로 설교하는 것이다. 그러지 않는 것은 변질된 복음을 선포하는 것이다.

성경의 저자는 하나님(authorem eius esse Deum)이기 때문에 성경은 유익하다. 그렇다면 성경은 유익을 주기 때문에 유익한가? 그렇지 않다. 유익을 주기 때문에 성경은 권위 있는 말씀이 아니라 성경은 권위가 있는 말씀이기 때문에 유익을 준다. 성경은 하나님이 저자이시기 때문에 유익하다는 것은 성경을 규범적 권위(normative authority)로 사용하는 것이며 성경은 유익을 주기 때문에 권위가 있는 다는 것은 임의적 권위(incidental authority)로 사용하는 것이다.[77] 칼빈에 의하면 성경에서 교훈만을 배우는 것으로 그쳐서는 충분하지 않다고 했다. 책망을

74. CC, Vol. 10.
75. 존 칼빈,「칼빈 주석」, Vol.20 (성서원, 1999), 593.
76. CC, Vol. 10, 330.
77. J. Christian Becker, "The Authority of Scripture; Normative or Incidental Theology Today", Vol.49, No.3 (october, 1992), 1-7.

받아야 한다.

책망(reproof)

성경을 통해서 우리는 책망을 받아야 한다. 그래야 성경을 올바르게 사용하는 것이다. 어떤 책망을 받아야 하는가? 여러 가지 책망이 있지만 말씀에 비추어서 우리 자신의 죄를 고백해야 한다.[78] 하나님 앞에서 우리는 다 죄인이다. 만약에 하나님이 우리의 죄를 감찰하시면 아무도 하나님 앞에서 자유로울 사람이 없기 때문이다. 그리하여 시편 기자처럼 우리 마음 깊은 곳에서 하나님이 자비를 베풀어 주시도록 부르짖어야 한다(시편 130:1-2). 칼빈에 의하면 하나님의 자비가 구원의 기초이다.[79] 칼빈은 자신의 유언장 구술에서도 자기 자신은 아무것도 아니며 오직 자비로우신 아버지 하나님을 의지한다고 했다.[80] 따라서 하나님의 자비를 구하지 않는 자는 하나님 앞에 겸손하지 않은 자이다. 하나님은 겸손한 자에게 자비를 베푸시기 때문이다.

바르게 함(correction)

말씀을 통해서 우리의 죄를 고백했으면 그대로 놔두면 안 된다. 고쳐야 한다. 다시 말하면 회개에 합당한 열매를 맺어야 한다. 하나님의 말씀에 의하여 우리 자신을 점검하여 말씀에 의해 우리의 삶을 개혁해야 한다. 이것이 회개에 합당한 열매를 맺는 것이다. 그래서 신실하고 선한 목회자는 하나님의 말씀을 가르치는 것으로 만족해서는 안 되고 성도를 향한 간절함과 열정을 가지고 하나님의 말씀을 가르쳐서 신자가

78. John Calvin, The Mystery of Godliness and other Selected Sermons (Michigan: Wm. B. Eerdmans Publishing Company, 1950), 135-136.
79. CC, Vol.XIX, (Michigan: Grand Rapids, Baker Book Hose, 1989), Epistle to the Romans, The Argument.
80. Hans J. Hillerbrand(ed.), The Reformation: A Narrative History Related by Contemporary Observers and Participants(Michigan: Grand Rapids, Baker Book House, 1978), 207-208.

하나님의 말씀에서 교훈을 배울 뿐만 아니라 말씀에 의해서 삶을 개혁하도록 가르쳐야 한다. 성경을 통해서 교훈을 가르치며 동시에 책망하고 바르게 하는 것이 목회자의 두 음성이다.[81] 전자를 통해서 복음으로 초청하고 후자를 통해서 성도를 보호하는 것이다. 그러나 여기서 책망과 바르게 함은 군대식으로 하면 안 되고 부드러움과 인내와 사랑으로 해야 한다.[82]

의로 교육(instruction in righteousness)

성경은 의로 교육하기에 유익하다. 이 말은 우리로 하여금 올바르고 경건한 삶을 살도록 교육하는 것이다. 그리하여 하나님의 말씀의 진실성을 우리의 삶을 통해서 보여 주어야 한다. 이것이 의로 교육한다는 하나님의 말씀을 깨닫는 것이다. 그렇지 않으면 하나님의 말씀을 거짓으로 여기는 것과 같다. 하나님의 말씀은 우리로 하여금 말을 잘하고 웅변적인 사람이 되도록 주신 것이 아니라 말씀에 의해서 우리의 삶을 개혁하도록 주신 것이다. 성경에서 교훈을 배우고, 책망 받고, 의로 교육을 받으면 어떤 결과를 가져오는가? 그것이 디모데 후서 3:17 말씀이다.

하나님의 사람(the man of God)

성경에 보면 모세는 "하나님의 사람"(the man of God/시 90 부제)이라고 했으며 아브라함은 "믿음의 사람"(the man of faith/갈 3:9)이라고 했다. 제네바에서 칼빈과 같이 사역했던 동료 니콜라스 갈라스 목사가

81. John Calvin, The Mystery of Godliness and other Selected Sermons, 361. Comm. on Titus 1:9.
82. John Calvin, The Mystery of Godliness and other Selected Sermons, 136-137.

칼빈은 "탁월하고 경건한 목사"라고 평가했다.[83] 어떻게 평가하던 간에 성경의 절대적인 권위를 믿고 성경에서 교훈을 배우고 책망 받고, 바르게 하고, 의로 교육을 받은 사람은 하나님의 사람이 되는 놀라운 복을 받는다. 그것이 무엇인가? 하나님의 사람이 되는 것이다. 온전하고 모든 선한 일을 할 수 있는 하나님의 사람이 되는 것이다. 놀라운 복이다. 우리는 이 세상에 살면서 선한 일을 하고 살아야 한다. 악한 일을 해서는 안 된다. 악한 일을 하는 사람은 성경의 권위도 성경도 잘 모르는 자이다. 하나님의 말씀을 불순종하는 자이다. 그렇다면 성경을 어떻게 올바로 해석하는가? 성령의 내적 조명이다.

정리하면 성경은 성령의 감동으로 된 것이다. 그래서 성경의 저자는 성령이며 성경은 하나님의 말씀으로써 절대적인 권위를 가지고 있다. 따라서 성경은 성령에 의해서 해석되어져야 한다. 그리고 성경을 권위있게 우리 삶에 적용해야 한다. 그렇다면 성령이 어떤 점에서 성경의 진짜 해석자인가? 다시 말하면 어떻게 성령이 해석자로 하여금 성경을 올바르게 해석할 수 있게 하는가? 성령은 해석자를 내적으로 조명하여 성경을 올바르게 해석하게 한다.

83. Calvin's Commentaries, Vol.VII, Epistolary Dedication by Nicolas Des Gallars to the Ancient Friend, John Crispin), Xiii.

3장 성령의 내적 조명과 성경해석

칼빈은 성령의 신학자로 불리운다.[84] 그리고 칼빈에 있어서 성경의 진정한 해석자는 성령 하나님이다(Spiritus Dei solus est verus eius interpres).[85] 크리소스톰의 설교에 대한 서문에서도 성경 해석에 있어서 유일하고 가장 좋은 가이드는 성령(Ac spiritum quidem Dei non optimum modo sed unicum esse ducem fatior)이라고 고백했다.[86] 다시 말하면 성령의 조명이 없이는 하나님의 말씀을 이해할 수 없다는 말이다. 그렇다면 성령 하나님은 해석자로 하여금 어떻게 성경을 해석하게 하는가? 간단하게 말한다면 하나님은 성령의 조명을 통해서 성경을 이해하게 한다. 이것을 칼빈은 성령의 내적 조명이라고 부른다.

칼빈의 성경해석에 있어서 성령의 내적조명의 중요성은 많이 주장되어 왔으나 성령의 조명이라는 말이 도대체 무엇을 말하는가? 라는 질문에 대해서는 연구가 부족하다. 다시 말하자면 성령의 내적 조명에 대한 인식론적인 이해가 부족하다는 것이다. 따라서 본 장에서는 성경해

84. Benjamin Breckinridge Warfield, "John Calvin the Theologian", in Calvin and Augustine, ed. by Samuel G. Crag(Philadelphia: The Presbyterian and Reformed Publishing Co., 1956), 484-485.

85. John Calvin, CO, Vol.XLIX. 344. Calvin's New Testament Commentaries, Corinthians Vol. 9. Trans. John W. Fraser, Eds. David W. Torrance and Thomas F. Torrance (Michgan: Grans Rapids: Wiliam B. Eerdmans Publishing Company, 1960), 56. 고전 2:14절과 고전 2: 9절 주석 참조.

86. CO, Vol. IX, 832. "To be sure it is my conviction that the spirit of God is not only the best, but even the only guide, since apart from Him there is not even a spark of light in our minds to enable to grasp heavenly wisdom, while the moment he has shone forth into our minds they are adequately, nay amply, furnished and prepared to attain wisdom itself"("John Calvin: Preface to the Homilies of Chrysostom", The Hartford Quarterly, Vol. 5. No.2 (Winter, 1965), 20. Trans. John H. McIndoe,

석에 있어서 성령의 내적 조명에 대한 인식론을 다루고자 한다.

성령의 내적 조명에 대한 정의

칼빈에 의하면 성경 해석에 있어서 성령의 내적조명은 성경에 대한 새로운 계시가 아니라 해석자를 조명하는 것이다. 성경은 이미 성령의 감동에 의한 하나님의 계시며 이 계시를 올바르게 이해하게 하는 것은 성령의 조명이다. 성경이해에 있어서 성령의 조명은 필수적이며 전제 조건이다.

성경해석에 있어서 성령의 내적조명은 성경의 의미 자체가 아니라 성경해석자에게 있어서 성령의 역할을 의미한다. 칼빈은 성경해석에 있어서 성령의 조명을 인식론적으로 설명하기 위해서 여러 가지 언어를 사용한다. 그 언어가 이성, 마음, 귀, 눈이다. 성령은 이성, 마음, 눈, 귀를 조명한다. 다시 말하면 성경 해석에 있어서 성령의 조명은 해석자의 이성을 깨우치고, 마음에 확신을 주어서 말씀을 받아들이게 하고, 들을 귀를 갖게 하여 말씀을 듣게 하고, 영적인 눈을 열어서 성경을 하나님의 말씀으로 보게 한다는 말이다. 그러나 이성, 마음, 귀 그리고 눈은 해석에 있어서 순서적인 개념이 아니라 동시적인 개념이다. 분명히 이성, 마음, 눈, 귀는 동일한 것은 아니고 구별되는 개념이지만 성경 해석에 있어서 마음과 이성, 귀, 눈의 깨우침은 동시적으로 이루어진다.

성령의 내적조명은 하나님의 말씀을 이해하기 위한 슬기로운 마음(l'espirit de mon intelligence/the spirit of discernment)이다. 이사야 11:2에 의하면 성령은 여호와의 영으로서 지혜와 슬기를 주는 영이요, 경륜과 용기를 주는 영이요, 하나님을 알게 하고 경외하게 하는 영이다. 여기서 성령의 역할을 여섯 가지로 말한다. 성령은 우리에게 지혜(spiritus sapientia/ wisdom)와 슬기(inteligentiae/ understanding)를 주고, 경륜(spiritus consilii/counsel)과 용기(fortitudinis/might)를 주며 이해(spiritus scientiae/knowledge of the Lord)와 경외심(timoris Jehovae/fear of the Lord)을 주어 하나님의 말씀을 이해하게 한다. 여기서 보면 성령의 조명은 말씀을 통해서 우리로 하여금 삶의 지혜를 주며, 말씀을 이해하는 슬기를 주며, 어려운 세상을 살면서 필요한 경륜과 용기를 주며, 하나님에 대한 지식과 구원과 삶에 필수적인 경외심을 준다고 볼 수 있다.[87]

성령과 성경 저자

성경은 성령의 감동으로 된 책이다(딤후 3:16). 성경은 하나님이 사도와 선지자들을 성령의 감화를 통해서 성경을 기록케 했다(벧전 1;21). 따라서 성경의 저자는 성령 하나님이다. 성경은 예수 그리스도를 믿음으로 구원받게 하는 책이다. 삼위일체적으로 말한다면 성부 하나님이 성령 하나님을 통해서 성자 하나님에 대해서 기록한 책이 성경이다.[88] 니케에 콘스탄틴 신조(Niceno-Constantinopolitan Creed)에서도 성경의 저자는 성령이라고 말하고 있다.[89] 성경을 기록한 분이 성령이라고 한다면 성경 해석은 성경을 쓰신 분이 가르쳐 주고 조명해주어야 성경을 올바로 해석할 수 있다. 따라서 칼빈에 의하면 성령의 조명과 가르침이 성경을 올바르게 해석하는 데 있어서 필수적이다.[90]

87. CO, XXXV. 235-236. John Calvin, Commentary on the Book of The Prophet isaiah, Trans. William Pringle, Volume First(Michigan:Grand Rapids, Baker Book House), 374-375.
88. "Method and Arrangement, or Subject of the Whole Work" (from an epitome of the Institutions, by Capar Olevian) Henry Beveridge가 번역한「기독교강요」.
89. Jaroslav Pelikan, Credo, Historical and Theological Guide to Creeds and Confessions of Faith in the Christian Tradition(New Haven and London: Yale University Press, 2003), 146.
90. John Calvin, CO, Vol.XLIX. 344. Calvin's New Testament Commentaries, Corinthians Vol. 9. Trans. John W. Fraser, Eds. David W. Torrance and Thomas F. Torrance (Michgan: Grans Rapids: Wiliam B. Eerdmans Publishing Company, 1960), 56.

성령 조명의 필연성

전적부패

성경해석에 있어서 성령조명의 절대적인 필요성은 성경 자체에 있지 않고 성경을 해석하는 인간에게 있다. 칼빈은 이렇게 말한다. "세상이 자체의 우매함으로 그 말씀을 어둡게 하지만 않는다면 하나님의 말씀은 불명료하지 않다는 사실은 언제나 변함없는 원칙이다."[91] 그렇다. 성경은 성령의 감동으로 인간의 능력에 맞게 인간의 언어로 쓰여졌기 때문에 무오하며 분명하고 명료하다. 그러나 인간이 타락하여 무지하고 교만하며 소경이 되고 농아가 되었다. 칼빈은 인간의 타락이 성경 해석에 치명적인 영향을 미쳤다고 말한다. 타락은 인간의 인식하는 기능에 치명적인 영향을 주었기 때문이다. 그러나 성령은 말씀을 통해서 우리를 중생케 했다. 중생한 사람이라고 해서 완전히 무지로부터 벗어난 것은 아니다. 칼빈에 의하면 타락으로 인하여 인간의 인식에 치명적인 영향을 끼쳤지만 그렇다고 해서 이해의 빛(the light of understanding)이 완전히 소멸된 것이 아니라 어두운 곳에서는 눈이 사물을 제대로 볼 수 없는 것처럼 인간의 이성의 눈이 어둡게 되고 인간은 무지에 빠지게 되고 들을 귀가 무디어졌다.[92] 그래서 성경해석에 있어서 성령의 조명은 성경의 해석자와 불가분의 관계를 가진다. 성경해석에 있어서 성령의

91. 존 칼빈,「신약성서주석」, Vol. I, 공관복음 I(서울:성서원, 1999), 505. "Still it remains a fixed principle, that the Word of God is not obscure, except so far as the world darkens it by its own blindness."

92. 요한복음 1:5 주석에서 칼빈은 성령의 빛이 어두움 속에 있는 인간에 비추고 있음을 말한다. 그 말의 뜻이 무엇인가? 비록 인간은 아담의 원죄로 말미암아 전적으로 부패되었지만 두 가지는 아직도 남아 있다. 그것은 종교의 씨앗이요 도덕성이다. 인간은 전적으로 부패되었지만 아직 이해의 빛(the light of understanding) 완전히 소멸된 것은 아니다("....., the light which was originally bestowed on men must not be estimated by their present condition; because in this corrupted and degenerate nature light has been turned into darkness. And yet he affirms that the light of understanding is not wholly extinguished; for, amidst of the thick darkness of human mind, some remaining sparks of the brightness still shine"(Calvin's Commentaries Vol.XVII, 32-34).

조명은 인간의 무지를 깨우치고 부패된 마음을 회복하고 들을 귀를 갖게 하고 영적인 눈을 열어서 성경을 올바르게 해석하게 한다.

성경은 성령의 학교 (schola Spiritus sancti)

칼빈에 의하면 성경은 성령의 학교(Scriptura schola Spiritus sancti)이다.[93] 성경은 성령님이 운영하시는 하나님의 학교(schola Dei)이다. 우리는 성경의 제자로서 성령의 조명을 통하여 성경을 배우는 자이다. 성령님은 우리가 성경을 통해서 하나님에 대한 지식을 충만하게 배우도록 도와주시고 인도하시고 가르쳐 주시는 선생이다. 학교를 누가 운영하느냐에 따라서 학교의 발전과 학생들의 질이 달라지는 것처럼 성경을 누가 가르치느냐는 아주 중요하다. 하나님은 우리가 성령의 조명을 통해서 성경을 올바로 이해하고 가르침을 받아서 경건생활을 할 수 있도록 도우신다.

성경이 성령의 학교라는 말은 인문 교육이나 신학 교육이 필요 없다는 말은 아니다. 선지자와 사도를 감동시켜 성경을 기록케 하신 분이 성령님이라고 한다면 당연히 우리는 성령님의 가르침을 받아야만 되는 것이다. 이것이 성독(lectio divina)이다. 따라서 성령님의 감동을 받지 않은 성경 해석, 설교, 가르침은 생명력을 줄 수 없으며 성경의 자연스럽고 분명한 문자적인 의미를 들어낼 수 없다. 이런 점에서 보면 성령의 조명이란 단순히 무엇을 잘 보이게 하기 위해서 사용하는 무대 장치와 같은 것이 아니라 인간의 무지한 이성을 깨우치고 부패한 마음을 회복시켜 영적인 눈을 열게 하고, 들을 귀를 주어서 하나님의 말씀을 이해하게 한다. 그래서 성경해석에 있어서 성령의 조명이 필수적이며 성령의 조명은 성경을 해석하는 해석자의 마음과 이성을 조명하는 것

93. Inst., 3.21.3.

이다.[94] 그렇다면 성령의 조명과 말씀의 관계는 어떠한가?

성령의 내적조명과 말씀

칼빈에 의하면 성령의 역사는 말씀과 항상 함께 역사한다. 말씀과 성령은 구별되지만 서로 분리할 수 없으며 성령이 없는 말씀은 아무런 효력을 줄 수 없다. "성령이 없는 말씀은 죽은 문자이고 말씀이 없는 성령은 환상처럼 떠돌아다닌다."[95] 히브리서 4:10 주석에서 칼빈은 하나님의 말씀의 능력은 성령의 역사에 의해서 선포된 말씀이 하나님의 말씀이 된다고 했다.[96]

칼빈은 성령님이 말씀과 함께(cum verbo) 혹은 말씀을 통하여(per verbum) 역사한다고 말한다. 그는 성령님의 주권적인 사역을 강조한다. 하나님의 말씀은 성령의 도구이지만 성령은 바로 하나님이다. 성령이 하나님이시다. 그래서 성령은 말씀과 함께 일한다. 물론 칼빈은 성령은 말씀에 의해서(per verbum/through and by), 또 말씀과 함께(cum verbo/with)를 사용하지만 성령은 말씀과 함께 일하신다. 그래서 칼빈은 성령신학자이다. 하나님의 말씀은 하나님이 신자들에게 성령의 조명을 비추는 수단이다. 이것은 말씀은 은혜의 방도(means of grace)라는 점과 말씀의 증거와 성령의 증거는 일치한다는 것이다. 여기서 말씀은 성령의 조명을 비추는 도구 혹은 수단이라는 점이 중요하다. 성령의 조명은 말씀이 진리이며 진실하며 감동되었다는 것을 깨닫게 한다.[97] 하

94. Fred H. Klooster, "The Role of the Holy Spirit in the Hermeneutic Process: Relationship of the Spirit's Illumination to Biblical interpretation," Hermeneutics, Inerrancy, and the Bible, Ed. Earl D. Radmacher and Robert D. Preuss(Michigan: Grand Rapids: Zondervan, 1984), 451-472.
95. "Without the Spirit, the Word is a dead letter; without the Word, the Spirit flutters as an illusion" ("Calvin, The Expositor of Scripture" by Paul Traugot Fuhrmann, Interpretation, (April, 1952), 각주 28에서 재인용) Institutes of 1541, Vol. II, 29.
96. 존 칼빈,「칼빈의 성경주석」, Vol.20 (서울:성서원, 1999), 102.
97. 「성신의 신학자, 존 칼빈」, 파브르(J. Faber) (서울:성약, 2004), 113.

나님의 말씀이 성령의 조명 없이 보면 그 말씀은 왜곡되게 이해되어지며 말씀 없이 성령의 조명으로만 본다면 하나님의 말씀에 대한 객관성이 없어지며 신비주의에 빠지기 쉽다. 따라서 칼빈에 있어서 성경해석은 신비주의나 주지주의에 빠지지 않는다. "성령이 말씀을 우리에게 유효하게 적용하지 않는다면 그 말씀이 우리 마음에 들어오지 않으며 귓전만 울릴 뿐이다" 라는 글에서 주지주의에 대한 경고를 우리는 알 수 있다.[98] 성령은 그리스도가 가르치신 모든 것을 기억나게 하시며 성령이 그리스도의 진리를 깨닫도록 우리의 마음을 비추는 것 이상을 성령으로부터 기대할 수 없다.[99] 말씀은 성령의 조명을 신자들에게 나누어주는 도구이다. 사도 바울은 자신의 설교를 성령의 직분(영의 직분)이라고 부른다(고후 3:8). 성령이 말씀 안에 계시며 그 진리를 말씀에 표현한다. 그래서 말씀에 합당한 존경과 위엄을 보일 때에만 성령은 그의 능력을 보인다. 주님께서는 일종의 상호결속 관계로써 그의 말씀의 확실성과 그의 성령의 확실성을 결합한다. 성령은 말씀에 대한 우리의 확실성의 원인이 되고 말씀은 성령에 대한 우리의 확실성의 근거이다. 성령 없이는 말씀의 빛을 잃게 되며 말씀 없이는 성령의 조명을 잃게 된다.[100] 그렇지 않다면 칼빈의 성령의 내적조명은 신비주의로 빠지게 된다.

칼빈에 의하면 성령과 말씀은 결코 분리하여서 역사하지 않는다. 말씀 없이 성령의 조명을 강조하는 것은 신비주의자이다. "성령께서는 끊을 수 없는 유대(individuo nexu)로 하나님의 말씀에 결합되기(coniunctus)를 원하시며, 그리스도께서도 교회에 성령을 약속하실 때에 이점을 확실히 하셨다."[101] 또한 추기경 사돌레토의 글을 반박하는

98. Ibid. 112.
99. Ibid. 96.
100. Ibid. 87
101. Calvin's fundamental principle concerning the relation Word and Spirit stands firm,

논문에서 말씀 없이 성령의 역사를 강조하는 것은 아주 위험스러운 것이라고 칼빈은 경고했다. 성령의 조명은 새로운 성경의 의미를 우리에게 제공하는 것이 아니라 조명에 의해서 말씀이 가르치는 의미를 분명하게 이해하도록 돕는 것이 성령의 조명이기 때문이다.[102]

성령의 내적조명과 선 이해

현대해석학에 있어서 해석이라고 하는 것은 선 이해가 전제되어야 한다고 말한다.[103] 가령 우리가 구원이라는 개념을 이해하기 위해서는 반드시 먼저 성경에서 말하는 구원에 대한 선 이해가 없이는 구원이라는 언어를 이해할 수 없다는 말이다. 옳은 통찰력이다. 뿐만 아니라 해석이라는 것은 텍스트를 이해하기 위한 규칙이라는 일방적인 통로가 아니라 텍스트와 해석자라는 두 지평의 융합에서 이루어진다고 말한다.[104] 일리가 있는 말이다. 그러나 칼빈에 의하면 성경해석이란 단순히 텍스트와 해석자의 두 지평의 융합이 아니다. 물론 칼빈도 성경해석은 텍스트와 해석자의 지평임을 인정한다. 그렇지만 칼빈에 있어서 성경해석이란 단순히 두 지평의 융합이 아니라 성령이 해석자의 지평을 조명해야 올바른 성경해석이 가능하다. 그래서 칼빈에 있어서 선 이해란 성령의 조명이다. 그렇다면 성령의 조명에 의한 성경해석이란 무엇인

viz., "Spirit wills to be conjoined(coniunctus) with God's word by an indissoluble bond(individuo nexu) ..... We are to expect nothing more than from his[Christ] Spirit than that he will illumine our minds to perceive the truth of his teaching."(Inst., 4.8.13).

102. "Reply to Sadolet" "For seeing how dangerous it would be to boast of the Spirit without the Word, he declared that the Church is indeed governed by the Holy Spirit; but in order that this government might not be vague and unstable, he bound it to the Word."(Calvin: Theological Treatises, LCC. Vol.XXII, 229.

103. Hans-Georg Gadamer, Truth and Method, Second, Revised Edition, Translation revised by Joel. Weinscheimer and Donald G. marshall(New York: The Continuum Publishing Company, 2000), 293.

104. Hans-Georg Gadamer, Truth and Method, 306. 가다마에 의하면 현재의 지평은 과거역사에 의해서 이루어진 것이며 그래서 이해란 두 지평(현재와 과거)의 융합을 통해서 이루어진다. 이것이 가다마에 있어서는 선입견이고 하이데거에 있어서는 선 이해이다.

가? 다시 말하면 성령의 내적조명에 의해서 성경 해석은 구체적으로 어떻게 이루어지는가? 성령의 내적조명에 대한 인식론적인 이해란 무엇인가?

성령의 내적조명과 성경해석

성령의 내적조명에 대한 두 견해와 칼빈

성경해석은 성령의 조명에 의해서 이루어진다. 그렇다면 성경해석에 있어서 성령의 역할은 무엇인가? 성경해석에 있어서 여러 가지 성령의 조명을 말하지만 크게 보면 두 가지 견해로 요약할 수 있다. 성령의 조명은 인지적인 측면에 영향(perceptional aspect of understanding)을 미친다는 견해와 의지적인 측면에 영향(volitional aspect of understanding)을 미친다는 견해이다. 인지적인 측면은 이성적인 측면을 말하며 의지적인 측면은 마음에 대한 성령의 조명을 말한다. 다시 말하면 성령의 조명에 있어서 이성의 조명은 성경 말씀의 인지적인 이해(perceptional understanding)에 강조를 둔다고 한다면 마음의 조명은 말씀을 받아드리고 순종하는 의지적인 측면(volitional understanding)에 강조를 둔다.

가령 Daniel P. Fuller에 의하면 성경해석에 있어서 성령의 조명은 인지적인 성경의 텍스트의 이해(cognitive understanding of the text)가 아니라 의지적인 텍스트의 이해(the receptive understanding of the text)라고 한다.[105] 그에 의하면 믿는 자나 안 믿는 자를 막론하고 성경을 석의하는 보편적인 지식을 가진 자는 누구를 막론하고 성경을 올바로 이해할 수 있다고 본다. 그러나 인간이 자기를 영화롭게 하고자 하는 교만(volitional aspect of sin)으로 말미암아 하나님의 말씀을 받아들이고 안

105. Daniel P. Fuller, "The Holy Spirit's Role in Biblical Interpretation," accessed on Jan. 29, 2009. available at: http:www.fuller.edu/ministry/berean/hs-role.htm, 2008-06-07.

받아드릴 수 있다. 그래서 성령의 조명은 하나님의 말씀을 받아들이도록 돕는다고 했다. 이것이 성경해석에 있어서 성령의 역할이다. 그러나 Millard J. Erickson은 Fuller와 반대로 성경해석에 있어서 성령의 역할은 텍스트의 의지적인 측면이 아니라 인지적인 측면에 영향을 미친다고 한다. 성령의 조명은 인간의 죄의 영향(noetic effects of sin)으로 말미암아 성경 텍스트에 대한 올바르지 못한 이해를 올바로 이해하도록 돕는다고 말한다.[106]

위에서 제시한 Fuller나 Erickson의 견해는 성경해석에 있어서 성령의 역할의 중요성을 잘 설명하고 있지만 칼빈의 견해에 비추어 보면 일방적이고 편향적인 성령의 조명에 대한 이해이다. 칼빈에 있어서 성령의 조명은 인지적인 측면과 의지적인 측면이 있다. 칼빈의 견해는 어느 한 쪽이 아니라 상호보완적이고 그렇지만 동일한 것이 아니기 때문이다. Fuller는 성령의 주관적인 역할을 중요시 했으며 Erickson은 성령의 객관적인 역사를 중요시 했다. 그러나 칼빈의 입장에서 보면 Fuller의 견해나 Erickson의 견해에 동의하지 않을 것이다. 칼빈에 있어서 성령의 조명--이성과 마음의 조명--은 동일한 것은 아니지만 상호 보완적이기 때문이다. 성령의 조명이 필요한 것은 전적인 부패에 의해서 인간의 인식 과정에 치명적인 영향을 미쳤다는 데 있다. 다시 말하면 전적인 타락의 결과로 이성이 완전히 소멸된 것은 아닐지라도 어두워지고 무지에 빠져 있기 때문에 하나님의 말씀을 올바로 이해하는 것이 불가능하다. 중생되지 않은 사람이라고 할지라도 석의에 관한 보편적인 지식을 습득한 사람은 성경의 역사적 문법적 의미를 습득하는 것은 가능하다. 그러나 성경을 그렇게 분석했다고 해서 성경의 의미를 온전히 이해했다고 볼 수 없다. 성경의 의미는 성령의 조명을 받은 이성으로 문법

106. Millard J. Erickson, Evangelical Interpretation (Michigan: Grand Rapids, Baker Books, 1993), 33-54.

적 역사적인 의미를 습득하고 그 의미를 오늘의 상황에 적용하는 마음의 받아들임이 있어야 하기 때문이다.

칼빈에 있어서 성경해석은 성경 자체에서 온다. 그에 의하면 성경은 일반 문서와 다르다. 성경은 성령의 감동으로 쓰여진 말씀이기 때문에 단순히 세상적인 해석이론에 의해서 성경을 해석하는 것이 아니라 성령의 조명을 통해서 성경을 해석하여야 하기 때문이다. 칼빈에 있어서 성경해석이란 성령의 조명이 인간의 이성(mens)을 깨우치고 마음(cor)에 확신을 주어 텍스트의 의미를 올바르게 이해하고 그 의미를 삶에 적용함으로 해석이 완성된다.

예수님의 제자들을 생각해보자. 부활하신 예수님이 제자들에게 마음을 열어서 성경을 가르쳐주셨다. 이 본문 말씀이 누가복음 24:45 말씀이다. 칼빈은 이 본문을 다음과 같이 주석했다. "주님께서는 전에도 교사의 역할을 수행하시면서 제자들에게 성급하게 굴지 않으셨듯이 이제도 성령을 통해(spiritu suo intus) 그들을 내면적으로 가르치기 시작하고 있다."[107] 또한 "하늘의 교훈은, 성령께서 그것을 깨닫도록 우리의 지성(mentes nostras ad eam intelligendam)을 형성하고 우리의 마음이 그 멍에를 받아드리도록(corda nostra ad subeundum eius iugum) 하기 전에는 우리에게 아무 소용도 효력도 없다."[108] 따라서 그리스도의 적합한 제자가 되기 위해서는 우리의 이성의 능력을 신뢰하기 보다는 위로부터 오는 빛을 통해서 이해하려고 해야 한다. 뿐만 아니라 예수 그리스도는 성령의 조명을 통해서 성경을 이해하도록 (spiritu suo ad intelligendam) 인도한다.

"마음을 열어서"("he opened their minds to understand the Scriptures,") 라는 말에는 다음과 같은 의미가 있다고 설명한다. "장차 일에 대해서

107. 존 칼빈,「칼빈성경주석」, Vol.16(공관복음 I,II) (서울:성서원, 1999), 540-541.
108. Ibid. 540.

가르침을 받을 준비가 되어있다는 뜻일 뿐 아니라 그들이 전에는 아무것도 아닌 것으로 여겼던 교훈을 기억했다는 뜻으로 해석한다. 곧 그 교훈이 효력을 발생했다"는 의미이다. 뿐만 아니라 제자들로 하여금 성경은 성령의 조명이 아니고서는 깨달을 수 없음을 가르쳐 준다고 했다.[109] 여기서 마음은 인간이 스스로 여는 것이 아니라 성령의 조명이다. 그러면 어떻게 성령의 조명이 마음을 여는가? 칼빈에 의하면 예수님은 제자들에게 선생의 역할을 한다. 어떻게 하는가? 칼빈에 의하면 성령에 의해서 내적으로 제자들을 가르친다고 했다. 왜냐하면 인간의 이성(mens)은 성령의 조명에 의한 이해의 선물(ientelligentiae dono illustratae)이 아니고서는 하나님의 말씀을 이해할 수 없기 때문이다. 왜 그런가? 인간은 전적으로 부패되었기 때문이다. 그래서 하나님은 성령으로 중생케 하여 중생된 이성에 의해서 하나님의 말씀을 이해하게 한다.

인식론적으로 보면 성령의 내적조명은 하나님의 말씀을 이해하도록 지성을 깨우치고(mentes nostras ad eam intelligendam) 마음으로 받아들이도록 (corda nostra ad subeundum eius iugum) 인도한다.[110] 그러나 한글말 성경 번역(개혁과 바른 성경)을 보면 예수님이 "저희 마음을 열어 성경을 깨닫게 하시고"라고 번역했는데 헬라어 원문에 보면 "마음"은 카르디아가 아니라 누스다. 영어 번역본을 보면 "he opened their minds to understand the Scriptures(RSV/NSAB/NIV, NKJV: opened their understanding that might comprehend the Scriptures)이다. 대부분의 영역은 마음 보다는 정신 혹은 이성으로 번역했다. 그러고 보면 누스(지성 혹은 이성, 정신)를 마음(카르디아)으로 번역하는 것은 본문의 의미

109. 「칼빈성경주석」, Vol.16(공관복음 I.II), 540.

110. C0, Vol.23, 816-817. Calvin's Commentaries, Vol. XVII, Harmony of Mathew Mark, Luke, John 1-11, 375.

를 흐리게 한다. 그러나 칼빈은 본문 "마음을 열다"에서 마음을 정신으로 번역했으며 두 가지 역할을 하는 것으로 이해했다. 본문에서 마음을 마음(cor)으로 번역하지 않고 지성(mens/mind)으로 번역했다. 그러면 어떻게 성령은 제자들의 정신으로 하여금 성경을 이해하도록 조명했는가? 성령님은 인간의 정신과 동시에 마음을 쓰신다. 정신으로는 본문의 문자적 역사적인 의미를 이해하도록 도우며 동시에 그 의미를 마음으로 받아들여 순종하게 한다. 그래서 성령의 내적조명을 통해서 성경을 깨닫게 한다는 말은 단순히 마음으로 받아들인다는 말이 아니라 성령의 조명이 인간의 이성으로 성경의 문자적인 의미를 깨닫게 하고 그것을 마음으로 받아들이고 삶에 적용하게 해서 성경을 올바로 사용케 한다. 다시 말하면 성령이 우리의 이성으로 성경의 의도를 알게 하고 그것을 마음으로 영접해서 우리 생활에 적용하도록 한다. 여기서 성경 해석은 완성된다. 따라서 성경 말씀을 이해하고 받아들이고 적용하는 과정에서 성령의 조명은 필수적이다. 그리고 누가복음 24:32에서도 예수님이 성경을 열어 제자들에게 주실 때에(he opened the Scriptures) 그들의 마음이 뜨거워졌다고 했다. 여기서도 성령님은 성경을 통해서 우리의 마음을 감동시키신다.

성경해석에 있어서 성령의 조명이 필수적이라는 말은 세상적인 방법(by a natural way)으로 혹은 인간의 이성의 힘으로(by our mental power of comprehension) 하나님의 말씀을 이해할 수 없다는 말이다. 따라서 성경은 성령의 내적조명에 의해서 해석되어져야 한다. 오직 성령의 조명 혹은 성령의 계시에 의하여(depend upon the revelation of the Spirit) 성경은 깨달아 지기 때문이다.[111] 성령에 의한 가르침이란 단순하고 진실한(a teaching style which is simple and sincere) 가르침이며 실속 없고

111. 존 칼빈, 「칼빈성경주석」, Vol.19, 97(Comm. on Ecc 2:12)

겉치레적인 가르침(empty and ostentation)이 아니다. 그래서 성령에 의한 성경의 가르침은 진실되고 자연스럽고 명료하다.[112]

칼빈의 성령의 조명에 의한 성경해석을 이해하는 데 또 하나의 중요한 성경 본문이 고린도전서 2:14 말씀("육에 속한 사람은 하나님의 영에 속한 것들을 받아들이지 않는다. 그것들이 그에게는 어리석은 것이며, 이해할 수도 없으니 영적으로만 분별되기 때문이다")이다. 칼빈은 본문의 주석에서 육에 속한 사람(the natural man/ animalis homo)을 영적인 사람(the spiritual man/ homo spirituali)과 대조한다. 육적인 사람이란 아직 중생되지 않은 사람을 말한다. 다시 말하면 육적인 사람이란 자신의 이성의 인도함을 받은 사람(any man endowed only with the powers of nature)이다. 그러나 영적인 사람(the spiritual man/ homo spirituali)이란 중생된 자로서 성령의 조명(cuius mens illuminatione spiritus Dei)에 의해서 이성(mens)과 마음(cor)이 인도함을 받는 사람이다.

육적인 사람은 성경을 올바로 이해할 수 없다. 인간은 자신의 말을 이해하지만 하나님의 지혜는 숨겨져 있음으로 성령의 조명이 없이는 하나님의 말씀을 깨닫지 못하기 때문이다. 칼빈에 의하면 이성으로 하나님의 말씀을 역사적 문법적인 방법을 통해서 분석할 수는 있으나 그 말씀의 참 맛을 볼 수 없다. 왜 그런가? 전적부패로 말미암아 하나님의 말씀에 대해서 무지(blindness/ ignorantia)하고 또한 하나님의 말씀을 고의적으로 무시(stubborn pride of the human) 하기 때문이다. 여기서 무지(ignorantia)라는 말은 단순히 모른다는 말이 아니라 성령의 조명이 될 때까지 인간의 이성은 어떤 덮개에 가리워져 있는 상태를 말한다. 그래서 성령의 조명은 어둠 속에 가리워져 있는 어둠의 덮개를 열어주

112. 존 칼빈, 「칼빈성경주석」, Vol.97(Comm. on 1Co 2:12)

는 역할(the mind of men must be necessarily in darkness until they are enlightened by the Spirit of God)을 한다. 이성의 덮개라는 말은 성령의 조명이 있을 때까지 인간의 지성은 무지 속에 있다는 말이다. 영적인 사람만(spiritual man alone)이 확고하고 건전한 하나님의 말씀에 대한 지식(a firm and sound knowledge of the mysteries of God)을 가질 수 있으며 영적인 사람만이 진리의 옳음을 그름으로부터 (Spiritu quoque discretionis instrui/ distinguishes truth from falsehood) 판별할 수 있다고 했다.[113]

고린도전서 2:14에서 "모든 것을 다 판별할 수 있다"는 말은 이성의 무한한 능력을 말하는 것이 아니라 성령님만이 성경의 모든 것을 분별할 수 있으며 신앙의 정도에 따라서 옳고 그름의 깊이를 알 수 있다는 말이다. 다시 말하면 성령의 조명을 통해서 진리의 말씀을 이해하며 진리를 비진리로부터 (illuminari nos a Domino ad perspiendum verum) 옳게 분별하도록 하는 분별의 성령(Spiritu quoque discretionis instrui)을 갖게 한다는 말이다.[114] 왜냐하면 첫째, 성령 하나님이 성경의 유일한 해석자(Spiritus Dei solus est verus eius interpres)이기 때문이다. 둘째, 하나님의 지혜는 영적(성령의 조명을 통해서)으로 이해되기(spiritually judged) 때문이다. 그래서 육적인 사람은 성경을 읽을 수 있고 분석할 수 있으나 성령의 조명 없이는 올바로 성경을 이해할 수 없고 적용하지 못한다.

Kenneth S. Kantzer에 의하면 하나님은 성령을 통해서 하나님의 말씀을 우리에게 말씀하신다. 성령은 말씀을 들을 때 우리로 하여금 항상

113. 존 칼빈,「칼빈성경주석」, 99-101. (Comm. on 1 Co 2:14)
114. to perceive the truth, but that we are also equipped with the spirit of discernment so as not to be suspended in doubt between truth and error, but to be able to decide what we should avoid and what we should follow.

하나님의 살아계신 음성을 들을 수 있게 한다.[115] 죄로 어두워진 이성은 성령의 초자연적인 내적조명으로만 하나님의 말씀을 올바르게 이해할 수 있다. 중생된 사람이라 할지라도 지속적인 성경공부와 기도와 겸손함이 있어야 하며 우리의 마음과 지성에 성령의 내적인 조명을 받아야 성경을 올바로 이해할 수 있다.[116] 칼빈은 에스겔서 2:1-2 주석에 있어서도 성령의 조명(spiritus sanctus)은 우리의 마음을 꿰뚫고 들어와서(penetrat in cordia) 이성으로 하나님의 말씀을 이해하게(illustrat mentes) 한다고 말했다.[117]

성령의 조명은 우리에게 새로운 지식을 주는 것이 아니라 성경이 가르치는 말씀의 의미를 우리의 지성으로 깨닫게 하고 마음으로 받아 순종 하게 한다. 따라서 성령의 조명은 새로운 계시가 아니라 성경 말씀에 대한 새로운 이해이다.[118]

칼빈은 성례에서 성령의 조명과 말씀과의 관계를 설명하면서 성례 자체로서는 효력이 없으되 성령의 조명을 통해서 말씀의 약속에 기초한 성례의 의미를 알게 하고 확증한다. 성례에 있어서 성령의 조명은 세 가지 단계를 거친다.[119] 첫째, 하나님께서 당신의 말씀을 통해서 우리를 가르치시고 교육시키시며 둘째, 주님의 가르침을 성례를 통해서 확신시키며, 셋째, 하나님이 성령의 조명을 통해서 우리 이성을 조명하고(postrmo sancti sui Spiritus lumine mentibus nostris illucet) 우리의 마음을 열어서 말씀과 성례가 우리 마음 안에 들어오게 하시며 확신케

115. Kenneth S. Kantzer, "Calvin and The Holy Scriptures," Ed. J.f. Walwoord (Inspiration and Interpretation(Grand Rapids: Eerdmans, 1957), 154.

116. Kenneth S. Kantzer, "Calvin and The Holy Scriptures," 152-155.

117. CR Vol. 67-68, 62. CO, Vol. XXXIX. 62. 존 칼빈,「칼빈성경주석」, Vol. 11(Comm. on Eze 2:1-2), 109-110.

118. Inst., 4.8.13.

119. "faith is the profer and entire works of the Holy spirit, illumined by whom we recognize God and the treasures of his kindness, and without whose light our mind is so blinded that it can see nothing, so dull that it can sense nothing of spiritual things."(4.14.8)

(aditum in corda nostra verbo)한다.[120] 따라서 성령의 조명은 하나님의 말씀을 이성으로 깨우치고 마음으로 받아들여서 우리의 삶에 적용하도록 돕는다. 확실히 "성령님께서는 놀랍고 비범한 능력(Spiritus mira et singulari virtute)으로 우리 귀로 듣게(aures ad audiendum) 해 주시고 또 우리의 마음으로 깨닫게(mentes ad inteligendum) 해 주신다."[121]

하나님의 선물로서 성령의 조명

칼빈은 다니엘서 2:20을 주석하면서 성령의 조명은 하나님의 말씀을 이해하게 하는 하나님의 특별한 선물(rarum et singulare donum spiritus sancti/a rare and singular gift of the Holy Spirit) 이라고 했다.[122] 다시 말하면 성경해석은 인간의 노력을 무시하는 것은 아니지만 성령의 조명이 선행되어야 한다는 사실을 말해준다고 생각한다. 올바른 성경해석이란 학문적인 연구가 필요하지만 그것에 선행되어져야 하는 것이 성령의 조명이다. 아무리 학자적인 연구에 의해서 성경을 잘 해석한다고 할지라도 성령의 조명이 없으면 성도에게 감동을 주지 못한다고 말할 수 있다. 성령이 말씀을 통하여 감동을 주기 때문이다. 칼빈은 하나님께서는 우리에게 지혜와 계시의 영을 주셔서 하나님을 알게 하신다고 하였다. 그래서 모든 지혜와 계시가 하나님의 은사라는 것을 알 수 있다(omnem sapientiam et revelationem esse Dei donum)고 했

120. "For first, the Lord teaches and instructs us by his Word. Secondly, he confirms it by the sacraments. Finally, he illumines our minds by the light of His Holy Spirit(postrmo sancti sui Spiritus lumine mentibus nostris illucet) and opens our hearts for the Word(aditum in corda nostra verbo) and sacraments. finally, he illumines our minds by the light of the Holy Spirit and opens our hearts for the Word and sacraments to enter in, which would otherwise only strike our ears and appear before our eyes, but not at all affect us within."(4.14.8)

121. Inst., 2.2. 20. OS, Vol.III, 262-263.

122. CR Vol. 67-68, 579. CO Vol. 579. Calvin's Old Testament Commentaries, Daniel I Vol. 20. Trans. T.H.L Parkerr (Michgan: Grans Rapids: Wiliam B. Eerdmans Publishing Company, 1993), 72. Inst., 2.2.21.

다.[123]

내적 선생으로서 성령조명

칼빈은 성경해석에 있어서 성령의 조명은 내적 선생(interior magister)으로도 말한다.[124] 성례에 있어서 성령의 조명이 없으면 성례 자체는 소경에게 비추는 빛과 같으며 귀머거리에게 들리는 소리와 같다. 우리의 눈은 빛을 통해서 물체를 보고 귀는 소리를 인식하게 하는 것처럼 성령의 조명도 우리의 이성을 조명하여 하나님의 말씀을 깨닫게 하고 마음으로 확신하게 한다.[125] 믿음을 알게 하고, 자라게 하며 확실하게(to conceive, sustain, nourish and establish faith) 한다.[126] 뿐만 아니라 성령은 자신의 기이하고 놀라운 힘(Spirtus mira et singulari virtute)으로 우리의 귀로 하나님의 말씀을 듣게 하고 이성으로 깨닫게 한다(aures ad audiendum et mentes ad intelligendum).[127] 그렇다. "우리의 내적 스승인 성령께서 (interior magister Spiritus) 우리의 정신에 그 길을 보여주시지 않는다면 아무리 그를 전파해도 아무 소용이 없다."[128]

성령의 조명과 인간의 애씀

성경해석에 있어서 성령의 조명은 기계적인가? 만약에 성령의 조명이 기계적이라고 한다면 누가 성경을 해석하더라도 성경해석은 똑같은 해석이 되어야 하지 않는가? 왜 똑같은 본문을 해석하여 설교하더라도 그 해석은 다른가? 감동을 주는 해석이 있고 그렇지 않은 해석이

123. Joannis Calvini, Opera Selecta, Ed. Petrus Barth and Guilem Niesel, Vol. III,(Monachii in Aediubus Chr. Kaiser, MCMLXVII), 283. Citede as OS.
124. Inst., I.7.4.; 1.8.13.; 3.2.3-5,; 3.1.4. Comm. on Lk 24:45
125. Christus ipse interior magister. The sacraments, like the word of Scripture, are not made efficacious without the activity if the Holy Spirit.
126. Inst., 4.14.9-10.
127. Inst., 2.2.20.
128. Inst., 2.2.20. OS, Vol.III, 262.

있는가?

칼빈에 의하면 성경해석에 있어서 성령의 조명은 기계적인 것이 아니라 해석자의 학문, 경건, 기도를 사용하신다. 다시 말하면 성령은 인간의 애씀(hominis opera)을 쓰신다고 했다. "오히려 절대적인 동인이 되시는 하나님께서 친히 하나님의 도구인 인간과 연합(cum hominis opera coniungitur)하시고, 성령의 능력(vis spiritus)을 인간의 노력에 더하여 주신다는 것이다(vis spiritus cum hominis opera coniungitur). 다른 말로 표현한다면 인간이 그 자신의 능력으로 일을 성취하는 것이 아니라, 하나님께서 인간을 통하여 이루신다는 것이다."[129] 여기서 "성령의 능력"이라는 말은 성령의 감화력을 말한다. 그래서 성경해석에 있어서 성령의 감화력은 인간의 노력과 함께 역사한다는 말이다. 따라서 성경해석자는 성경을 묵상해야 하며 기도해야 한다. 우리는 하나님의 말씀을 하나님의 말씀으로 듣고 깨닫기 위해서 성령의 은혜를 통하여(docilitas ad quam formamur spiritus sancnti gratia) 들을 귀를 가지게 한다. 그러므로 성령의 조명에 의하여 하나님의 말씀을 들을 수 있는 귀를 주시도록 기도해야 하며,[130] 성령의 능력을 통해서(arcana spiritus sui gratia Deus) 전적 부패로 말미암아 어두움 가운데 있는 우리의 눈을 성령의 은혜를 통해서 열어서 하나님의 말씀을 볼 수 있도록 간절히 기도해야 한다.[131]

칼빈은 시편 119편 18절 주석에서 "선지자는 하나님께서 그의 말씀으로 우리에게 빛을 주셨음을 인정함으로써, 우리가 눈에서 베일을 벗

129. 존 칼빈, 「칼빈성경주석」, Vol.19(서울:성서원, 1999), 256. CO, Vol. XLIX, 438.
130. 존 칼빈, 「칼빈성경주석」, Vol.4(Comm. on Ps 40:6), 268-269.
131. 시편 119:18 "내 눈을 열어 나로 주님의 법에서 놀라운 일들을 보게 하소서" 칼빈은 주석에서 "Every man is blind, until he also enlighten the eyes of the his understanding. Admitting that God gives light to us by his word, the prophet here means that we are blind amid the clearest light, until he remove the veil from our eyes. when he confesses that his eyes are veiled and shut, rendering him unable to discern the light of the heavenly doctrine, until God, by the invisible grace of his Spirit , open them, ... "

겨 내지 않으면 가장 밝은 빛 가운데에서도 앞을 보지 못하는 자가 됨을 여기에서 의미하고 있다. 선지자는 하나님께서 성령의 보이지 않는 은혜(arcana spiritus sui gratia Deus) 혹은 성령의 은혜로운 조명(illuminationis gratiam)으로 우리의 소경된 눈을 열어 주지 않는다면 자기는 눈에 베일이 가려져 닫힘으로써 하늘의 교훈의 빛을 분별할 수 없는 사실을 고백함으로써, 자신의 소경됨과 온 인류의 소경됨을 개탄하는 것처럼 말하고 있다."[132] 여기서 우리가 발견하는 것은 우리는 소경처럼 영적으로 눈이 어두워져 있기 때문에 하나님의 말씀을 올바로 이해할 수 없다. 그래서 성령의 조명에 의해서 어두워진 우리의 영적인 눈을 열게 하여 하나님의 말씀을 올바로 이해하게 한다. 따라서 John Piper는 우리는 하나님께 성령의 조명이 이루어지도록 기도가 필수적이라고 했다.[133]

시편 119편 17-24의 설교에서 이렇게 칼빈은 설교했다. "오히려 그의 성령의 은혜로 말미암아 조명될 필요가 있음을 압시다. 성령은 우리의 눈을 열어 주시며, 그렇지 않으면 우리는 가련한 소경일 뿐입니다. 이제 이 사실이 잘 이해된다면, 우리는 인간들 사이에 있는 것과 같은 그런 교만을 보지 않고, 각자가 현명해져서 자신을 다스릴 줄 알기를 바랄 것입니다. 우리는 하나님께서 우리에게 그의 말씀을 주셨다고 주장할 수 있을 것이지만 동시에 우리는 여전히 소경이어서 그가 우리로 영의 눈을 뜨게 하시기까지 아무것도 알지 못할 것입니다. 따라서 우리는 하나님이 도우시지 않으시면 아무 것도 알 수 없음을 고백하면서, 그가 그의 성령을 통해 우리의 눈을 열어달라고 기도합시다."[134] 이처럼 성령의 조명은 해석자의 기도, 경건생활과 함께 역사한다. 따라서 인간

132. 존 칼빈, 「칼빈성경주석」, Vol. 6 시편 V. (서울:성서원, 1999), 505.
133. John Piper, January 4, 1998. http://www.desiringgod.org/ResourceLibrary/Sermons/ByDates/1998/1)
134. 장 칼뱅, 「칼뱅의 시편 119편 설교」, 박건택 역(서울:기독교문서선교회, 2004), 51.

의 애씀이 없는 성경해석은 깊이가 없다. 나중에 경건과 성경해석관계를 다룰 때 인간의 애씀과 경건을 자세하게 설명할 것이다.

정리하면 성경은 성령의 감동으로 기록된 하나님의 말씀이다. 그래서 성경 자체가 성령의 감동으로 된 말씀이다. 그렇다면 성경해석이란 무엇인가? 성경은 하나님 말씀 자체로서 완전한 말씀인데 무엇을 더 해석한다는 말인가? 성경 자체는 아무런 문제가 없다. 성경을 해석하는 사람이 문제가 있다. 왜냐하면 인간은 전적 부패로 말미암아 이성이 무지 가운데 있으며 마음이 교만해져 있으며 들을 귀가 막혀 있으며 눈이 어두워져 있기 때문이다. 중생된 사람이라고 해도 인간의 이성과 의지가 왜곡되어 있기 때문에 성령의 조명이 필수적이다. 인간은 죄의 영향에서 완전히 벗어날 수 없을 뿐만 아니라 성경의 진정한 해석자는 성령 하나님이시기 때문이다. 그렇다면 인식론적으로 볼 때 어떻게 성령이 우리를 조명하여 성경을 올바로 깨닫게 하는가?

성령은 인간의 지성, 마음, 눈, 귀를 조명하여 성경을 하나님의 말씀으로 이해하고 받아들이고 순종하도록 돕는다. 이 말을 두 가지로 이해할 수 있다. 첫째, 성령의 조명은 인간의 이성으로 하나님의 말씀을 깨닫게 하시고 마음으로 받아들이고 들을 귀를 주셔서 하나님의 살아계신 음성을 듣게 하시고 영적인 눈을 열어 성경을 하나님의 말씀으로 보게 하신다. 성령의 조명은 이와 같이 인간의 인지적이고 의지적인 양면을 다 사용하게 하여 성경을 올바로 이해하게 하신다. 둘째, 성령의 조명으로 성경을 해석해야 한다는 말은 성경은 세상 학문처럼 학문적인 분석과정을 통해서 이해되어질 성질의 책이 아니라는 것이다. 세상적인 사람도 성경을 문법적 역사적으로 해석할 수 있다. 그렇다고 하더라도 그러한 성경 해석은 올바른 성경해석이 될 수 없다. 성령의 조명을 받지 않았기 때문이다. 성경은 성령의 감동을 통해서 기록되었기 때문에 성령의 감동을 받지 않은 사람은 성경을 올바로 해석할 수 없다.

인간의 이성과 의지가 왜곡되어 있기 때문이다.

경건한 삶이 없이는 성경을 올바로 해석할 수 없을 뿐만 아니라 올바로 설교할 수 없고 성경을 올바로 가르칠 수 없다. 왜 그런가? 성령의 조명은 기계적인 것이 아니다. 성령은 인간의 애씀을 쓰시기 때문이다. 그래서 성경연구가 필요하고 특히 기도 독경 생활이 필요하다. 이 애씀이 성경해석의 깊이를 결정한다. 그래서 칼빈은 성령은 인간의 애씀을 쓰신다고 했다. 이 애씀이 성경을 무게 있게 해석하느냐 아니하느냐를 결정짓는다.

오늘날 교회의 현실을 보자. 수많은 성경공부 방법, 해석방법이 있다. 다양성을 무시하는 것은 아니지만 이 다양성이 포스모더니즘의 영향이라면 그런 다양성은 통일성을 해치며 교회공동체를 세우기보다는 무너뜨린다고 보아야할 것이다. 칼빈의 성경해석 방법이 좋은 것임을 우리는 다 알고 있다. 왜 그런가? 그것은 칼빈은 세상 학문을 많이 배운 학자요 목회자이지만 성경해석방법을 세상적인 방법에서 찾은 것이 아니고 성경 자체에서 이끌어 냈기 때문이다. 그것이 성령은 성경의 진정한 해석사라는 말이다. 그리고 그는 하나님의 말씀을 올바르게 해석하고 교회를 세우기 위해서 생명을 건 투쟁을 하였기 때문에 그의 주석, 설교, 신학은 우리에게 감동을 주며 영향력을 미치고 있다. 그것은 성령의 인도하심을 따라서 살고자 생명을 드린 그의 삶과도 연결되어 있다.

성경해석이란 성경에다 무엇을 덧붙이는 것이 아니라 성령의 조명을 통해서 성경의 자연스럽고 분명한 문자적인 의미를 드러내는 것이다. 그래서 우리는 다시 성경으로 돌아가야 한다. 성경을 해석하는 여러 가지 학문적인 지식을 부정하지는 않지만 성령의 조명에 의해서 학문을 다시금 검토하고 그것이 순기능을 하도록 하기 위해서라도 다시 성경으로 돌아가야 한다. 성령을 통해서 성경으로부터 하나님의 살아계신 목소리를 들어야한다. 따라서 성경의 진정한 해석자는 성령임을 깊이 받아드리고 세상의 학문을 배울지라도 이것의 한계성을 깊이 깨닫고 겸손하게 성령의 조명을 받아서 성경을 해석하고 설교하고 가르칠 때 한국교회의 장래는 밝을 것이다. 다음 장에서부터는 성령의 조명의 필요성을 성경해석 목표, 방법 그리고 자질에 관련해서 짧게 다룰 것이다.

4장 성경해석 목표

칼빈에 의하면 성경의 저자는 성령이기 때문에 성경해석은 반드시 성령의 내적조명에 의해서 이루어진다. 그렇다면 성경해석의 목표는 무엇인가? 그것은 저자의 의도(mens scriptoris)를 밝히는 것이다. 칼빈이 최초로 출판한 주석은 로마서 주석이다. 그는 이 주석을 출판하면서 성경해석에 대해서 우의에 찬 대화를 했던 시몬 그레니우스(Simon Gryneaeus)에게 헌사를 보냈다. 칼빈은 이 헌사에서 성경해석의 목적을 다음과 같이 분명하게 말한다.

> 성경을 해석하는 가장 좋은 방법에 대해서 3년 전 우리가 가졌던 우의에 넘친 대화를 지금도 저는 기억합니다. 당신이 특별하게 좋아하셨던 그 방법은 그 당시 제가 다른 무엇보다도 좋아했던 것이기도 했습니다. 우리 모두는 간결한 명료성(perspicua brevitas)이 주석가의 미덕(praecipuam interpretis virtutem)이라고 여겼습니다. 주석가가 주해하기 시작한 그 저자의 마음을 드러내는 것(mens Scriptoris or concillium autoris/the mind of the writer)이 그의 유일한 과업이기 때문에, 만일 그가 그의 독자들을 저자가 뜻하는 바에서 벗어나게 한다면, 그는 그의 표적을 놓친 것이 되거나, 아니면 적어도 자기의 한계를 벗어나 길을 잃게 됩니다. 그러므로 우리의 소원은 현재 신학의 대의(大義)를 이 종류의 과업으로 신장시키고자 계획한 많은 사람들 중에서 몇 사람만이라도 알기 쉬운 주석을 할 뿐만 아니라, 결코 길고 장황한 주석을 피함으로서 그의 독자들이 너무 지루하지 않도록 연구하고 노력해 주는 것

입니다.[135]

그레니우스에게 보낸 헌사에서 보는 바와 같이 성경해석자의 유일한 목적은 저자의 의도를 드러내는 것이다. 여기서 저자의 의도가 유일한 성경해석 목적이라는 사실을 중요시해야한다. 다시 말하면 저자의 의도를 드러내는 것이 유일한 성경해석의 목표가 됨을 분명히 알 수 있다. 여기서 "저자의 의도"라는 말은 칼빈에 의하면 문맥에 따라서 첫째, 해석자가 주석하고자 하는 성경본문의 저자의 의도, 둘째, 성경을 기록케 하신 성령님의 의도, 셋째, 성경의 의도(예수 그리스도), 넷째, 하나님의 의도를 의미한다.[136] 그럼에도 불구하고 한마디로 말하면 성경의 의도는 예수 그리스도이다. 성경은 예수 그리스도를 말한다. 예수 믿고 구원받으며 구원받는 신자는 경건하게 살아야함을 가르치는 것이 성경의 핵심 메시지이다.

에라스무스와 멜랑톤과 더불어 칼빈은 성경의 진정한 의미는 궁극적으로 저자의 의도에 있다고 봤다.[137] 저자의 의도는 해석자가 성경 본

135. 칼빈,「성경주석」, 편역/존 칼빈 주석 출판위원회, 1999, Vol.19(서울: 성서원, 1999), 21. Praecipuam interpretis virtutem in perspicua brevtate esse positiam. "I remember that when three years ago we had a friendly converse as to the best mode of expounding scripture, the plan which especially pleased you, seemed also to me the entitled to approbation: we both thought that the chief excellency of an expounder consists in lucid brevity. And, indeed, since it is almost his only work to lay open the mind of the writer whom he undertakes to explain, the degree in which he leads away his purpose, and in a manner wanders from his own boundaries. Hence we expressed a hope, that from the number of those who strives at this day to advance the interest of theology by this kind of labour, some one would be found, who would study plainness, and endeavor to avoid the evil of tiring his readers with prolixity"(The Epistle Dedicatory, John Calvin to Simon Gryneaeus, a man of worthy of all honour, Calvin's Commentaries, Vol. XIX, Grand Rapids, Michigan: Baker Book House, 1989).

136. 여기서 저자의 의도란 라틴어 ratio, scopus, mens, concilium, propositum, intentio, finis로도 바꿔 쓸 수 있는 언어이다(Kathy Eden, Hermeneutics and the Rhetorical Tradition(Chapters in the Ancient legacy & Its Humanist Reception) (New Haven and London: Yale University Press, 1997), 94.

137. Kathy Eden, Hermeneutics and the Rhetorical Tradition, 95. According to L. Floor, 성경해석에서 해석자는 항상 칼빈이 말한 저자의 의도를 찾아야한다고 했다(we always have

문의 단순하고 명료한 의미를 드러내는데 있어서 고려해야 할 필수적인 성경해석목표이다. 따라서 칼빈에게 있어서 성경해석은 단순히 성경본문(scriptum)의 문법적 역사적인 분석이라기보다는 저자의 의도(mens scriptoris)를 파악하는 것이다. 저자의 의도를 파악하는 것은 텍스트(text)에서 단순히 allegoria나 theoria를 찾는 것이 아니라 저자가 성경을 기록한 목적을 파악하는 것이다.

저자의 의도와 예수 그리스도

예수 그리스도는 성경의 의도(scopus)이다. 왜? 하나님이 그렇게 정하신 것이다(John 5:39, 2 Tim.3:15, Luke 24:46, Rom. 10:4). 칼빈은 요한복음 5:39 주석에서 예수 그리스도는 성경의 의도(scopus)가 됨을 강력히 주장한다. "그리스도는 성경 이외의 다른 곳에서는 도저히 알 수 없다는 점이다. 그리고 이것이 사실이라면 성경은 그 안에서 그리스도를 발견할 목적으로 읽혀져야 할 것이다."[138] 그렇다. 예수 그리스도는 성경의 의도(scopus)이다. 따라서 우리는 예수 그리스도를 발견하기 위해서 성경을 읽어야 한다. 예수 그리스도가 성경의 의도이기 때문이다.

누가복음 1:70 주석에서 칼빈은 다음과 같이 말한다. "선지자들의 글 속에는 그리스도에 관하여 어렵고 애매모호한 예언들을 담고 있는 것이 아니라 손가락으로 분명하게 그리스도를 가리키고 있는 구절들이 많이 나온다. 그러나 우리가 그런 구절들에 관심을 갖는 주된 이유

to start looking for the intention of the writer which Calvin calls the mens scriptoris or concilium autoris.) (Calvin and Hermeneutics, ed. Richard C. Gamble, New York: Garland Publishing INC., 1992, 70).

138. 'First, then, we ought to believe that Christ cannot be properly known in any other way than from the Scripture; and if it be so, it follows that we ought to read the Scriptures with the express design of finding Christ(hoc scopo) in them. Whoever shall turn aside from this object, though he may weary himself through his whole life in learning, will never attain the knowledge of the truth; for what wisdom can we have without wisdom of God?'(존 칼빈,「칼빈성경주석」, Vol.17(성서원, 1999), 197.

는 하나님의 언약 때문이다. 왜냐하면, 유대인들이 성경의 주된 취지(a scopo illo)를 떠나서 오로지 단어를 연구하는 일에 몰두한 결과 성경을 읽을 때에 형편없이 해매고 있는 것처럼, 하나님의 언약을 소홀히 여겨 간과하는 자는 선지자의 글에 나오는 것도 결코 이해하지 못할 것이기 때문이다."[139] 또한 칼빈은 누가복음 24:46 주석에서 예수 그리스도는 성경의 scopus(Jesus Christ is the scopus of Scripture)임을 분명히 말하고 있다. "이 말씀을 통해서 우리는 우리가 '율법과 선지자의 글에서' 주되게 배워야 하는 것이 무엇인지에 대해서 알게 되는데, 그것은 그리스도께서는 '율법의 마침'이자 혼(finis et anima legis)이시기 때문에(롬 10:4), 우리가 그리스도 없이, 그리고 그리스도를 떠나서 배우는 것은 무엇이든지 쓸데없고 무익하다는 것이다. 그러므로 성경에서 최대의 유익을 얻고자 하는 자는 이것(ad hunc scopum)을 명심하지 않으면 안 된다."[140] 여기서 율법과 선지자는 구약 성경을 의미하며 결국 구약 성경은 예수 그리스도를 말하고 있다. 칼빈은 「기독교강요」에서 예수 그리스도가 성경의 의도임을 명시하고 있다. "만일 우리가 그리스도를 아버지께서 계시하시는 대로, 즉 복음의 옷을 입고 계시는 그리스도를 받

139. 'Nor was it the sole design of Zacharias to celebrate the truth and faithfulness of God, in performing and fulfilling what he formerly promised. ....., When Christ comes forth adorned with the testimonies of all the prophets, our faith in him rests on a truly solid foundation." ....., for he that neglects this will never understand anything in the prophets: Jews wander wretchedly in reading the Scripture, in consequence of giving their whole study to words, and wandering from the main design(a scopo illo).'(C0, XLV, 47/John Calvin, CC, A Harmony of the Gospels, Matthew, Mark, Luke and James & Jude, Vol. 3. Trans. A. W. Morrison(Michigan: Grand Rapids, William Eerdmans Publishing Company, 1972),

140. John Calvin, Calvin's Commentaries, A Harmony of the Gospels, Matthew, Mark, Luke and James & Jude, Vol. 3. Trans. A. W. Morrison(Michigan: Grand Rapids, William Eerdmans Publishing Company, 1972), 246. cited as CC. "The same words warn us of what we must principally learn from the law and the prophets: as Christ is the end and the soul of the Law(finis et anima legis), whatever we learn without him or apart from him, is vain and unsatisfying. Whoever then desire to make the most proficiency in Scripture, should always keep his eye on this object(ad hunc scopum)."(C0, Vol.XLV, 817).

아들인다면, 그리스도를 참되게 알게 될 것이다. 왜냐하면 그리스도가 우리 신앙의 목표(in scopum fidei nostrae ipse)로 정해진 것처럼, 복음이 우리를 인도해 주지 않는다면 우리는 그리스도께 이르는 올바른 길에 들어설 수 없기 때문이다."[141] 따라서 예수 그리스도는 성경의 목표요 의도(scopus)이다.

선지자들은 처음부터 예수 그리스도가 구주가 됨을 증거했다. 따라서 예수 그리스도는 선지서의 의도(scopus)이다. 그렇다면 어떻게 우리는 성경을 해석해야 하는가? 칼빈에 의하면 우리는 성경을 구속사적으로 혹은 그리스도 중심적으로 해석해야 한다(we must read it Christologically and Christocentrically).[142]

칼빈에 의하면 성경해석의 목표는 저자의 의도를 파악하는 것이지만 저자의 의도는 성경해석에 있어서 성경의 주제의 의미를 결정한다. 이 관계를 칼빈은 자신의 위대한 저서, 「기독교강요」에서 아주 분명하게 그리고 자세하게 기술한다.

저자의 의도(scopus)와 주제(loci)

「기독교강요」는 진실로 칼빈의 저서 중에서 가장 중요한 저술이요 불후의 명작이다. 그러나 역사적으로 볼 때「기독교강요」를 조직신학

141. 「기독교강요」, 3.2.6. "For, as he is appointed as the end of our faith(in scopum fidei nostrae ipse), so we cannot directly tend towards him except under the guidance of the Gospel."

142. Klaas Runia, "The hermeneutics of the Reformers", Calvin Theological Journal, Vol. 19(1984), 144. The preface to Olivetan's New Testament, "Epistle to the faithful showing that Christ is the End of the Law(Epistre aux feideles monstrant comment que Christ est la fin de la Loy, CR 9, 791, foot note) If you ask in what this whole edification consists, which we are to receive thereby, in a word, it is a question of learning to place our trust in God and to talk in fear of him, and since Jesus is the end of the law and the prophets and the essence of the Gospel(Et d'autant que Iesus Christ est la fin de la Loy et des Prophetes, et la substance de l'Evangile) [it is question] of aspiring to no other aim but to know Him, since we realize that we cannot deviate from that path in the slightest without going astray."

으로 보는 경우가 지배적임을 부인할 수 없다. 칼빈이「기독교강요」에서 기독교 핵심교리를 체계적으로 서술하고 있는 것도 사실이지만 그러나「기독교강요」가 오늘날의 조직신학 책과는 거리가 있다. 오늘날의 조직신학 책은「기독교강요」에서처럼 기도를 체계적으로 그렇게 많은 분량에 걸쳐서 다루지 않는다. 보수신학을 대표하는 한 사람인 루이스 벌코프도 자신의 조직신학 책에서 기도에 관한 체계적인 서술을 하지 않고 있다. 이런 점에서 보더라도 칼빈의「기독교강요」는 오늘날의 의미에서 조직신학 책이 아니다. 칼빈은「기독교강요」를 23년에 걸쳐서 수정하고 보완했지만 한번도「기독교강요」를 가르친 적은 없다.[143]칼빈 시대에 신학이란 성경강해였다. 설교도 성경강해였고, 주중에 가르쳤던 강의도 성경강해였다. 진정 칼빈은 성경신학자였으며 그의 신학의 중요한 목적은 성경을 하나님의 말씀으로 가르치고 또한 말씀대로 살도록 가르치는 것이었다.

칼빈은 위대한 신학자요 강해 설교자요 목회자이다. 그는「기독교강요」라는 불후의 명작을 저술하였으며. 23년이라는 장구한 세월동안 기도와 심혈을 기울여「기독교강요」를 수정 보안했다. 그래서 그의 책에는 다른 신학저서에서 느낄 수 없는 영적인 무게, 도전, 기도, 열정, 경건이 짙게 배어 있다. 칼빈 자신도「기독교강요」는 다른 어떤 저술보다 훌륭하며 뛰어나다고 고백했다.[144] 그렇다면, 무슨 목적으로 칼빈은「기독교강요」에 그렇게 많은 열정과 기도와 마음을 쏟았을까? 과연「기독교강요」는 어떤 책일까?

「기독교강요」가 어떠한 책인가에 대해서는 보는 사람의 관점에 따

143. Calvin did not offer lecture on doctrine in his academy, So his Institutes did not arise directly out of his classroom. In stead, the exegetical work was primary, while his Institutes subordinate to his biblical interpretation(David, E. Steinmetz, Calvin in Context (New York: Oxford University Press, 1995), 15.

144. 칼빈은 자신의「기독교강요」는 다른 어떤 저술보다도 뛰어난다고 했다("Amongst all my studies this book holds the highest and most outstanding position."), CO, 17, 578.

라서 다르게 평가하지만 대부분의 신학자들은「기독교강요」는 성경을 올바르게 읽기 위한 안내서로 본다.[145] Jacques Pannier는「기독교강요」는 성경을 주석한 책(L′ Institution, en principe, ne veut etre qu′ un commentaire de L′ Ecriture Sanite)이라 했고, Edward A. Dowey는 신학생이 성경공부를 잘 할 수 있도록 도와주는 안내서(guides for theological students in the study of Scriptures)라 했으며, Francois Wendel은 성경을 읽기 위한 입문서(an introduction to the reading of the Bible)로, John Hesselink는 성경공부를 위한 교리적인 서론(a dogmatic introduction to the reading of Holy Scripture)으로 봤다.[146] 그렇다. 「기독교강요」는 성경을 올바르게 읽고 가르치기 위한 신학적인 안내서(theological grammar for right and profitable reading of Scripture)이다. 칼빈 자신도 1539 라틴어 판「기독교강요」서문에서 그렇게 말했다. 그럼에도 불구하고「기독교강요」가 제시한 성경해석 논리에 대한 연구는 거의 없다. 그렇다면, 분명히 해야 할 중요한 질문은 다음과 같다. 칼빈은「기독교강요」에서 성경을 올바르게 읽고 가르칠 수 있는 방법을 제시했는가? 제시했다면 그것은 무엇인가? 다시 말하면,「기독교강요」가 제시한 성경해석 목표는 무엇인가? 그리고 성경의 해석목표와 성경의

145. Randal C. Zachman은「기독교강요」는 미래 목사와 신학교수를 위한 변증법적, 수사학적, 신학적으로 쓰여진 교리와 경건을 위한 책(a work of dialectical, rhetorical, and comprehensive theology, written for the purpose of clarifying the doctrine and strengthening the piety of the future pastors and teachers of the Church)으로 봤다. 그러나 과연 이러한 평가가 옳은지는 의문시된다.

146. Jacqes Pannier in his introduction to the 1541 Institution, Vol. 1(Paris, 1936), P. XXIV. Calvin and Hermeneutics edited by Richard C. Gamble, Vol. 6(New York & London: Garland Publishing, INC. 1992), 122. Edward A. Dowey, JR. The Knowledge of God in Calvin's Theology (Michigan: Grand Rapids, William B. Eerdmans Publishing Company, 1994), W. Walker, Calvin's Institutes "Its essential aim was to unfold the teaching of Scripture" Jean Calvin, Trans. E. N. Weiss(Geneva, 1909), 138. and note Francois Wendel, Calvin, Origins and Development of His Religious Thought, 367). Calvin's Institutes is "a properly dogmatic introduction to the reading of Holy Scripture"("The Development and Purpose of Calvin's Inst.," The Reformed Theological Review, Vol. XXIV(October, 1965), 69).

주제와는 어떤 연관성이 있는가?

「기독교강요」가 제시한 성경해석 목표

칼빈은 1536년 라틴어 판「기독교강요」 서문에서가 아니라 1539, 1541, 1550, 1559 라틴어 판 서문에서 성경해석 목표를 제시한다. 예를 들면 칼빈은 1539년 라틴어 판「기독교강요」의 서문(epistola ad lectorem of the Institutes Latin edition)에서 자신의 저서의 목적을 분명하게 밝힌다. "나의 책의 목적은 신학도들이 성경을 공부하도록 준비시키고 훈련시켜서 그들로 하여금 성경에 쉽게 어려움 없이 접근하도록 하며 계속해서 정진하도록 했다. 이를 위해서 종교의 모든 핵심을 부분에서 전체가 연결되도록 쉽게 요약했으며 순서에 따라서 배열했다. 따라서 책의 목적을 올바로 이해한 사람은 성경에서 주로 찾아야 할 주제(loci)가 무엇이며 또한 그 주제가 전체에 비춰 볼 때 어떤 목적(scopus)을 가지고 있는지를 결정하는 데 어려움이 없을 것이다."[147]

서문에서 보는 바와 같이 제 2판(1539)「기독교강요」는 우리에게 성경해석에 중요한 네 가지 논리를 제공한다. 첫째, 1539년 제 2판「기독교강요」는 신학생이 성경을 올바로 읽고 가르치도록 준비시키고 훈련하는 안내서이다. 그렇다면 어떻게 이 목표를 달성할 수 있는가? 둘째, 이 목표를 달성하기 위해서 칼빈은 기독교 핵심 주제를 부분에서 전체가 연결되도록 요약했다. 그러면 어떻게 핵심주제를 배열했는가? 셋째, 핵심주제를 올바르게 가르치는 방법(ordo recte docendi)에 의해서

147. "my object in this work was to prepare and train students of theology for the study of the sacred volume, so that they might both have an easy introduction to it, and be able to proceed in it, with unfaltering step, seeing I have endeavored to give such a summary of religion in all its parts, and have digested it into such an order as may make it not difficult for any one, who is rightly acquainted with it, to ascertain both what he ought principally to look for in Scripture(quid potissimum quarere in Scriptura) and also to what end(quem in scopum) he ought to refer whatever contained in it."

배열했다. 올바르게 가르치는 배열구조는 사도신경구조를 따랐다.[148] 성경을 올바로 가르치지 못하면 올바른 신앙생활을 하지 못하기 때문에 올바르게 가르치는 방법을 아는 것은 대단히 중요하다. 그렇다면, 최종목표는 무엇인가? 넷째, 신학생으로 하여금 성경에서 중요한 주제가 무엇이며 그 주제가 전체 성경 메시지의 목적과 어떻게 연관되어 있는가를 쉽게 찾도록 하기 위해서이다. 칼빈은 이 신학적 목적을 1541, 1550, 1559 라틴어 판 서문에 동일하게 기록하고 있다. 이것은 무엇을 말하는가? 비록 각「기독교강요」의 분량이나 배열의 순서가 다소 다른 점이 있지만 같은 목적을 가지고 쓰여졌음을 암시하고 있다. 가령 1536년 판은 6장으로 되어있지만 1539년 판은 17장으로 늘어났고 1541년 판은 21장(1/4 수정)이며 1550년 판은 21장이지만 대폭적인 수정을 했다. 1559년 최종판은 80장으로 거의 새로운 책이 되었다.

칼빈이 독자들에게 쓴 편지를 통해서 우리는「기독교강요」의 저술목적을 분명히 알 수 있다. 신학도들이 성경을 올바로 읽고 가르치도록 하기 위해서「기독교강요」를 저술했다. 다른 말로 말하면 성경을 올바로 해석해서 가르치도록 하기 위한 성경해석 논리를 제시했다. 성경을 올바로 읽고 가르치기 위해서는 성경에서 중요한 주제가 무엇인가를 찾고 그것이 성경 전체 목적과 어떻게 연관되었는가를 아는 것이 필수적이다. 이와 같은 신학적인 의도는 칼빈 자신이 프랑스어로 번역하려고 계획한 크리소스톰의 강해설교(homiles)의 서문에서도 분명하게 보인다. 칼빈은 서문에서 "성경을 읽을 때 성경에서 무엇이 중요하고 그

148. Richard Muller argues that the loci of the Institutes of 1539 are from the Romans' loci and Mellanchton's loci. The shift of the intention of 1536 Institutes in the 1539 Institutes is caused by right order of teaching, ordo recte docendi. He also states that Calvin asks his reader to use his Institutes as a background to the study of the Bible and to the study of commentaries, and the commentaries and sermon should be read in order to gain a full understanding of Calvin's thought, specially in relation to the biblical fontes of his topical argumentation(Unaccomodated Calvin, 139, 158). 그러나 대부분의 신학자들은 기독교강의 배열은 사도신경구조를 따른다고 주장한다. 특별히 파커를 보라.

것이 우리를 어떤 목적으로 인도하는가를 아는 것이 필수적이다"라고 말했다.[149] W. Ian. O. Hazlett은 프랑스판으로 계획된 크리소스톰의 강해설교에 대한 칼빈 자신의 라틴어 서문은 칼빈의 성경해석의 목표를 말하는 것으로 이해했다. 다시 말하면 성경의 주제(loci)가 무엇이며 그 주제는 성경의 의도(scopus)인 예수 그리스도와 어떤 관계에 있는가를 이해하는 것이 성경해석에 있어서 키라는 말이다.[150] 따라서,「기독교강요」가 제시하는 성경해석 목표는 성경에서 찾아야하는 주제(loci)와 목적(scopus)의 관계를 살핌으로 이해될 수 있다.

「기독교강요」에서 주제(Loci)의 개념

주제라는 개념을 수사학적인 관점에서 쓴 사람은 아리스토텔레스로서 희랍어 topoi(τοποι)의 개념은 논의를 위한 장소(seat of an argument)를 의미한다.[151] 그래서 topoi(τοποι)라는 개념은 논의나 설득을 위한 주제를 이끌어오는 장소(a place where arguments are found)라고 할 수 있다. 희랍의 topoi(τοποι)라는 말을 라틴어로 Loci라는 말로

149. The translation of the Latin text by John H. McIndoe into English is from Corpus Reformatorum, Vol.36, Brunsvigae, apud Schwetschke, 1879, The Hartford Quarterly, Winter, 1965, Vol.5, No.2. The translation is from John Robert Walchenbach, John Calvin as Biblical Commentator: An Investigation into Calvin's Use of John Chrysostom as an Biblical Tutor, University of Pittsburg, 1974 Diss., 25. Calvin puts the primary stress upon the illumination of Holy Spirit as the only guide which enables us to grasp the meaning of Scripture: "To be sure, it is my conviction that the Spirit of God is not only the best, but even the only guide, since apart from Him there is not even spark of light in our minds to enable us to grasp heavenly wisdom, while the moment he has shone forth His beams into our minds they are adequately, may amply, furnished and prepared to attain wisdom itself"(The Hartford Quarterly, Vol.5, No.2, Winter, 1965, 20).

150. W. Ian O. Hazlett, "Calvin's Latin Preface to His Proposed French Edition of Chrysostom's Homiles: Translation and Commentary"(Humanism and Reform: The Church in Europe, England, and Scotland, 1400-1463. Essays in honor of James K. Cameron, ed. by James Kirk, Cambridge: Blackwell Publishers, 1991, 129-150.)

151. George A. Kennedy, Classical Rhetoric and its Christian and Secular Tradition from Ancient to Modern Times, (Chapel Hill: The University of North Carolina Press, 1980), 82. Robert John Brake, Classical Conceptions of "Place": A Study in Invention, Diss. of Michigan State University, 1964, 19.

서 번역했으며 이 말의 의미는 논의를 위한 좌소(sedes argumentorum/the seat of argument) 혹은 사람들이 믿도록 유인하는 이성적인 논의(an argument being reason which causes men to believe a thing otherwise be doubtable)라고 정의할 수 있다.[152]

Loci라는 언어는 수사학적으로 키케로에 의해서 처음 쓰여졌으며 그가 아리스토텔레스의 희랍어 주제(topoi)를 라틴어 주제(loci)로 번역하는데서 기인된다. Loci 개념은 논리적인 분석에 기인(derived by logical process)하거나 다른 개념에서 추론된(inference) 개념이 아니라 그 개념 자체가 진리(irreducibly underived truth)이며 근원적인 진리(foundational truth)이다. 키케로에 의하면 loci 개념은 논의를 위한 좌소(sedes argumentorum) 혹은 주제의 요지이다.[153] 신학자들이 청중을 감동시키기 위한 수사학적인 방법--loci-- 을 신학적으로 사용함으로서 신학적인 용어로 자리매김을 하게 되었으며 논의를 위한 장소 혹은 좌소가 되었다.[154]

칼빈 이전에 loci 개념을 신학적인 입장에서 사용한 사람은 멜랑톤이다. 그는 그의 유명한 저서인 신학통론(Loci Communes Theologici)에서 loci 개념을 신학적인 방법으로 사용했다. 그는 자신의 저서의 목적을 이렇게 말하고 있다. "이 책에서 기독교 가르침의 주요한 주제들이 다루어지고 있어서 젊은이들은 다음과 같은 이중적인 이해를 할 수 있습니다. 첫째로 사람들이 성경에서 무엇을 중요하게 찾아야만 하는지를 이해하고, 둘째로 그리스도의 가르침에 대한 아리스토텔레스의 궤변들을 우리에게 제공했던 사람들의 모든 신학적 환상들이 얼마나 부

152. Robert John Brake, Classical Conceptions of "Place," 69, 74.
153. John R. Schneider, Philip Melanchthon's Rhetorical Construal of Biblical Authority, Oratio Sacra (Lewiston: The Edwin Mellen Press, 1990), 74. Muller defines loci as sources of argument(fontes argumentorum), Unaccommodated Calvin, 109.
154. Boyle, Ratio, 91.

패했는지를 이해할 수 있습니다."[155] 멜랑톤 자신이 말한 것처럼 Loci Communes Theologici는 로마서 주석이 아니라 첫째, 성경의 중요한 주제를 제시하며, 둘째, 스콜라신학과 성경의 가르침은 서로 질이 다르다는 것을 명시했다. 멜랑톤에 의하면 성경의 중요한 주제는 죄, 율법, 은혜이다. 이 주제를 이해하는 사람을 신자라고 부를 수 있다. 왜냐하면 예수 그리스도는 위에서 명시한 개념에 의해서 드러나기 때문이다. 그에 의하면 성경은 율법과 복음의 두 부분으로 되어있다. 율법은 죄를 드러내고 복음은 은혜를 보여준다. 죄는 병을 가져오고 은혜는 치유한다. 성경이 두 부분으로 나눠져 있다고 해서 구약을 율법, 신약을 복음으로 축소시키는 것은 바람직하지 않다고 했다. 죄, 율법, 은혜는 로마서의 중요한 주제이며, 로마서는 모든 성경을 재는 자이며 시금석(a touchstone and a measuring stick of all Scripture)이라고 했디.[156] 이런 집에서 칼빈의「기독교강요」서문에서 제시한 성경해석 논리와 유사한 점을 가지고 있으며 칼빈 자신이 멜랑톤의 Loci Communes의 불어 판 서문에서 말한 대로 멜랑톤의 저서에서 영향을 받았다.[157] Dowey도 칼빈

155.「메란히톤과 부처」, 기독교고전총서 17, 이은선.최윤배 옮김(두라노아카데미, 2011), 52. Mellanchthon and Bucer, Ed. Wihelm Pauck, Libray of Christian Classics, Vol. XIX(Philadelphia: The WestminsterPress, 1521), 18-19(The principal topics of Christian teaching pointed out so that youth may arrive at a twofold understanding: 1. What one must chiefly look for in Scripture. 2. How corrupt are all the theological hallucination of those who have offered us the subtleties of Aristotle instead of the teaching of Christ.)"Cited as LCC.

156. Mellanchthon and Bucer, LCC, 74.,

157. Calvin himself acknowledged that his 1539 Latin edition is influenced by Melanchthon's Loci Comummes in his preface of Melanchthon's Loci Communes in French edition. C0. 9, cols. 847-50. Unaccommodated Calvin. Quirinus Breen에 의하면 멜랑톤의 loci는 그 자체로서는 성경의 전체 핵심 메시지도 아니며 그렇다고 해서 성경해석방법도 아니며, 다만 성경을 연구하는 하나의 방법(a research method)이다라고 했다. 희랍어 topoi는 수사학적인 주제 혹은 장소로서, 라틴어 복수 loci는 논의를 위한 장소를 의미한다(Quirinus Breen, Christianity and Humanism: Studies on the History of Ideas(Michigan: Grand Rapids, William B. Eerdmans Publishing Company, 1968), 각주 35, 105. George A. Kennedy, Classical Rhethoric and Its Christian and Secular Tradition From Ancient to Modern Times, 82).

의「기독교강요」는 성경으로부터 주제를 가져와서 배열했으며 신학생들로 하여금 성경연구의 안내서로서의 역할을 한다고 말했다.[158] Parker도 말하기를「기독교강요」는 loci communes라고 말했다.[159] 그러나 주제(loci)의 개념은 성경연구의 한 방법이라기보다는 논의를 위한 장소로 이해하는 것이 바람직하다. Loci 자체는 성경해석 방법이 아니기 때문이다. 그리고 칼빈이「기독교강요」 서문에서 말한 것처럼 로마서 주석은 앞으로 쓰려는 주석의 모델이 되었다.

요약하면, 대부분의 신학자들은「기독교강요」의 loci의 개념은 칼빈 이전의 학자들에 의하여 영향 받았으며 로마서의 loci를 올바르게 가르치는 순서(ordo recte docendi)에 의해서 배열되었다는 것을 인정한다. 그렇다고 해서 단순히 칼빈이 에라스무스나, 멜랑톤, 볼링거, 부커를 그대로 여과 없이 모방한 것은 아니다. 칼빈은 「기독교강요」의 loci를 논리적인 추론의 결과가 아니라 로마서의 loci에서 온 것이다. 그렇다면 왜 칼빈은「기독교강요」의 loci를 로마서에서 가져 왔는가?

칼빈에 의하면 로마서는 성경의 66권 중의 하나이지만 그렇다고 해서 성경 내용의 중요성에 있어서 모든 성경과 동일시하는 것은 아니다. 칼빈은 로마서를 성경 중의 성경으로 봤다. 이 말은 로마서만이 하나님의 말씀으로 본다는 말이 아니라 로마서는 성경전체를 여는 열쇠를 제공한다는 점에서 성경 중의 성경이라고 본 것이다. 로마서 주석 논의

158. Calvin's Institutes is "the collection and ordering of loci communes drawn from the Scripture, separated from the actual commentaries to make them manageable for readers(perspicuva brevitas), and to be used as guides for theological students in the study of Scripture"(The Knowledge of God in Calvin's Theology). Albert Clarke Dean argues that the topics of 1539 Latin edition comes from the letter of Romans and the same time, influenced by loci of Melanchthon, Augustine(The Institutes of 1539 and the letter to the Romans, Diss. of Union Theological Seminary, Richmond, Virginia, 1963, 95).

159. Ioannis Calvini Opera Exegetica Volumen XIII, Commentarius In Epistolam Pauli Ad Romanos, Ediderunt T.H.L. Parker, D.D. D.C. Parker, D. Theol., (Libraie Droz, Geneva, 1999). LIV. Quirinus Breen, Christianity and Humanism Studies on the History of Ideas(Michigan: Grand Rapids, William B. Eerdmans publishing Company, 1968). footnote 35, 105.

(argument)에서 칼빈은 로마서의 중요성을 이렇게 말했다. "만일 우리가 이 서신을 이해하게 되면, 성경 전체를 이해하게 되는 까닭입니다."[160]로마서에서 가져온 loci는 우리로 하여금 성경 전체를 쉽게 이해할 수 있는 키를 제공한다. 따라서 칼빈은「기독교강요」의 loci를 로마서의 loci로부터 따오게 된 것이다.

「기독교강요」에서 주제(loci)의 사용

컴퓨터 조사에 의하면 칼빈은 주제(loci)와 그와 관계된 단어(locus, locos, locum, locis)를「기독교강요」의 여러 콘텍스트에서 약 460회 사용했다. 칼빈의 주제(loci) 개념은 논리적 추론의 결과가 아니라 로마서에서 가져왔다면, 주제(loci) 개념은 철학적인 주제 개념이 아니라 신학적인 주제 개념이다. 비록 주제(loci)가 수사학적이고 변증법적인 개념이지만 그렇다고 해서 칼빈이 주제 개념을 여과 없이 사용한 것은 아니다. 칼빈은 주제 개념을 기독교적으로 사용하고 있다. 그래서 그의 저서 이름이 「공통주제」(loci communes)이 아니라 「기독교강요」이다.

「기독교강요」에는 여러 가지 loci가 있다. 예를 들면, 성스러운 말씀(sacris locis), 성경의 좌소(Scripturae locis)), 베드로의 좌소(Petri locus), 바울의 좌소(Pauli locum)3.5.4.1.), 시편의 말씀(Psalmorum locis), 오직 믿음의 좌소(sola fides locum), 자비로운 곳(misericordiae locum), 하나님의 좌소(Dei locum)이다. 그렇다고 해서, 칼빈은 loci를 여과 없이 아무렇게나 사용한 것은 아니다. loci는 콘텍스트에 따라서 다르게 사용했다. 칼빈은 「기독교강요」에서 loci를 올바르게 가르치는 순서(right

160. 존 칼빈,「신약성경주해」, Vol.7, 로마서, 빌립보서(서울:성서원, 1999), 22. "When any one gains a knowledge of this epistle, he has an entrance opened to him to all the most hidden treasures of Scripture"(Epistle to the Romans, the argument(quod siquis veram eius intelligentiam sit assequutus, ad reconditissimos quosque Scripturae thesauros adeundos habeat opertaus fores).

order of teaching/ordo recte docendi)에 의해서 배열했다.[161]

비록 loci 개념이 콘텍스트에 따라서 다르지만「기독교강요」에서 사용한 loci 개념을 네 가지로 요약할 수 있다. 첫째, 성경구절 자체가 논의를 위한 좌소(seat of argument and disputing)이다. "성경의 많은 곳(Scriptura multis locis)에서 그가 타자의 것을 차용함에 의해서가 아니라 바로 자기 자신의 힘에 의해서 중생의 구원이 되시고 미래적 불멸에 있어서 뿐 아니라 현재적 삶에 있어서도 중생의 근원이 되신다고 가르친다."[162] 둘째, 「기독교강요」에 있는 주제가 loci 이다. "성경의 많은 구절(pluribus locis)이 이를 입증하고 있다."[163] 셋째,「기독교강요」에 있는 주제(topics)는 자신의 loci를 가지고 있다. "그러나 이런 문제들과 다른 문제들은 적당한 곳(alia suis locis)에서 논의하게 될 것이다"[164] 넷째, 로마서에는 아주 중요한 loci(롬 3:24)가 있다. 로마서 3:24 말씀은 하나님께서 예수 그리스도의 십자가의 보혈을 통해서 보여준 그리스도의 의의 효력을 보여주는 아주 중요한 loci(insignior locus)이다. 이와 같이 칼빈에 있어서 loci의 개념은 이론적인 개념이 아니라 로마서에서 기인된 성경적인 loci이다.[165]

요약하면,「기독교강요」에는 논의를 위한 여러 가지 주제(loci)가 있다. 가령 창조주 하나님의 지식, 구속자 하나님의 지식은 성경을 이해

161. Richard A. Muller, The unaccommodated Calvin, 118-139, 158).
162. "Now, many passages of Scripture(Scriptura multis locis) show that he is author of future immorality"(1.13.14.).
163. "For if we obtain justification by faith which leans on him, the groundwork of our salvation must be sought in him. This is clearly proved by several passages(pluribus locis)"(2.17.2.).
164. 「기독교강요」, 3.2.41. "그러나 이런 문제들과 다른 문제들은 적당한 곳(alia suis locis)에서 논의하게 될 것이다."
165. Comm. on. Ro 3:24 "There is, perhaps, no passage(insignior locus) in the whole of Scripture which more strikingly illustrates the efficacy of this righteousness, for it shows that mercy of God is the efficient cause, Christ with his blood the material cause, faith conceived by the word the formal cause or instrumental cause."

하는 중요한 주제이다. 그러나 칼빈이 loci를「기독교강요」에서 사용한 주된 목적은 신학도로 하여금 성경에서 중요한 주제가 무엇인가를 찾도록 돕기 위해서이다. 만약에 성경에서 주된 주제(loci)를 찾지 못한다면 어떻게 신학을 하는 초보자가 성경을 올바로 읽을 수 있으며 가르칠 수 있겠는가? 그러나 성경의 loci의 의미는 그 자체로서는 이해할 수 없고 성경 전체의 목적(scopus)에 비추어봐야 이해할 수 있다. 그래서 칼빈은 이렇게 말했다. "더 나아가 나의 의도는 신학을 공부하는 사람들로 하여금 하나님의 말씀을 읽을 수 있도록 준비시키고 가르쳐서 그들이 하나님의 말씀에 쉽게 접근하여 아무런 장애 없이 그 말씀대로 삶의 걸음을 걸어 나갈 수 있게 하려는 것이다. 나는 이 책을 그러한 순서대로 그것을 배열하였음으로 누구든지 그것을 바르게 파악하기만 하면 성경연구의 기본적인 목적(quid potissimum quarere in Scriptura)이 무엇이며, 성경 내용에 포함된 내용을 어떤 목표(quem in scopum)에 귀착시켜야 하는가를 결정짓는 데 아무런 곤란도 당하지 않을 것이라고 생각한다."[166]

「기독교강요」에서 scopus 개념

의도(Scopus)라는 말은 희랍어 명사 skope(σκοπη), 동사 skopeo(σκοπεω)는 보다(to have in view)라는 의미를 가지고 있다. 명사 skope는 조망대(a looking out or watch tower on a hilltop)라는 의미를 가지고 있다. 은유적으로는 목적(aim), 끝(end), 타겟(target), 목표(goal)라는 의미로 쓰인다. Boyale에 의하면 skope의 라틴어 사용은 터툴리안(Tertullian)의 빌립보서 3:14 주석에서 기인되며 에라스무스(Erasmus)가 이 사실을 명시했다.[167]

166. 존 칼빈, 영한합본「기독교강요」, 김충호옮김 (한국출판사, 2000), 62.
167. Marjorie O' Rourke Boyle, Erasmus on Language and Method in Theology(Toronto and

신학적으로 마틴 루터도 목적(scopus)이라는 말을 사용했다. "그러므로 우리의 주된 일은 책에서 어떤 목적을 확고하게 붙들어야 할 것이다. 말하자면 그 책에서 무엇을 찾고 그것이 무슨 의미인지를 찾는 것이다."[168] 그러나 루터는 에라스무스가 자신의 저서에서 의도(scopus)의 용어가 자리매김을 한 후에 사용했다.

에라스무스는 말하기를 모든 학문이 출발점(point of view)을 가지고 있는 것처럼 신학의 출발점은 예수 그리스도이며, 신학의 모든 것은 그리스도 예수를 명시한다고 말했다.[169] 그렇다고 해서 예수 그리스도가 단순히 신학이 아니며 모든 학문과 수사학의 목표도 아니다. 예수 그리스도는 우리 삶의 목표이며 우리 인생을 인도하시는 유일한 목표라고 에라스무스는 말했다.[170] 예수 그리스도는 이성이요, 신학의 목표이며, 신학의 원리이다. 진정 예수 그리스도는 진정한 "신학의 안내자"(a guide to true theology/ratio verae theologiae)요, 진정한 신학의 목표(scopus)는 예수 그리스도이다.[171] 따라서, 예수 그리스도는 성경의 의도(scopus)이기 때문에 성경의 loci는 예수 그리스도에 의해서 이해되어야 한다. 그럼에도 불구하고 에라스무스에게 있어서 의도(scopus)의 주된 목적은 성경해석의 원리를 제시하는 것이 아니라 삶의 질을 향상키는

Buffalao: University of Toronto Press, 1977), 74-75.

168. "Quare primus nobis lobor erit, ut teneamus ertum libri scopum, quid quaerat et quo spectet"(Martin Luther, Ecclesiastes Salmonis cum annotationibus, praef., in Werke(Weimar: Hermann bohlaus, 1931), XX, 9. 28-29. In English translation of Luther's Works, ed. Jarslov Pelikan and Hilton C. Oswald(St. Louis: Concordia, 1972), XV, 7, Scopus is translated as "aim." "Therefore our first task will be to hold to the certain scopus of the book, what it seeks and by what it seeks and by what it means it looks."

169. ad unius Christi gloriam referret omina, Ratio 91(Boyle, Erasmus on Language and Method in Theology)

170. Boyle, Erasmus on Language and Method, chapter three, ratio, 각주 102.

171. Boyle, Ratio 93. Donald Morrison Conroy, "The Ecumenical Theology of Erasmus of Rotterdam: A Study of the Ratio Verae Theologiae: translated into English and Annotated, with a brief Account of His Ecumenical Writings and Activities within His Lifetime." Diss. of University of Pittsburgh, 1974. Boyle, Ratio 93.

데 있다.[172] 그러나「기독교강요」에서 칼빈의 주된 관심사는 성경을 올바로 읽고 가르치기 위한 길을 제시하는 것이다.

Michael Cart Armour에 의하면 의도(scopus)는 콘텍스트의 원리(the principle of context)라고 했다. 그러면서 칼빈의 해석학에 있어서 콘텍스트(context)는 성경해석의 중요한 요소라고 했다. 성경의 의미는 context에 의해서 결정되기 때문이라고 했다. 칼빈이 성경해석에 있어서 콘텍스트를 중요시 여긴 것은 사실이나 그렇다고 해서 칼빈이 성경해석에 있어서 의도(scopus)가 단순히 콘텍스트(context)를 의미하는 것은 아니다. 칼빈에 있어서 의도(scopus)는 성경 전체 목표와 연결된다.[173]

에라스무스와는 다르게 멜랑톤은 의도(scopus)라는 개념을 주제(loci)를 조명하는 해석학적인 원리(hermeneutical principlc)로 사용한다. "예수 그리스도는 인간 이성이 자신의 눈을 성공적으로 고정할 수 있는 목적(as a scopus)으로 우리에게 제시되었다. 우리가 하늘로 향할 수 있는 이 목적(scopus)을 무시할 때 이성은 필연적으로 떠돌이처럼 돌아다니게 되는 위험에 빠진다. 우리는 이것을 신학자들이 자기의 상상한 대로 하나님을 새로운 형태로. 하나님은 단순한 존재이지만, 분석하여서 시인들 가운데 프로우테스가 천거되지 않을 정도인 것을 우리는 보고 있다."[174] 이와 같이, 멜랑톤에 의하면 하나님이 예수 그리스도를

172. Ration Verae Theologiae, ("However, inasmuch as the total doctrine of Christ tends to this, namely, that we ourselves might lead a devout and holy life, it will be appropriate in all the activity of life to hunt for examples and models from Sacred Scripture, especially from the Gospel, from which our obligations can in a specially way be deduced."), 210.

173. Calvin's Hermeneutics and the History of Christian Exegesis (University of California 1992, Diss., 95).

174. MW I, 76. "Christ has been proposed to us as a scopus upon whom the human mind could successfully fix his eyes. When we despise this scopus about to fly upwards to heaven, it is inevitable that reason be imperiled, that it wander like a vagabond. That is what we see to have happened to that race of theologians when each imagines for God a new form, who, though he is the simplest of beings, has been so dissected by opinions that Proteus among the poets is not more variously put forward."

우리에게 성경을 이해하는 목표(scopus)로 제시하였기 때문에 해석자로서 필수요건은 해석학적으로 아주 중요한 성경의 목표(scopus)와 주제(loci)의 관계를 콘텍스트에서 보는 것이다.[175] 그럼에도 불구하고 신학자들은 신학적인 주제(loci)를 올바르게 성경을 가르치는 순서로 적절하게 배열할 뿐만 아니라, 성경의 의도(scopus)와 연결시키는 데 실패했다. 이것은 성경해석의 목표를 잘 모르는 처사이다. 성경의 주제(loci)는 성경의 의도(scopus)와의 관계성 속에서 진정한 의미를 가지기 때문이다.[176]

칼빈은 의도(scopus)라는 개념을 여러 신학자들로부터 배웠다. 그렇다고 해서 여과 없이 그냥 분별없이 사용한 것이 아니다. Don H. Compler에 의하면 칼빈은 에라스무스의 신학적인 해석학을 배웠지만 그것을 자기 것으로 소화해서 사용했다고 말했다. 뿐만 아니라 루터, 멜랑톤, 볼링거, 부커의 신학을 그대로 답습한 것이 아니라 새롭게 재창조했다고 말했다.[177] 진정 칼빈은 의도(scopus) 개념을 적절한 콘텍스트(context)와 연관시켜 사용했다.[178]

의도(Scopus)와 같은 어원을 가진 명사가「기독교강요」에서 63번 쓰였다. 문맥(Context)에 따라서 여러 가지로 사용된다. 그 중의 예를 들면, 첫째, 성례의 목표(scopus)이다. "여기서도 성찬의 목적(sacramenti

175. Schneider, 196.
176. Schneider, 193-97.
177. The Independent Pupil:Calvin's Transformation of Erasmus' Theological Hermeneutics, Westminster Theological Journal, Vol.54(Fall, 1992), 217-33.
178. Romans(3:24) is "Perhaps the most remarkable place in the whole of Scripture for explaining and magnifying the force of this righteousness"(Nullus est forte in tota Scriptura insignior locus as vim istius iustitiae illustrandam." but 3:28 is finished like this fuller explanation he says will be found in my Institutio(Cap. Vi, 1539 X, &71-73(CO, 1,787-789); Inst.(1559) 0S 4.264-266). The Institutes of 1539 and the Letter to the Romans, diss. Albert Clarke Dean, 1953, Union Theological Seminary, Richmond, Virginia. Dean argues that the topics of 1539 Latin edition comes from the Letter of Romans and the same time, influenced by Loci of Melanchthon, Augustine and Romans.

scopus)은 그리스도의 죽음을 기념하여 우리를 훈련하는 것임에 분명하게 나타난다."[179] 성례의 목적은 예수 그리스도의 죽음을 기억하는 것이다. 둘째, 선택의 의도(scopus)이다. "만일 선택의 목표(electionis scopus)가 거룩한 생활에 있다면, 선택은 아무 선행도 하지 않는 구실을 우리에게 준다기보다, 도리어 우리의 마음을 거룩한 생활에 집중하겠다는 열의를 일으키며 자극할 것이다."[180] 셋째, 사도들의 의도(scopus)이다. "그러나 바울은 우리가 선택된 목적(Apostoli scopus)에 대해서 그것은 우리가 흠 없는 생활을 하도록 하려는 것이라고 가르친다."[181] 넷째, 성경의 진정한 의미를 가르쳐주는 성령의 의도(scopus)이다. "성령이 우리의 마음을 감화시키시며 말씀을 깨닫게 하시고, 우리 속에 그 멍에에 순종할 마음이 생기게 하실 때에만, 비로소 하늘의 가르침은 우리에게 유익하고 효력을 발휘하게 된다는 것을 인정하여야만 한다."[182] 성령의 역사는 성경의 진정한 의미를 이해하는 데 있어서 필수적이다. 성령은 우리의 마음을 열어서 성경의 진정한 의미를 깨닫게 한다. 따라서 성령의 내적인 조명이 없이는 우리는 어둠 속에 있으며 성경의 올바른 의미를 깨달을 수 없다. 다섯째, 하나님은 예수 그리스도를 믿음의 의도(scopus)로 세웠다. "만일 우리가 그리스도를 아버지께서 제시하는 대로, 즉 복음의 옷을 입고 계시는 그리스도로 받아들

179. "Here again, we see what the aim of the sacrament(sacramenti scopus) is, namely, to keep us in remembrance of Christ's death"(4.17.37.)

180. If the end of election(electionis scopus) is holiness of life, it ought to arouse and stimulate us strenuously to aspire to it, instead of serving as a pretext for sloth"(3.23.12.).

181. "To make this plain, let us first attend to the scope of the Apostle(Apostoli scopus), and then show wherein their hallucination consists"(3.23.12.).

182. Exegesis of Luke 24:45(I answer, that we shall never attain to the true knowledge of these passages unless we attend to the scope of the spirit in uttering them(in scopum convertamus quo sua verba Spiritu dirigit)." Calvin says that "For what we now read in reference to the apostles is daily accomplished he guides us to understanding the Scriptures."(Commentary on a harmony of the Evangellists, Matthew, Mark, and Luke, By Calvin, trans. William Pringle, Michigan: Grand Rapids, Baker Book House, 1979), Vol. 3, 376.

인다면, 그리스도를 참되게 알 것이다. 왜냐하면 그리스도가 우리 신앙의 목표로 정해지는 (in scopum fidei nostrae)것 처럼, 복음이 우리를 인도해 주지 않는다면 우리는 그리스도께 이르는 올바른 길에 들어설 수 없기 때문입니다."[183] 하나님은 예수 그리스도를 믿음의 목표(scopus fidei)로 복음에 제시했다. 그래서 하나님의 말씀 없이는 진정한 예수 그리스도의 지식을 가질 수 없다.[184] 여섯째, 예수는 성경의 의도(in Christi scopum)이다. 성경의 진정한 의미를 알기 위해서는 예수 그리스도가 성경의 목적 혹은 의도임을 알아야한다. "그러나 여기서 그리스도에 고정시키고 그가 이 구절에서 의도(in Christi scopum)하고 있는 바에 유의하지 않는다면 절대로 진리를 얻을 수 없다."[185] 위에서 제시한 의도(scopus)의 용례(usages)를 본 바와 같이 칼빈은 의도(scopus) 개념을 성경해석의 목표로 사용하고 있음을 분명히 알 수 있다.[186]

183. "Haec igitur vera est Christi cognitio, si eum qalis offertur a Patre suscipimus, nempe Evangelio suo vestitum: quia sicuti in scopum fidei nostrae ipse destinatus est, ita nonnisi praeeunte Evangelio recta ad eum tendemus(3.2.6.)."
184. 1539 Latin edition written as follows: "Cum inexhausta caelestium divitiarum plenitudine: ut sit nobis unicus beatitunis ac bonorum ominum thesaurus. Sed enim ut in possessionem tantarum opum veniamus, tenenda est ratio, qua nobis acquisitae fuerunt. Est autem obedientia Christi, in iis omnibus praestandis et adimplendis, quae secundum aeternum Dei consillium, in salutem nostram erant necessaria. Ut ergo Evangelium fidei nostrae in scopum destinatur, et in Evangelio Chritus: sic in Christo ipso quidquid in salutem nostram aut fecit, aut passus est. Quare id ad fidei explicationem plene absolvendam restat, ut quidquid in Christo ad eius confirmationem spectat, ob oculos statuatur(cf. catech. 1538, Cr V 337). sic enim explicata eius materia, velut in iconica tabula, germana eius proprietas ad liquidum se proferet. Eiusmodi autem tabulae vice, symbolum Apostolicum nobis erit, in quo paucis verbis sigillam totam salutis nostrae oeconomiam sic expositum habemus, ut nulla particula praetermissa sit."(Opera Selceta vol.IV, 13, no.d).
185. scopus fidelium(the aim of the believers, 3.9.4.6), orationis scopum(true object of prayer, 3.20.29.). Here, however, we shall never arrive at the true meaning, unless we attend to the design of Christ(in Christi scopum), and the subject of which he is treating"(2.8.26.).
186. The first one is from 1536 latin edition: " We do not doubt Jesus is our Christ, that is, Saviour. But as we obtain through him forgiveness of sins and sanctification, so also salvation has been given, in order that we may at last be led into God's kingdom, which will be revealed on the last day. And this is indeed the head(caput) and almost the sum of all those things(summa corum ominum) which the Lord by his sacred Word offers and promises us. This is the goal(hic scopus) set for us in his Scriptures; this target he

주석에서 있어서 주제(Loci)와 의도(Scopus)의 개념

칼빈은 로마서 주석에서 로마서를 개괄하는 논지에서 "또한 본 서신이 그것의 서두에서 자체를 더 잘 소개하고 있고 그리고 형언할 수 (ad rationem artis) 없는 가장 좋은 방법(methodica)으로 자체를 설명하고 있다는 사실 때문이기도 합니다."[187] 라고 말했다. 주된 주제는 많은 세부적인 주제(suis locis)로 나눠져 있다. 로마서에는 진정 많은 loci가 있다. 각 장은 loci이다. 그럼에도 불구하고 가장 중요한 로마서의 주제는 이신칭의(justification by faith)이다. 이 주제를 요약하면 "인간의 유일한 의는 그리스도 안에 있는 하나님의 은혜임. 그 은혜는 복음으로 말미암아 제공되고 믿음으로 말미암아 수납됨(nicam esse hominbus iustitiam, Dei misericordiam in Christo, dum per Euangelium oblata, fide apprehenditur)."[188] 여기서 하나님의 은혜로 번역된 원문을 하나님의 은혜라기보다는 하나님의 자비로 번역하는 것이 옳다. 원문에는 하나님의 은혜가 아니라 하나님의 자비(Dei misericordiam in Christo)로 쓰여 있기 때문이다. 로마서의 중요한 주제(loci)가 「기독교강요」에 제시되며, 칼빈은 이 주제(loci)를 올바르게 가르치는 방법(ordo recte docendi)

sets. The Word of God(Verbum Dei), therefore, is the object(obiectum) and target of faith(scopus fidei) at which one ought to aim;" According Calvin the Word of God is the scopus which enables us to understand the object of faith. Here the object of faith means Jesus Christ who is our saviour. If we missed this goal, we loose the ground which enables to stand and fall. This Jesus is the object of faith(scopus fidei). That is why Scripture should be understood by Jesus as the scopus of our fatih. Jesus.(1536, p.104 Latin and English translation, chapter II, Faith: containing an explication of the creed(called Apostolic, 43 Battles William Eeerdman Publishing Company, 1995).

187. 존 칼빈, 「칼빈성경주석」, Vol. 19(성서원, 1999), 26(The whole epistle so methodical(methodica) that events very beginning is framed according to the rules of arts(ad rationem artis).

188. 존 칼빈, 「칼빈성경주석」, Vol. 19. 26. "The subject then of these chapters may be stated thus,--that man's only righteousness is through the mercy of God in Christ, which being offered by the Gospel is apprehended by faith"(sit ergo nobis istorum captum proposita thesis, Unicam esse hominbus iustitiam, Dei misericordiam in Christo, dum per Euangelium oblata, fide apprehenditur.).

에 의해서 순서대로 배열했다.

칼빈은 해석학적으로 의도(scopus) 개념을 로마서 10:4 주석에서 명료화시키고 있다. "본문의 말씀에 의하면, 율법의 모든 부분은 그리스도와 관련되어 있으며, 따라서 꾸준하게 노력하여 율법이 목표(pro scopo)로 하는 그리스도에게 이르지 못하는 자는 아무도 율법을 정확하게 이해할 수가 없는 것이다."[189] 그렇다. 예수 그리스도는 율법의 마침(finis enim Legis Christus)이다. 율법의 모든 부분은 예수 그리스도와 연결(Ergo in ipsum dirigendae sunt omnes partes)되어 있다. 다시 말하면, 예수 그리스도는 율법의 목표(scopus)이다. 예수 그리스도는 율법의 목표(scopus)이기 때문에 예수 그리스도와 연결 없이는 율법의 의미를 올바로 이해할 수 없다.

요한복음 5:39 주석에서 칼빈은 예수 그리스도는 성경의 목표(scopus)가 됨을 강력히 주장한다. "그리스도에 대한 지식은 성경에서 구하지 않으면 안 된다는 것을 배우게 된다. 그리스도에 대해서 자기 마음에 드는 것만을 상상하는 자들은 결국 그리스도 대신에 그림자와 같은 유령을 섬기게 될 것이다. 그러므로 첫째 우리가 확실히 헤야 할 것은 그리스도는 성경외의 다른 곳에서는 도저히 알 수 없다는 점이다. 그리고 이것이 사실이라면 성경은 그 안에서 그리스도를 발견할 목적으로 읽혀져야 할 것이다."[190] 그렇다. 예수 그리스도는 성경의 의도(scopus)이다. 따라서 우리는 예수 그리스도를 발견하기 위해서 성경을

189. 존 칼빈, 「칼빈성경주석」, Vol. 19. 325(Indeed, every doctrine of the law, every command, every promise, always points to Christ(Imo quicquid doceat Lex, quicquid praecipiat, quicquid prommittat, semper Christum habet pro scopo).

190. 존 칼빈, 「칼빈성경주석」 Vol.17. Comm. on Jn 5:39 (197/ First, then, we ought to believe that Christ cannot be properly known in any other way than from the Scripture; and if it be so, it follows that we ought to read the Scriptures with the expre ss design of finding Christ(hoc scopo) in them. Whoever shall turn aside from this object, though he may weary himself through his whole life in learning, will never attain the knowledge of the truth; for what wisdom can we have without wisdom of God?)

읽어야 한다. 성경은 예수 그리스도를 여러 가지로 예시하기 때문이다.

누가복음 1:70 주석에서 칼빈은 "선지자들의 글 속에는 그리스도에 관하여 알기 어렵고 애매모호한 예언들을 담고 있는 것이 아니라 손가락으로 분명하게 그리스도를 가리키고 있는 구절들이 많이 나온다"[191] 라고 했다. 선지자들은 처음부터 예수 그리스도가 구주가 됨을 증거했다. 따라서 예수 그리스도가 선지서의 의도(scopus)이다. 뿐만 아니라 칼빈은 제네바 성경의 서문에서도 예수 그리스도가 성경의 scopus가 됨을 분명히 하고 있다. "만약 여러분이 무엇이 이 모든 교훈에 담아있느냐고 묻는다면, 한마디로 대답한다면, '하나님을 신뢰하고 두려워하기 위해서 그를 말하는 것이다' 라고 대답할 수 있다. 왜냐하면 예수 그리스도가 율법과 선지서의 목적이요 복음의 실체(Et d'autant que Iesus Christ est la fin de la Loy et des Prophetes, et la substance de l'Evangile)이기 때문이다."[192] 그렇다면 어떻게 우리는 성경을 읽어야 하는가? 칼빈에 의하면 우리는 성경을 기독론적으로 혹은 그리스도 중심적으로 읽어야 한다(we must read it Christologically and Christocentrically).[193]

출애굽기. 레위기. 민수기. 신명기 주석 서문에서 칼빈은 구약성경을

191. 존 칼빈, 「공관복음」, Vol.17, 박문재 옮김(크리스챤 다이제스트, 2011), 82. Comm. on Nk 1:70 (Nor was it the sole design of Zacharias to celebrate the truth and faithfulness of God, in performing and fulfilling what he formerly promised. ....., When Christ comes forth adorned with the testimonies of all the prophets, our faith in him rests on a truly solid foundation." ....., for he that neglects this will never understand anything in the prophets: Jews wander wretchedly in reading the Scripture, in consequence of giving their whole study to words, and wandering from the main design(a scopo illo)."

192. "If you ask in what this whole edification consists, which we are to receive thereby, in a word, it is a question of learning to place our trust in God and to talk in fear of him, and since Jesus is the end of the law and the prophets and the essence of the Gospel(Et d'autant que Iesus Christ est la fin de la Loy et des Prophetes, et la substance de l'Evangile) [it is question] of aspiring to no other aim but to know Him, since we realize that we cannot deviate from that path in the slightest without going astray." 위의 번역은 저자의 것임.

193. Klaas Runia, "The hermeneutics of the Reformers", Calvin Theological Journal, Vol. 19(1984), 144. The preface to Olivetan's New Testament, "Epistle to the faithful showing that Christ is the End of the Law(Epistre aux feideles monstrant comment que Christ est la fin de la Loy, CR 9, 791, foot note)

네 부분으로 나눈다. 첫째, 서문, 둘째, 십계명, 셋째, 부록, 넷째, 예수 그리스도는 율법의 마침으로 결론 짓는다. 여기서도 분명히 알 수 있는 바와 같이 예수 그리스도가 율법의 의도(scopus)이기 때문에 예수 그리스도와의 관계 안에서만 율법의 의미를 올바로 이해할 수 있다는 것을 칼빈은 분명히 하고 있다.[194] 그리스도가 율법의 목표(scopus)라는 말은 칼빈의 율법과 복음의 개념을 이해하는 데 아주 중요한 예이다.

칼빈은 시몬 그레네우스(Simon Grynaeus/로마서 주석 서문)에게 보낸 유명한 편지에서 해석자의 유일한 목적은 저자의 마음 혹은 의도(mentem scriptoris)를 드러내는 것이라고 이미 말했다. Parker에 의하면 저자의 마음을 드러내는 것은 text의 명료성(clarity)과 용이성(brevity)을 찾는 것이라고 했다. 그러면서 명료성과 용이성을 찾는 것이 성경의 해석학적 원리(hermeneutical principle of exegesis)라고 했다. 그러나 명료성과 용이성이 해석학적인 원리인가는 의문이 간다. 왜냐하면, 우리가 성경의 text를 쉽게, 그리고 명료하게 해석했다면 우리는 그 해석을 좋은 해석이라고 말하지, 이것이 해석의 원리라고 말하지 않기 때문이다. 따라서 용이성과 명료성은 해석학적인 원리라기보다는 칼빈이 서문에서 말한 대로 해석자가 갖추어야 할 주된 덕목(the excellent virtue of interpreter)이다. 그렇다면 어떻게 저자의 마음을 혹은 의도를 드러낼 수 있는가? 저자의 의도를 드러내기 위해서는 단순히 역사적이고 문법적인 text의 의미를 찾는 것으로는 부족하다. 그 이상이다. 텍스트의 역사적이고 문법적인 의미를 찾는 것은 해석의 일부분이다. 저자의 의도를 드러내기 위해서는 성경 텍스트의 주제(locus)와 의도(scopus)의

194. The relationship between commentaries and the Institutes. "This is not the place to treat these points." see my Institutes(2 Cor, 9:5), "On this point I have expressed myself more fully in the preceding Epistle, and my Institutes will furnish a full discussion of it."(Comm. 2 Cor. 5:10)The relationship between commentaries and the Institutes. Jesus Christ is the scopus of the law. So, the spiritual worship should consists in faith, repentance, praise whereby their gratitude is proclaim, and even of the endurance of cross.

적절한 관계성을 아는 것이 중요하다. 주제(Loci)의 의미는 의도(scopus)와의 관계에서 이해되기 때문이다.

이 외에 성경해석에 있어서 한 가지 빼놓을 수 없는 중요한 점은 성령의 조명이다. 인간은 전적으로 부패되었기 때문에 성경의 분명하고 단순한 의미를 성령의 내적조명 없이는 찾을 수 없기 때문이다.[195] 이점에서 볼 때 칼빈이 「기독교강요」에서 제시한 성경해석 논리는 성령의 조명 안에서 성경의 주제(locus)를 의도(scopus)와 적절한 관계성 속에서 이해하게 된다.

주제(Loci)와 의도(Scopus)의 해석학적인 관계성

「기독교강요」의 loci는 로마서에서 오며 그것을 성경을 올바르게 가르치는 방법(ordo recte docendi)에 의해서 칼빈은 배열했다. 이것은 무엇을 말해주는가? 칼빈은 자신의 라틴 「기독교강요」를 새로운 주제를 삽입하며 그것을 순서에 따라서 배열하면서 수정보완 했음을 시사한다. 그래서 「기독교강요」의 분량이 불어나게 되어 최종판은 거의 새 책이 되었다. 칼빈은 「기독교강요」를 신학도들이 성경에서 신학적인 주제(loci)와 의도(scopus)의 적절한 관계성을 쉽게 찾아서 올바르게 성경을 읽고 가르치게 하기 위해서 저술했다. 해석학적으로 말하면 칼빈이 「기독교강요」에서 제시한 성경해석 논리는 논리(loci)와 의도(scopus)의 관계성을 살피는 것이다.

195. Galatians 4:22 "Scripture, they say, is fertile and thus multiple meanings. I acknowledge that Scripture is the most rich and inexhaustible fount of all wisdom. but I deny that its fertility consists in the various meanings which anyone may fasten to it as his pleasure. Let us know, then, that the true meaning of Scripture is the natural and simple one(verum sensum scripturae, qui germanus est et simplex), and let us embrace and hold it resolutely. Let us not merely neglect as doubtful, but boldly set aside as deadly corruption, those pretended expositions which lead us away from the literal sense(a literali sensu)." (Calvin's New Testament Commentaries, Vol. 11, Trans. T.H.L. Parker, Editors, David W. Torrance and Thomas F. Torrance(Michigan: Grand Rapids, Eerdmans Publishing Company, 1996), 85.

Hans-Joachim Kraus는 칼빈의 성경해석은 로마서 주석이나 그레네우스에게 보낸 편지에서 말하는 저자의 의도를 드러내는 것이나 아니면「기독교강요」로부터 왔다고 역설했다. 그러나 Muller는 Kraus가 말한 칼빈의 성경해석 원리는 칼빈이 주석한 구체적인 텍스트에 의해서 온 것이 아니기 때문에 신빙성이 떨어진다고 했다.[196] 진정 칼빈의 성경해석의 논리는 칼빈이 이론적으로 추론한 것이 아니라 구체적인 성경의 주석에서 왔다.

「기독교강요」의 주제(loci)는 철학적인 이론이나 칼빈 자신이 임의적으로 만들어낸 것이 아니라 로마서 주석을 통해서 얻은 통찰력이다.[197] 다시 말하면 칼빈은 「기독교강요」에서 성경을 올바르게 읽고 가르치기 위해서 성경해석 논리를 제시하며 동시에 이 성경해석 논리는 로마서 뿐만 아니라 다른 성경을 이해하는 성경해석 논리가 된다.

주제(Loci)와 의도(scopus)의 해석학적인 관계성을 잘 보여주는 텍스트는 로마서 10:4 주석이다. 칼빈에 의하면 예수 그리스도는 율법의 목적(scopus)이다. "그러나 율법에 의하여 모든 사람들이 죄 있는 것으로 입증된 까닭에, 그것은 그리스도 안에 있는 새로운 의를 대신해 왔다. 그 의는 우리의 행위의 공로에 의하여 얻어지는 것이 아니고, 값없이 주어지는 까닭에 믿음으로 얻어지는 것이다. 이같이 믿음의 의(1장에서 우리가 살핀 대로)는 율법에 의하여 증거 된다. 본문의 말씀에 의하면, 율법의 모든 부분은 그리스도와 관련되어 있으며, 따라서 꾸준하게 노력하여 율법이 목표(pro scopo)로 하는 그리스도에게 이르지 못하는 자는 아무도 율법을 정확하게 이해할 수가 없는 것이다."[198] 칼빈의 주석

196. "The Hermeneutic of Promise and Fulfillment in Calvin's Exegesis of the Old Testament Prophecies of the Kingdom", 69, see reference)

197. 1539 라틴어 기독교강요와 로마서 주석의 출판연대가 같다. 로마서 주석 서문에서 그레네우스에게 보낸 편지가 1539년 10/18, 스트라스버그이다. 그래서 로마서 주석과 1539년 판이 서로 연관되었음을 알 수 있다.

198.「칼빈성경주석」, Vol. 19. 325(a new righteousness in Christ, which is not acquired by the

은 분명히 주제(locus)와 의도(scopus)가 해석학적으로 서로 긴밀하게 연결되어 있음을 보여준다. 성경에 있는 율법의 의미는 율법 자체로서 이해되는 것이 아니라 율법의 의도(scopus)인 예수 그리스도와의 관계성 속에서 이해된다.

칼빈은 누가복음 24:46 주석에서 예수 그리스도는 성경의 의도(Jesus Christ is the scopus of Scripture)임을 분명히 말하고 있다. "이 말씀을 통해서 우리가 율법과 선지자의 글"에서 주되게 배워야 하는 것이 무엇인지에 대해서 알게 되는 데, 그것은 그리스도께서 "율법의 마침"이자, 혼이기 때문에(롬 10:4), 우리가 그리스도를 떠나서 배우는 것은 무엇이든지 다 쓸데 없고 무익하다는 것이다."[199] 여기서 율법과 선지자는 구약 성경을 의미하며 결국 구약 성경은 예수 그리스도를 말하고 있다. 그래서 예수 그리스도는 성경의 의도(scopus)이다. 따라서 "그러므로 만일 믿음이 지향해야하는 이러한 목표로(in scopum fidei nostrae ipse) 부터 믿음이 조금이라도 벗어난다면, 믿음은 그 고유한 본질을 잃게 된

merits of our works, but being freely given is received by faith. Thus the righteousness of faith(as we saw in the first chapter), is witnessed to by the law. This remarkable passage(insignem locum) declares that the law in all its parts has reference to Christ, and therefore no one will be able to understand it correctly who does not constantly strive to attain this mark(hunc scopum/Habemus autem insignem locum, quod Lex omnibus suis partibus in Christum respiciat. Itaque rectum eius intelligentiam habere nemo poterit non ad hunc scopum perpetuo collimet.). This passage shows clearly that locus and the scopus are hermeneutically related each other. The law as the locus in the Bible has to be understood by the relation to Jesus Christ as the scopus of the law. Calvin says: "Indeed, every doctrine of the law, every command, every promise, is always points to Christ(Imo quicquid doceat Lex, quicquid praecipiat, quicquid prommittat, semper Christum habet pro scopo).

199. 존 칼빈, 「공관복음」, Vol.17, 박문재 옮김(크리스챤 다이제스트, 2011), 1282. John Calvin, Calvin's Commentaries, A Harmony of the Gospels, Matthew, Mark, Luke and Jame & Jude, Vol. 3. Trans. A. W. Morrison(Michigan: Grand Rapids, William Eerdmans Publishing Company, 1972), 246(The same words warn us of what we must principally learn from the law and the prophets: as Christ is the end and the soul of the Law(finis et anima legis), whatever we learn without him or apart from him, is vain and unsatisfying. Whoever then desire to make the most proficiency in Scripture, should always keep his eye on this object(ad hunc scopum).

다."[200] "왜냐하면 그리스도가 우리 신앙의 목표로 정해지신 것(in scopum fidei nostrae ipse)처럼, 복음이 우리를 인도해 주지 않는다면 우리는 그리스도께 이르는 올바른 길에 들어설 수 없기 때문이다."[201] 칼빈에 의하면 예수 그리스도는 성경의 의도(scopus)이다. 하나님이 그렇게 정하신 것이다(John 5:39, 2 Tim.3:15, Luke 24:46, Rom. 10:4). 따라서 우리는 성경의 의도(scopus)인 예수 그리스도와 연관 없이 성경을 올바로 이해할 수 없고 가르칠 수도 없다.

이와 같이「기독교강요」에 제시된 주제(loci)는 그 자체로 이해될 수 없고 의도(scopus)와 관계에서만 올바로 이해된다. 이것은「기독교강요」가 제시한 성경해석 방법이다. 여기서 말하는 주제(loci)는 수사학적인 주제(loci)가 아니라 신학적인 주제(loci)이다. 그럼에도 불구하고 성령의 내적 조명 없이는 진정한 성경의 쉽고 자연스러운 의미를 드러낼 수 없다.

저자의 의도와 문맥(context)

문맥(context)은 저자의 의도를 파악하는데 아주 중요한 역할을 한다. 저자의 의미는 문맥 안에서 이해되어지기 때문이다. 칼빈은 호세아 선지서 1:6 (내가 그들을 절대로 용서하지 않겠다)을 다음과 같이 해석했다.

> 이 문장은 다양하게 해석되었다. 어떤 이들은 이 동사가 나세(נשה)에서 온 것으로 헤(ה)를 최종 철자로 지닌 것이라고 생각한다. 그 의미는 잊

200. Inst., "if faith declines in the least degree from the mark(ab hoc scopo) at which it ought to aim, it does not retain its nature, but becomes uncertain credulity and vague wandering of mind." (3.2.6)
201. Inst., "For, as he is appointed as the end of our faith(in scopum fidei nostrae ipse), so we cannot directly tend towards him except under the guidance of the Gospel."(3.2.6.)

어버린다는 뜻으로써, 그 요지는 '내가 잊어버림으로서 그들을 잊어버리겠다.'와 같다. 또 이러한 의미가 적절하지 않은 것은 아니다. 갈대아어 역자는 완전히 이러한 의미와는 달리 '내가 아낌으로서 그들을 아끼어 주겠다'라고 번역했다. 그러나 이러한 번역의 근거는 전혀 없다. 왜냐하면 본문의 문맥(contextus)이 명백하게 보여주는 바와 같이 하나님께서는 아직 그들에게 용서를 허락하지 않으시기 때문이다. 그러므로 이러한 의미가 지속할 수는 없다. 본문을 '내가 그들에게 적군을 데려가겠노라'라고 번역하는 사람들이 이 예언자의 의도(the design of prophet/prophetae mentum)에 더 접근해 있다.[202]

위에서 보는 바와 같이 저자의 의도는 문맥에 의해서 파악된다. 따라서 문맥을 떠나서 저자의 의도를 파악할 수 없다. 성경의 의미는 진공속에 있는 것이 아니고 역사적 상황 안에 있기 때문이다.

성령의 내적조명과 성경해석목표

크리소스톰의 강해설교를 위한 서문에서 칼빈은 성령의 내적조명의 불가피성을 고백적으로 말하고 있다. "내가 확실히 말하지만, 성령이 최상의 인도자일 뿐만 유일한 안내자이다. 왜냐하면 성령이 없으면 우리의 이성으로 하나님의 지혜를 이해할 수 있는 아주 적은 조명도 없기 때문이다."[203] 진정 성령은 우리의 내적 선생(the Holy Spirit as our inner teacher)으로서 성경의 진정한 의미를 이해할 수 있도록 우리의 마음을 조명(illumine)하고 가르친다. "말씀은 하나님께서 신자들에게 성령의

202. 존 칼빈, 「성경주석」, Vol.13 (서울: 성서원, 1999), 75.
203. John Calvin: "Preface of the Homiles of Chrysotom," The Hartford Quarterly(winter, 1965), 20. 저자의 번역임. "to be sure, it is my conviction that the Spirit of God is not only the best, but even the only guide, since apart from Him there is not even a spark of light in our minds to enable to grasp heavenly wisdom itself."

빛을 주시는 도구라는 것을 알고 있다."[204] 하나님은 성령을 통해서 성경에서 말씀한다(God speaks to us through the Holy Spirit in Scripture). 그렇다고 해서 주제(loci)와 의도(scopus)의 관계를 살피는 것이 필요 없다는 말은 아니다.[205]

「기독교강요」에서도 칼빈은 성경의 진정한 의미를 파악하는데 있어서 성령의 내적 조명과 가르침이 절대적으로 필요함을 고백적으로 역설한다. "나는 성령이 이런 말씀을 하는 목적을 주목하지 않는다면 우리는 결코 그 진정한 뜻을 이해하지 못할 것이라고 대답한다."[206] L. Floor는 성령이 우리에게 이해를 주고 성경을 올바로 깨닫도록 가르친다고 했다(the Holy Spirit gives us understanding. He teaches us how to interpret Scripture).[207]

성령의 조명의 절대성은 제네바 성경을 강해하고 읽기 전 드리는 예배에서도 불 수 있다. 제네바 교회에서 예배를 드리는 자들은 성경을 강해하고 읽기 전에 하나님께 성령의 내적조명과 가르침을 통해서 성경을 올바로 이해할 수 있도록 이렇게 기도했다. "목회자는 성령의 은혜가 하나님의 이름을 영화롭게 하며 교회를 북돋우도록 겸손과 순종 가운데서 기도로 시작한다."[208] 성령은 말씀, 언어, 텍스트, 설교를 통해

204. "The Word is the instrument by which the illumination of the Spirit dispensed". Inst. 1.9.3.

205. Preface to the Homilies of Chrysotom, 20. According to Werner Schultz, Luther has two foci for interpreting Scripture: 1)grammatical historical understanding of the text, ii) encounter of sola gratia, the living Christ("The Problem of Hermeneutics in Current Continental Philosophy and theology," Lutheran World, V.4, No.1. (June, 1959). Yet, Calvin says that it does not necessarily mean that we don't need the investigation of the loci and its relation to scopus because God gave us aids which enable us to investigate Scripture.

206. "I answer, that we shall never attain to the true knowledge of these passage unless we attend to the scope of the Spirit in uttering them."(Resondo, no as verma eorum intelligentiam nunquam accessuros nisi oculos in scopum convertamus quo sua verba Spiritus dirigit(Inst., 3.18.6.).

207. L. Floor, "The hermeneutics of Calvin"(16), Vol. 6. Calvin and hermeneutics, ed. Richard C. Gamble(New York: Garland Publishing, INC., 1992), 188-189.

208. John Calvin, " La Forme des prieres et chantz ecclesiatiques, avec la maniere

서 역사한다. 그래서 성경을 올바르게 해석하기 위해서는 우리는 기도의 사람이 되어야 한다(The Holy Spirit works through the means of the word, language, text, preaching and also we should be a man of prayer). 진정 하나님 말씀 앞에 겸손한 사람이 되어야 한다. 겸손한 사람은 자신의 전적 부패성을 깊이 깨닫는 자이다(In deed, Only sinful man discover in the words of the scripture the true meaning of the Spirit).[209] 그래서 칼빈에게 있어서 말씀과 성령의 관계성은 불가분의 관계이다.[210]

칼빈은 「기독교강요」에서 성경해석목표인 저자의 의도와 주제의 관계성 속에서 성경의 의미를 파악해야한다고 역설했다. 성경해석은 주제(loci)과 목표(scopus)의 상관관계에 의해서 파악된다.「기독교강요」가 제시한 주제(loci)는 로마서에 사도 바울이 제시한 loci이며 칼빈은 이 주제(loci)를 성경을 올바르게 가르치는 방법(ordo recte docendi) 의해서 배열했다. loci 자체로서는 그 의미를 올바르게 파악할 수 없고 성경의

d"administrer les Scramens, et consacrer le mariage: selon la coustume de l"Eglise ancienne. 1542, "OS 2:20 "... puis le ministre commence derechef a prier, pour demander a Dieu la grace de son sanict Espirit: afin, que sa parolle soit fidelement exposee a l"honneur de son Nom, et a l"eddification de L'Eglise:et qu' elle soit receue en telle humilite et obeisance, qu' elle appartient." Translation adapted from John Calvin, "forms of prayer for the Church, "Tracts and Treatises, vol.2. Translated by Herny Beveridge, historical notes by T.F. Torrance(Grand Rapids: Wm. B. Eerdmans Publishing Comany, 1958), 101.

209. Kenneth S. Kantzer, "Calvin and The Holy Scriputes," Walvood, John F. ed. Inspiration and Interpretation(Michigan: Grand Rapids, Eerdmans, 1957), 152.

210. Inst., 4.8.13. Cf. 1.9.3. "For by a kind of mutual bond(mutuo nexu) the Lord has joined together the certainty of his Word and of his Spirit so that the perfect religion of the Word may abide in our minds when the Spirit, who causes us to contemplate God's face, shines; and that we in turn may embrace the Spirit with no fear of being deceived when we recognize him in his own image, namely, in the Word." See also: John Hesselink, "Governed and Guided by the Spirit--A Key Issue in Calvin's Doctrine of the Holy Spirit", in Calvin Studies, Vol. V. Presented at a Colloquium on Calvin Studies at Davidson college and Davidson College Presbyterian Church, Davidson, North Carolina, ed. John H. Leith, January 19-20, 1990. For Calvin, the relation between word and spirit is inseparable: "the Spirit wills to be conjoined(coniuntus) with God's Word by an indissoluble bond(individuo nexu)..... we are expect nothing more from his[Christ's] Spirit than he will illumine our minds to perceive the truth of his teaching.

목표(scopus)인 예수 그리스도와의 관계에서 올바르게 파악할 수 있다. 그렇다고 해서 칼빈은 여과 없이 배타적인 기독론적으로 성경을 해석하는 것이 아니라 성경의 의도(scopus)로서 예수 그리스도를 적절한 문맥(context) 내에서 연결시킨다. 다시 말하면 성경의 모든 구절에서 예수를 찾는 것은 아니라는 말이다.

성경을 올바르게 이해하기 위해서는 성경의 주제와 동시에 하나님의 최종 계시이고 성경의 의도(scopus)인 그리스도 예수와 관계성 속에서 이해해야한다. 이것이 성경해석의 두 축이다. 그럼에도 불구하고 성령의 내적인 조명과 가르침이 없이는 성경해석의 목표인 저자의 의도와 주제의 관계성을 잘 파악했다고 하더라도 성경의 문자적인 의미를 올바르게 드러낼 수 없다는 것이 칼빈 성경해석의 대전제이다.

칼빈에 의하면 성경해석목표는 저자의 의도를 파악하여 성경의 주제와 연관성을 살펴보는 것이 중요함을 살펴봤다. 그렇다면 구체적으로 칼빈의 성경해석방법은 무엇인가?

5장 성경의 해석 방법

좋은 성경해석 방법과 성경의 간결한 명료성(Perspicua Brevitas)

칼빈에 의하면 가장 좋은 성경해석 방법은 성경의 명료하고 자연스러운 의미를 드러내는 것이라고 시몬 그레네우스에게 보낸 헌사에서 아주 분명하게 말했다. "성경을 해석하는 가장 좋은 방법에 대해서 3년 전 우리가 가졌던 우의에 넘친 대화를 지금도 저는 기억합니다. 당신이 특별하게 좋아하셨던 그 방법은 그 당시 제가 다른 무엇보다도 좋아했던 것이기도 했습니다. 우리 모두는 명료한 간결성(perspicua brevitas)이 주석가의 미덕(praecipuam interpretis virtutem)이라고 여겼습니다."[211] 헌사에서 보는 바와 같이 칼빈에게 있어서 해석자의 좋은 덕목이란 장황하고 현학적인 해석에 있는 것이 아니라 분명하고 간결한 의미를 드러내는 데 있는데 이것이 칼빈이 말한 명료한 간결성(perspicua brevitas)이다. 여기서 덕목(virtutem)이라는 말은 희랍어 아레테(αρετη)에서 라

211. 칼빈, 「성경주석」, 편역/존 칼빈 주석 출판위원회, 1999, Vol.19(서울: 성서원, 1999), 21. Praecipuam interpretis virtutem in perspicua brevtate esse positiam. "I remember that when three years ago we had a friendly converse as to the best mode of expounding scripture, the plan which especially pleased you, seemed also to me the entitled to approbation: we both thought that the chief excellency of an expounder consists in lucid brevity. And, indeed, since it is almost his only work to lay open the mind of the writer whom he undertakes to explain, the degree in which he leads away his purpose, and in a manner wanders from his own boundaries. Hence we expressed a hope, that from the number of those who strives at this day to advance the interest of theology by this kind of labour, some one would be found, who would study plainness, and endeavour to avoid the evil of tiring his readers with prolixity"(The Epistle Dedicatory, John Calvin to Simon Gryneaeus, a man of worthy of all honour, Calvin's Commentaries, Vol. XIX, Grand Rapids, Michigan: Baker Book House, 1989).

틴어로 번역된 말로서 "능함," "우수함" 혹은 "다움" 등을 의미한다.[212] 그래서 군인은 군인다움이 있어야하듯이, 성경 주석가는 주석가로서의 능함, 혹은 우수함이 있어야한다. 다시 말하면 성경을 해석하는 사람은 성경해석자로써 탁월함이 있어야 한다는 말이다. 그렇다면 주석가의 탁월함이 무엇인가? 이 탁월함은 바로 성경의 자연스럽고 분명한 의미를 드러내는 것이다. 이런 점에서 보면 가장 좋은 성경해석 방법이란 성경의 의미를 쉽고 명료하게 드러내는 것이다. 다시 말하면 성경의 자연스럽고 분명한 문자적인 의미를 드러내는 것이다. 이런 해석이 좋은 성경해석이다.

명료한 간결성(perspicua brevitas)**과 저자의 의도**(mens scriptoris)

이미 앞에서 살펴본 바와 같이 칼빈에게 있어서 해석자의 주된 덕목이란 장황하고 현학적인 해석에 있는 것이 아니라 분명하고 간결한 의미를 드러내는 데 있는데 이것이 칼빈이 말한 명료한 간결성(perspicua brevitas)이다. 그렇다면 저자의 의도와 명료한 간결성은 어떤 관계인가? 여기서 저자의 의도와 성경 해석자의 덕목은 서로 연관은 되어 있지만 그렇다고 해서 서로 같은 의미는 아니다.

시몬 그레네우스에게 보낸 헌사에 대한 다양한 해석이 있을 수 있다고 하더라도 문맥(context)에서 보여주는 성경해석자의 주된 덕목(praecipium interpretis virtutem)과 저자의 의도(mens scriptoris)라는 말은 두 개의 다른 의미를 가진 언어인데 간결한 명료성을 성경해석 원리로 이해하려고 하는 것은 논리적으로 모순을 내포한다. 해석자의 주된 덕목과 저자의 의도는 서로 다른 두 개의 다른 논리(two different kinds of the grammar)이기 때문이다.

212. W.K.C. 거스리, 「희랍철학입문 탈레스에서 아리스토텔레스까지」, 박종현 옮김(서울: 서광사, 2003), 22.

그럼에도 불구하고 저자의 의도와 해석자의 덕목은 구별되지만 서로 밀접하게 연관되어 있다. 저자의 의도는 성경해석의 목적이요 간결한 명료성은 해석자의 덕목이기 때문이다. 다시 말하면 성경해석의 목표는 저자의 의도를 드러내는 것이다. 성경은 다양한 해석을 허용할지라도 저자의 의도는 분명하고 단순하다.[213] 따라서 성경해석의 목표란 저자의 의도를 드러내는 것이며, 성경의 자연스럽고 분명한 의미를 드러내는 것은 해석자의 주된 덕목 즉 좋은 성경해석 방법이라고 할 수 있다.

Parker도 저자의 의도와 덕목의 관계를 이렇게 말했다. 명료한 간결성(perspicua brevitas)은 성경을 쉽게 이해하기 위한 스타일(style)이 아니라 저자의 의도를 드러내기 위한 수사학적인 방법(the rhetorical method)이라고 했다.[214] 따라서 저자의 의도가 성경해석 목표라고 한다면 명료한 간결성(perspicua brevitas)은 저자의 의도를 드러내기 위한 성경해석 방법이다.[215] 크게 보면 성경의 의도는 예수 그리스도이다. 따라서 칼빈의 성경해석 목표는 구속사적인 해석 혹은 예수님이 중심이 되

213. Galatians 4:22: "Scripture, they say, is fertile and thus multiple meanings. I acknowledge that Scripture is the most rich and inexhaustible fount of all wisdom. but I deny that its fertility consists in the various meanings which anyone may fasten to it as his pleasure. Let us know, then, that the true meaning of Scripture is the natural and simple one(verum sensum scripturae, qui germanus est et simplex), and let us embrace and hold it resolutely. Let us not merely neglect as doubtful, but boldly set aside as deadly corruption, those pretended expositions which lead us away from the literal sense(a literali sensu)." (Calvin's New Testament Commentaries, Vol. 11, Trans. T.H.L. Parker, Editors, David W. Torrance and Thomas F. Torrance(Michigan: Grand Rapids, Eerdmans Publishing Company, 1996), 85.

214. 파커는 수사학적인 방법이라고 했지만 단순히 학문으로서 수사학적인 방법이라기보다는 성경에서 도출한 성경적인 방법이라고 할 수 있다. T.H.L. Parker, Calvin's New Testament Commentaries(Grand Rapids: Michigan: William B. Eerdmans Publishing Company, 1971), 54.

215. Richard Muller 교수도 저자가 미시간에 있는 칼빈연구소에서 교수 연구장학금(2002, 여름)을 받아서 연구하는 동안 칼빈의 성경해석원리에 대해서 Muller 교수와 이야기할 기회를 가졌는데 perspicua brevitas는 Richard Gamble 교수가 성경해석원리로 말한 것인데 성경해석원리가 아니라고 말했던 기억이 난다.

는 해석학이라고 할 수 있다.

명료한 간결성과(Perspicua Brevitas) 적응이론

성경은 왜 단순하고 명료한가? 두 가지로 대답할 수 있다. 첫째는, 하나님의 배려 혹은 조정이라는 것이다. 하나님께서는 연약하고 제약성을 가지고 있는 인간이 하나님의 뜻과 감정을 이해하고 그에 따라 살기 위해서는, 하나님의 말씀이 하나님만이 알 수 있는 언어로 성경이 어렵게 쓰여 졌을경우, 우리가 성경을 잘 이해할 수 없다고 보신 것이다. 그래서 하나님은 우리의 능력에 맞게 언어를 선택하시고 쉬운 말로 성경을 기록하도록 하셨다. 따라서 하나님은 당신의 섭리 가운데 구약을 일상 히브리말로 신약도 일상 언어인 코이네 희랍어로 기록케 하신 것이다. 이것은 무엇을 말하는가? 하나님의 배려를 말하지 않는가?

하나님은 어린 아이를 기르는 어머니처럼 우리의 능력에 맞추어서 성경을 인간의 언어로 기록케 하셨다. 이것은 하나님의 인간을 위한 하나님의 배려이다. 칼빈은 이 하나님의 배려를 조정이론(accommodation theory)이라고 했다.

> 하나님께서 구원에 필요한 것이 무엇인지를 누구나 알기 쉽게 하기 위해서 참으로 자기 자신을 우리들의 왜소함(smallness)에 맞추셨을 뿐더러, 그의 몸을 우리의 키에 맞게 구부리셨다"[216]는 말이다. 이와 같이 하나님이 인간의 능력을 고려하셔서 성경을 기록케 하셨다는 것을 인정하며 겸손하게 우리의 믿음의 분량에 따라서 성경을 이해함으로 하나님께 영광을 돌려야 한다. 비록 인간이 하나님의 모든 것을 다 알 수 없기 때문에 거울로 보는 것처럼 희미하고 부분적이지만 하나님은 인간

216. 「칼빈의 십계명설교」, 427.

의 연약성을 잘 아시기 때문에 우리의 능력에 맞게 조정하셔서 성경을 기록케 하셨다. 만약에 하나님만이 아시는 언어로 성경을 기록하셨다면 하나님의 말씀을 아무도 이해할 수 없다. 그러나 하나님은 우리의 능력에 맞게 자신을 낮추시고 배려하셨다. 그러므로 우리는 우리 하나님께서 자신의 본성을 따라 말씀을 하시지 않으셨다는 점을 명심해 두어야 하겠습니다. 만일 그가 자신의 언어로 말씀하시고자 하셨다면, 과연 이 땅의 피조물들이 그것을 알아들을 수 있었겠습니까? 물론 그것은 절대로 불가능한 일입니다. 그러나 그가 성경 가운데서 우리들에게 어떻게 말씀하고 계십니까? 그는 더듬으면서까지 말씀하셨습니다. 일찍이 사도 바울은 자기 자신을 아이들을 양육하는 보모에 비유한 바가 있는데, 그가 자신에 대하여 이렇게 말한 것은, 의심할 여지없이, 성령님을 통하여 자기를 다스리고 계시는 하나님의 자비로우심을 드러내기 위한 것입니다. 그리고 이처럼 바울에게서 발견할 수 있는 것을 우리는 모세와 그 밖의 모든 선지자들로부터 찾아볼 수 있습니다. 그런고로 우리는 하나님께서 스스로 보모로서의 역할을 맡으셨으되, 그가 성인들에게 하시는 것과 같은 방식으로 아이들에게 말씀하시는 것이 아니고, 오히려 아이들의 능력이 얼마만한 것인지를 올바로 기억하고 계시다는 점에 주목해야 하겠습니다. 그러한 까닭에 하나님께서는 자기 자신을 적절히 낮추셨는데, 그것은 이처럼 그가 자신을 인간의 수준에 맞추지 않으시는 한, 우리가 그의 하시는 말씀을 이해한다는 것은 불가능한 일이기 때문입니다. 그래서인지 우리들이 성경 가운데서 만나 뵈는 하나님은 오히려 유모처럼 친밀하고 부드럽게 느껴지는 바, 그 이유인즉, 인간으로서는 도저히 도달할 수 없을 뿐더러 가까이 접근조차 할 수 없는 그 분의 높고도 무한하신 존엄하심을 우리들이 거기에서는 느끼지 않기 때문입니다. 그러므로 하나님께서 인간으로 하여금 자신에게 접근할 수 있도록 길을 터 놓으셨는데도, 만일 하나님께서 그처럼 먹기 쉽게 죽으로 만들어 놓으셨는데 이제는 그것을 삼키고 소화시키는 일만 남아 있는 그의 가르치심을 통하여 우리들이 유익을 얻으려는 노력을 기울이지 않는다면, 그만큼 더 우리의 머리 위에는 무서운 저주가 놓이게 될 것입니다.[217]

따라서 성경의 의미는 단순하고 명료하며 이런 성경의 의미를 드러내는 것이 좋은 성경해석이다. 둘째, 성경은 인간의 사상이나 논리로 쓰여 진 것이 아니라 성령님의 감동으로 된 것이기 때문에 성경의 어느 곳을 읽어도 성령님의 감동이 아니 된 것이 없다. 성령님의 감동으로 된 것이기 때문에 성경은 신구약의 통일성이 있고 성경의 개체성이 있으며 그 의미는 단순하고 명료하다.[218] 요약하면 성경은 하나님의 배려와 성령님의 감동으로 쓰여 졌기 때문에 단순하고 명료한 것이다. 성경은 구원의 메시지이다. 따라서 성경 해석에 있어서 성경의 자연스럽고 분명한 의미는 세상적인 수사학의 방법에서 도출해 내는 것이 아니라 성경으로부터 성령님의 내적조명에 의해서 발견되어진 의미이다.[219] 따라서 성경의 간결하고 명료한 문자적인 의미를 드러내는 것이 좋은 성경해석이다.

명료한 간결성(Perspicua Brevitas) 와 문자적인 의미

갈라디아서 4:22은 알레고리칼 해석을 가능케 하는 비유이다. 따라서 오리겐을 비롯한 초대교부들은 이 구절에서 다양하고 영적인 의미

217. 「칼빈의 십계명설교」, 벤자민 팔리 편역 (성광문화사, 1991), 427-29.
218. John Calvin, CC, Vol.21(Commentaries on the Epistles of Paul to the Galatians and Ephesians(Grand rapids: Michigan, Baker book House, 1989), 251.
219. Donald Mckim은 "살아 있는 말씀은, 예수 그리스도, 기록된 말씀이 가장 잘 해석되어진 말씀"(The living word, Jesus Christ, is the One through whom the written word of Scripture is best interpreted)라고 했다. 이 말은 성경 해석 방법이 아니라 성경 해석의 옳고 그름을 판별하는 시금석이라고 볼 수 있다.

를 찾으려고 했다. 그러나 칼빈은 이들의 견해를 반박하면서 성경의 진정한 의미는 단순하고 자연스러운 의미라고 말했다. 칼빈의 말을 들어보자.

> 저들은 말하기를 성경은 비옥하다. 그래서 성경은 많은 의미를 지니고 있다고 한다. 나는 성경이 모든 지혜의 근원이며, 지극히 풍성하여 다함이 없는 것으로 안다. 그러나 나는 성경의 풍부함이 아무나 제 마음대로 연출해 내도 괜찮은 해석상 다양함을 허용하는 것으로는 결코 생각지 않는다. 우리는 성경의 참뜻은 단순 소박한 것(verum sensum scripturae, qui germanus est et simplex)임을 알아야한다. 그리고 단순 소박한 의미를 받아들여 그것을 굳게 지키도록 해야 한다. 우리는 문자적인 의미(a literal sensu)에서 멀어지게 하는 그런 허구적인 해서 같은 것은 다만 의심스럽기 때문에 그것을 취하지 않을 뿐만 아니라 그것은 위험한 퇴폐물이기 때문에 대담하게 배척하지 않으면 안 된다.[220]

여기서 우리는 성경의 자연스럽고 단순한 의미는 문자적인 의미라는 것을 알 수 있다. 성경은 다양한 문학적인 장르를 가지고 있기 때문에 다양한 해석이 가능할지라도 성경의 진정한 의미는 자연스럽고 분명하다(verum sensum scripturae, qui germanus est et simplex)고 칼빈은 말했다.[221] 여기서 중요한 말은 성경의 진실된 의미(true meaning of

220. 존 칼빈, 「성경주석」, Vol. 19(서울: 성서원, 1999), 609.

221. Galatians 4:22: "Scripture, they say, is fertile and thus multiple meanings. I acknowledge that Scripture is the most rich and inexhaustible fount of all wisdom. but I deny that its fertility consists in the various meanings which anyone may fasten to it as his pleasure. Let us know, then, that the true meaning of Scripture is the natural and simple one(verum sensum scripturae, qui germanus est et simplex), and let us embrace and hold it resolutely. Let us not merely neglect as doubtful, but boldly set aside as deadly corruption, those pretended expositions which lead us away from the literal sense(a literali sensu)"(Calvin's New Testament Commentaries, Vol. 11, Trans. T.H.L. Parker, Editors, David W. Torrance

Scripture)는 복잡한 것이 아니라 자연스럽고 분명하다는 것(natrual and obvious meaning)이다. 예를 들면 칼빈은 '애통하는 자는 복 있다'(마 5:4)의 산상수훈 설교에서 이 말의 자연스럽고 분명한 의미를 다음과 같이 드러냈다.

그런데 사실상 울려는 사람들은 많이 있을 수가 있습니다. 그러나 이들의 눈물이 야수의 표호와 같거나 또는 황소가 울부짖을 때 두들겨 맞거나 암소가 비명을 내지를 때 등과 같은 여러 종류의 눈물이라면 이것은 무엇입니까? 내가 언급했던 바와 같이 그들은 표효할 뿐입니다. 따라서 우리는 하나님께 눈물을 흘리는 법을 배웁시다. 우리의 눈물이 상달되어야할 곳이 바로 거기이기 때문입니다. 우리가 그렇게 할 때 우리는 다윗이 말한 말씀을 느끼게 될 것입니다. '주여, 당신은 병에다 나의 눈물을 담으셨나이다' 우리가 고귀한 향수, 또는 큰 댓가를 치룬 어떠한 향유 한 방울과 같은 눈물을 흘릴 때 하나님은 우리의 눈물을 간직해두신다고 다윗을 말하고 있습니다. 눈물은 땅에 떨어지거나 아니면 우리가 손으로 눈물을 닦아내는 것이 사실입니다. 그러나 하나님 앞에서 울 때 그것은 분명히 한 방울도 상실되지 않을 것이며 오히려 하나님은 전부 다 조심스럽게 간직하실 것입니다. 여기서 언급되고 있는 이 말씀은 우리에게 이와 같은 위로를 받도록 인도하고 있습니다.

아! 얼마나 쉽고 그리고 감동적인 해석인가? 우리는 이렇게 성경을 해석해야 한다. 그렇다. 성경의 의미는 복잡하거나 현학적인 것이 아니라 성경의 진정한 의미는 단순하고 자연스럽다는 사실을 우리는 깊이 받아들여야 할 뿐만 아니라 이렇게 성경의 의미를 쉽게 그리고 자연스

and Thomas F. Torrance(Michigan: Grand Rapids, Eerdmans Publishing Company, 1996), 85.

럽게 드러내는 해석방법이 좋은 성경해석 방법이라는 사실도 깊이 마음에 받아들여야 할 것이다.[222]

명료한 간결성(Perspicua Brevitas)과 영적인 의미

칼빈에 있어서 문자적인 의미란 잣구적인 의미라기보다는 영적이고 자연스럽고 명료한 의미이다. 문자적인 의미는 사전적(lexical), 문법적(grammatical), 구문론적(syntatical), 역사적(historical), 상황적(circumstancial/circumstantiae)인 언어의 의미를 포함한다.[223] 영적인 의미란 성경의 영해가 아니라 하나님께서 성령님을 통해서 우리에게 가르쳐 준 단순하고 간결한 의미이기 때문에 칼빈에게 있어서 명료한 간결성(perspicaua brevitas)란 영적인 의미이며 문자적인 의미다. 영적인 의미와 간결하고 자연스러운 의미는 문자적인 형태로 오기 때문이다.[224]

명료한 간결성(Perspicua Brevitas)과 성령의 내적조명

칼빈에게 있어서 저자의 의도는 단순히 기록한 사람의 의도라기보다는 성경을 기록케 하신 성령님의 의도를 말한다.[225] 성령님은 해석자에게 성경 저자의 의도를 가르쳐준다. 저자의 의도를 알기 위해서는 성경의 장르와 문맥을 이해야한다.[226] 그래서 어떤 본문에 대하여 해석자

222. 「칼빈과 설교」, 박건택 편저, 204-205.
223. Ad Ltteram, 107. 저자의 의도와 텍스트의 의미가 일치하지 않을 때 상황(circumstantiae)을 생각해야 한다. 상황을 알기 위해서는 누가, 무엇을, 어디서, 누구의 도움으로, 어떻게, 왜, 언제 행했는가를 질문해야 한다. (Kathy Eden, Hermeneutics and Rhetorical Tradition) 88.
224. "The letter is 'spiritual' and that the spirit comes in the form of the letter" (AD Litteram, 149)
225. 성경은 이중저자(The dual authorship of Scripture)를 가지고 있다. 성경은 하나님의 말씀이다. 하나님이 선지자와 사도들을 성령님의 감동을 통해서 기록케 하셨기 때문이다. 칼빈은 선지자와 사도는 하나님의(illorumora os unius Dei esse]CC I Peter. 1:25/ CO 55. 230) 입 혹은 성령의 기관(딤후 3:16/ spiritus sancto organa, CO, 47, 125)이라고 했다.
226. Osbome, Trinity Journal 4/2(1983), 24. J. Barton도 이렇게 주장한다. "어떤 본문이든지 그

가 가지고 있는 총괄적인 인식은 그가 계속해서 이해해야할 내용의 본질적인 요소가 된다.[227] 그렇다면 성령의 조명과 성경의 자연스럽고 명료한 의미와는 어떤 관계에 있는가?

크리소스톰의 강해설교를 위한 서문에서 칼빈은 성령의 내적조명의 불가피성을 고백적으로 말하고 있다. "분명하게 말하지만, 우리가 성령을 떠나서는 하나님의 지혜를 알 수 있게 하는 빛이 우리 마음에 한 줌도 없기 때문에 성령이 성경 해석의 가장 좋은 해석자요 안내자이라는 것을 믿는 것이 나의 신념이다."[228] 진정 성령은 우리의 내적 선생(the Holy Spirit as our inner teacher)으로서 성경의 진정한 의미를 이해할 수 있도록 우리의 마음을 조명(illumine)하고 가르친다. "말씀은 하나님께서 성령의 빛을 주시는 도구라는 것을 알고 있다."[229] 하나님은 성령을 통해서 성경에서 말씀한다(God speaks to us through the Holy Spirit in Scripture). 그렇다고 해서 loci와 scopus의 관계를 살피는 것이 필요 없다는 말은 아니다(Yet, Calvin says that it does not necessarily mean that we don′t need the investigation of the loci and its relation to scopus because God gave us aids which enable us to investigate Scripture).[230]

「기독교 강요」에서도 칼빈은 성경의 진정한 의미를 파악하는데 있어서 성령의 내적 조명과 가르침이 절대적으로 필요함을 고백적으로 역설한다. "나는 성령이 이런 말씀을 하는 목적을 주목하지 않는다면 우

본문을 이해하려면 적어도 그 본문의 장르를 어느 정도나마 인식하지 않고는 불가능하다고 아무리 말해도 결코 지나치지 않다" (Reading the OT, 16).

227. E .D. Hirisch, Validity in interpretation, 74, 76.

228. John Calvin: Preface of the Homilies of Chrisotom, The Hartford Quarterly(winter, 1965), 20. to be sure, it is my conviction that the Spirit of God is not only the best, but even the only guide, since apart from Him there is not even a spark of light in our minds to enable to grasp heavenly wisdom itself." 위의 번역은 저자의 것임.

229. "The Word is the instrument by which the illumination of the Spirit dispensed"(1.9.3).

230. "Praface to the Homilies of Chrysotom," 20. According to Werner Schultz, Luther has two foci for interpreting Scripture: i)grammatical historical understanding of the text, ii) encounter of sola gratia, the living Christ(The Problem of Hermeneutics in Current Continental Philosophy and theology, Lutheran World, V.4, No.1. (June, 1959)

리는 결코 그 진정한 뜻을 이해하지 못할 것이라고 대답한다."[231] L. Floor는 성령이 우리에게 이해를 주고 성경을 올바로 깨닫도록 가르친다고 했다(the Holy Spirit gives us understanding. He teaches us how to interpret Scripture).[232]

고백적으로 칼빈은 성경의 의미를 올바르게 해석하기 위해서는 성령님의 내적조명의 필연성을 다음과 같이 말한다. "성령님은 성경 해석에 있어서 가장 좋은 해석자요 유일한 안내자라는 것이 나의 신념이다."[233] 뿐만 아니라 성령조명의 절대성은 제네바 성경을 강해하고 읽기 전 드리는 예배에서도 볼 수 있다. 제네바 교회에서 예배를 드리는 자들은 성경을 강해하고 읽기 전에 하나님께 성령의 내적조명과 가르침을 통해서 성경을 올바로 이해할 수 있도록 간절히 기도했다.[234]

성령님은 말씀, 언어, 텍스트, 설교를 통해서 역사한다(The Holy Spirit works through the means of the word, language, text, preaching and

231. Resondo, no as verma eorum intelligentiam nunquam accessuros nisi oculos in scopum convertamus quo sua verba Spiritus dirigit(Inst., 3.18.6. I answer, that we shall never attain to the true knowledge of these passage unless we attend to the scope of the Spirit in uttering them."

232. L. Floor, "The hermeneutics of Calvin"(16), Vol. 6. Calvin and hermeneutics, ed. Richard C. Gamble(New York: Garland Publishing, INC., 1992), 188-189.

233. "To be sure, it is my conviction that the Spirit of God is not only the best, but even the only guide, since apart from Him there is not even spark of light in our minds to enable us to grasp heavenly wisdom, while the moment he has shone forth His beams into our minds they are adequately, may amply, furnished and prepared to attain wisdom itself"(The Hartford Quarterly, Vol.5, No.2, Winter, 1965, 20/ CR IX:831-38).

234. "The minister would begin once again to pray, in order to beg of God the grace of his Holy spirit to the glory of his name and the edification of the Church: and that it may be received in such humility and obedience as belong to it." John Calvin, "La Forme des prieres et chantz ecclesiatiques, avec la maniere d"administrer les Scramens, et consacrer le mariage: selon la coustume de l"Eglise ancienne. 1542, "OS 2:20 "... puis le ministre commence derechef a prier, pour demander a Dieu la grace de son sanict Espirit: afin, que sa parolle soit fidelement exposee a l"honneur de son Nom, et a l"eddification de L'Eglise:et qu' elle soit receue en telle humilite et obeisance, qu' elle appartient." Translation adapted from John Calvin, "forms of prayer for the Church, "Tracts and Treatises, vol.2. Translated by Herny Beveridge, historical notes by T.F. Torrance(Grand Rapids: Wm. B. Eerdmans Publishing Comany, 1958), 101

also we should be a man of prayer). 그래서 성경을 올바르게 해석하기 위해서는 우리는 기도의 사람이 되어야한다. 진정 하나님 말씀 앞에 겸손한 사람이 되어야 한다. 겸손한 사람은 자신의 전적 부패성을 깊이 깨닫는 자이다(In deed, Only sinful man discover in the words of the scripture the true meaning of the Spirit).[235] 그래서 칼빈에게 있어서 말씀과 성령님의 관계성은 불가분의 관계이다.[236]

성령님과 성경해석은 서로 불가분의 관계를 가지고 있다. 칼빈에 의하면 성령의 조명이 없이는 올바로 성경을 해석할 수 없기 때문이다. 칼빈은 "문자 자체의 말씀은 성령의 조명이 없이는 아무런 효과도 유익도 줄 수 없다"(the bare word has no effect or profit without the illumination of the Holy Spirit).[237] 계속해서 칼빈은 "성령 없이는 말씀은 죽은 문자이다. 말씀이 없이는 성령은 환상처럼 떠다닌다"(Without Spirit, the word is a dead letter; without the Word, the Spirit flutters as an illusion)고 말했다.[238]

성령님은 성경의 저자를 감동시켜서 성경을 기록하게 하셨다. 동일한 성령님은 오늘날에도 우리를 조명하사 하나님의 말씀의 자연스럽

235. Kenneth S. Kantzer, "Calvin and The Holy Scriputes," Walvood, John F. ed. Inspiration and Interpretation(Michigan: Grand Rapids, Eerdmans, 1957), 152.

236. 4.8.13. Cf. 1.9.3. "For by a kind of mutual bond(mutuo nexu) the Lord has joined together the certainty of his Word and of his Spirit so that the perfect religion of the Word may abide in our minds when the Spirit, who causes us to contemplate God's face, shines; and that we in turn may embrace the Spirit with no fear of being deceived when we recognize him in his own image, namely, in the Word." See also: John Hesselink, "Governed and Guided by the Spirit--A Key Issue in Calvin's Doctrine of the Holy Spirit," in Calvin Studies, Vol. V. Presented at a Colloquium on Calvin Studies at Davidson college and Davidson College Presbyterian Church, Davidson, North Carolina, ed. John H. Leith, January 19-20, 1990. (For Calvin, the relation between word and spirit is inseparable: "the Spirit wills to be conjoined(coniuntus) with God's Word by an indissoluble bond(individuo nexu).... we are expect nothing more from his[Christ's] Spirit than he will illumine our minds to perceive the truth of his teaching)."

237. Institution of 1541, Vol.II, 29.

238. Imbart de la Tour, Calvin et l'Institution Chretienne, p.61f; J. Chartrou -Charbonnel, La Reforme et les Guerres de Relgion (Paris, 1948), 85.

고 분명한 의미를 깨닫게 한다. 성령님은 하나님의 말씀을 우리 마음에 확신케 한다.[239] 성령님의 검으로서 말씀(μακαιραν του πνευματος Ο εστιν ρεμα θεου)은 말씀과 성령님의 관계를 잘 보여주고 있다. "성령의 검 곧 하나님의 말씀을 가지라"(The sword of the Spirit, which is the word of God, 엡 6:17)에서 논리적으로 보면 말씀은 검이다. 그렇다면 말씀이 검으로서 역할을 하려면 성령님의 역사가 있어야 한다. 성령님의 역사가 없으면 말씀은 검은 검이로되 쓸모가 없는 검이 되는 것이다. 말씀의 칼을 날카롭게 가는 작업을 하는 것이 성령님의 역사이다. 그래서 말씀과 성령님은 불가분의 관계에 있다. 바로 이 때문에 세상의 해석학이 아무리 좋고 깊더라도 하나님의 말씀을 해석하는 데는 부적절하다. 다만 세상 학문이 성령님에 의해서 세례를 받는다면 성경을 해석하는 데 도움이 된다.

요약하면 성경해석에 있어서 성령의 내적인 조명은 필수적이다. 이미 말한 대로 성령은 성경해석 원리이기 때문이다. 칼빈은 누가복음 24:44-45(또 이르시되 내가 너희와 함께 있을 때에 너희에게 말한바 곧 모세의 율법과 선지자의 글과 시편에 나를 가리켜 기록된 모든 것이 이루어져야 하리라 한 말을 이것이라 하시고 이에 저희 마음을 열어 성경을 깨닫게 하시고)의 주석에서 성경을 깨닫게 하는 것은 예수 그리스도의 영, 즉 성령님의 내적인 조명 혹은 가르침을 받아야 성경을 깨달을 수 있다고 했다. 우리의 마음을 여는 것도 성령님의 역사요, 성경 말씀을 깨닫게 하는 것도 성령님의 역사이다. 성령님은 우리 안에 내주하고 계시며 그 성령님이 성경을 우리에게 가르쳐 주시고, 주님께서 성경에서 가르치신 것을 생각나게 하신다(요 14:26). 성령님은 진리(το πνε υμα εστιν η αλητθεια)이시기 때문에 성경을 진리로 가르쳐 주신다(

239. CC, Vol.20, 141.

요일 5:6). "하나님의 말씀은 성령의 내적 증거에 의하여 인쳐지기 전에는 인간들의 마음속에 받아들여질 수 없기 때문이다. 그러므로 하나님으로부터 받은 명령을 충실히 선포했다는 것을 우리가 납득할 수 있으려면 선지자들의 입을 통하여 말씀하신 것 같은 성령이 우리의 마음속에 스며들어야 한다."[240] 성령의 내적 조명을 통해서 우리는 성경의 자연스럽고 분명한 의미를 발견할 수 있다. 칼빈에 있어서 성경의 간결한 명료성(perspicaua brevitas)은 문자적, 영적, 자연스럽고 분명한 의미로 서로 바꿔 사용할 수 있는 말이다. 따라서 좋은 성경해석 방법은 단순히 본문을 분석하는 것이 아니라 성경의 자연스럽고 분명한 문자적인 의미를 드러내는 것이다.

신학적 적합성(theological relevancy)

칼빈이 저자의 의도를 성경의 해석목표로 삼은 것은 당시의 시대적인 영향도 있었지만 궁극적으로는 성경을 연구하고 가르치고 설교하는 가운데 성경에서 발견한 원리라고 할 수 있다. 성경은 인간의 저자와 언어로 쓰여져 있지만 원저자는 하나님이시고 성령님의 감동을 받아서 기록된 하나님의 절대무오한 말씀이기 때문에 세상적인 문서와는 질적으로 다르다는 것을 누구보다도 심각하게 생각하고 그렇게 믿었던 사람이 칼빈이다. 그래서 성경을 세상의 문서와 똑같이 해석할 수 없다. "하나님이 당신의 입을 다물 때에 우리는 또한 우리의 생각을 더 이상 진전시키지 말자"라고 칼빈은 말했다.[241]

그럼에도 불구하고 오늘을 사는 많은 사람들은 저자의 의도의 진정성을 어떻게 담보할 수 있는가라는 질문을 제기한다. 성경 텍스트의 의

240. 존 칼빈, 「영한 기독교강요」, 제 I 권(성문출판사, 1993), I.7.4.
241. CC, Rom. 9:14. 존 칼빈, 「영한 기독교강요」, 제 I 권(성문출판사, 1993), I.7.4.

미는 시대의 상황에 따라서 달라질 수 있기 때문이라고 말한다. 그래서 텍스트의 실존적인 의미를 강조한다. 그러나 텍스트의 실존적인 의미를 강조하면 텍스트의 의미가 저자의 의도보다는 실존이 저자의 의도를 결정하게 됨으로써 저자의 의도를 무시하게 된다. 뿐만 아니라 텍스트의 의미와 적용의 의미는 다르다고 볼 수 있다. 가령 양의 문자적인 의미는 양이지 염소가 아니다. 그럼에도 불구하고 양의 의미는 시대적인 상황에 따라서 다르게 적용할 수 있기 때문이다. 그렇다면 어떻게 저자의 의도의 진정성을 보장할 수 있는가? 인간의 이론인가? 아니면 성경의 자증성인가? 성경의 자증성이다. 인간의 한계성을 가진 어떤 이론도 성경 저자의 의도의 진정성을 보장할 수 없다. 성경만이 자신의 진정성을 보장한다.

칼빈은 성경해석에서 모든 성경을 천편일률적으로 해석한 것이 아니라 장르를 중요시 했다. 가령 예를 들면 비유해석, 십계명해석을 들 수 있다.

6장 성경해석의 실재

비유해석

성경에는 여러 문학의 장르가 있다. 역사, 시, 이야기, 편지, 비유 등이다. 그렇다고 해서 이런 장르가 문학, 시, 역사를 이야기하기 위해서 사용된 것은 아니다. 구약에 메시아로 예언된 예수 그리스도를 통해 이루어지는 하나님의 구속의 경륜과 역사를 인간이 잘 이해하고 받아들일 수 있도록 설명하고 보여주기 위해서 하나님이 당신의 예정과 섭리 가운데 여러 문학의 장르를 통해서 하나님의 창조와 구속 역사를 계시하신 것이다.

성경에 기록된 여러 가지 장르 중에서 예수 그리스도가 가르치는 방법 중에 가장 중요한 장르 중의 하나가 비유이다. 복음서에 등장하는 비유의 수는 상당히 많으며 공관복음서에서 발견되는 예수님의 교훈 중의 삼분의 일이 비유로 추정된다.[242] 이것은 무엇을 말해주는가? 예수 그리스도의 가르침 중에서 비유를 통한 가르침의 중요성을 말해주지 않는가? 그렇다. 많은 학자들이 비유의 이해와 해석에 관심을 갖고 연구한 것은 사실이다.

그럼에도 불구하고 종교개혁시대에 탁월한 성경해석자요, 신학자요, 목회자로 인정받는 칼빈의 비유해석에 대한 연구는 대단히 적은 편

242. 로버트 H. 스타인, 오광만 옮김, 「비유해석학」(도서출판 엠마오, 1993), 15. "No less than 35% of our Lord's teaching is in parable. The amounts of parabolic teaching, vis-a-vis straight teaching, in the four Gospel sources are these: Mk:16%; Q:29%; M:43%; L:52%"(A.M. Hunter, Interpreting the Parables: I. the Interpreter and the Parables, Interpretation[Jan., 60]:14:70).

이다. 성경은 비유를 사용하여 교훈을 가르치고 있지만 집중적으로 비유로 가르치는 성경은 공관복음서이다. 따라서 본 장에서는 주로 공관복음서의 비유를 중심으로 칼빈의 비유에 대한 이해와 해석의 실재를 살펴보고자 한다.

사전적인 의미

영어사전 혹은 백과사전에서 내린 비유의 정의는 대체적으로 "어떤 진리나 도덕적인 교훈을 전할 목적으로 사용되는 짤막한 우화(allegorical story)"나 "도덕적, 영적 진리를 밝히기 위해 일상생활의 사건들, 혹은 사실들을 사용한 간단한 이야기"로 정의한다. 이 정의에서 보여 지는 특성을 보면 도덕적 영적인 교훈을 전달하기 위해서 일상생활의 사건이나 사실을 사용한다는 점이다. 그럼에도 불구하고 비유를 통해서 도덕적인 교훈이나 영적인 진리를 전달하기 위한 수단으로서 비유를 정의하는 것은 비유의 전부를 말한 것이 아니라 일부분을 말하는 것에 불과하다.

희랍적인 의미

비유라는 말은 헬라어로 파라볼레(παραβολη)이다. 구약이 히브리어로 신약은 헬라어로 쓰여졌다는 사실만으로도 신약 성경의 비유를 이해하는 데 있어서 두 가지 점을 다 고려해야 함을 알 수 있다. 그렇지만 신약 성경은 히브리 사상과 헬라적인 사상의 영향을 받았다.

희랍사상에 있어서 비유(파라볼레)라는 말은 비교(comparison), 예증(illustration), 유비(analogy)라는 의미로 쓰였다. 따라서 희랍사상에서는 비유(파라볼레)라는 말은 비교, 예증, 유비라는 말로 이해되어졌음을 알 수 있다. 예수님이 살았을 당시에 예수님의 모국어는 희랍어가 아니라 아람어였다(마 6:24; 12:27; 13:33; 5:22; 10:25; 16:17; 막 9:47;

15:34; 3:17; 5:41; 14:36; 요 1:42). 그럼에도 불구하고 학자들에 의하면 예수님이 희랍어를 읽고 쓰셨음에 대한 개연성을 말하고 있다(막 7:24-30, 31f; 15:f). 그래서 비유(파라볼레)가 무슨 의미를 가졌는지 알기 위해서는 예수님이 사용하셨던 비유(파라볼레)라는 말이 히브리어와 아람어에서 어떤 의미를 갖고 있는가를 살펴보는 것이 중요하다. 비유(파라볼레)라는 말은 히브리어로는 마샬(מָשָׁל)이며 아람어로는 마슬라(malthla)라는 말이다. 주전 2-3세기경에 히브리어로 된 구약성경은 헬라어로 번역되었다. 이 성경이 70인 성경 혹은 셉투젠트(Septuagint/LXX)이다. 이 성경에서 히브리어 마샬이라는 단어가 헬라어 파라볼레로 번역되었다. 따라서, 비유(파라볼레)의 의미를 살펴보기 위해서는 마샬이라는 단어를 생각해 봐야 한다.

구약에서 마샬(מָשָׁל)의 의미

구약에서 마샬이라는 단어는 '~과 같다'(to be like)는 동사에서 유래되었다. 선지자 에스겔이 말한 "무릇 속담하는 자가 네게 대하여 속담하기(יִמְשֹׁל)를 어미가 어떠하면 딸도 그렇다 하리라"(16:44)에서나 사무엘상 10:12에서 "그곳의 어떤 사람은 말하여 이르되 그들의 아비가 누구냐 한지라 그러므로 속담(לְמָשָׁל)이 되어 가로되 사울도 선지자들 중에 있느냐 하더라", "내가 입을 열고 비유(מָשָׁל)를 베풀어서 옛 비밀한 말을 발표하리니"(시 78:2). 이와 같이 구약에서 마샬의 의미는 속담(proverb/잠언)의 의미로 사용된다. 또한 마샬은 웃음거리 말(byword), 풍자(satire), 비웃음(taunt) 조소의 말(word of derision)을 언급하기도 한다.[243]

243. 로버트 H. 스타인, 「비유해석학」, 18. 로버트 스타인에 의하면 비유란 "천상적인 의미를 지닌 세상의 이야기"(an earthly story with a heavenly meaning)라고 주일학교에서 가르침을 받았다고 했다. 이 비유에 대한 정의가 완전한 것이 아닐지라도 이해의 인식이 완숙하지 못한 어린아이들에게 가르쳐진 점에서 본다면 상당한 의미가 있다고 생각한다. 비유

신약에서 비유의 의미

신약성경에서 사용된 비유(파라볼레)라는 용어의 의미는 속담(잠언/proverb)이라는 의미로 쓰이기도 한다. "예수께서 저희에게 이르시되 너희가 반드시 '의원아 너를 고치라' 하는 속담(παραβολη)을 인증하여 내가 말하기를…"(눅 4:23) 뿐만 아니라, 파라볼레는 비유적 말(figurative saying) 혹은 은유적인 비유(metaphor)를 의미하기도 한다. 은유와 직유는 서로 다르지만 그 차이는 극소이다. 은유는 두 상이한 사이의 은근한 비교(implicit comparison)를 말하는 반면 직유(simile)는 ~처럼(like), ~같이(as), 마치 ~인 것처럼(as if), ~보이다(seems)와 같은 언어를 사용하여 직접적인 비교(explicit comparison)를 말한다. 비유적인 말이란 이와 같은 것의 확장(expansion)을 의미한다. 예를 들면, "우리는 다 양 같아서 그릇 행하여 각기 제 갈 길로 갔거늘 여호와께서는 우리 무리의 죄악을 그에게 담당시키셨도다"(사 53:6/All we like sheep have gone astray)에서 우리는 다 양 "같아서"라는 말은 직유(simile)이다. 그러나 "바리새인들의 누룩을 조심하라"(마 16:6)에서 "누룩"은 은유이다.

아리스토텔레스는 그의 「수사학」(Rhetoric) 2권 20장 2항에서 직유와 은유의 차이점이 거의 없음을 다음과 같이 말한다.

직유도 은유라고 할 수 있다. 왜냐하면, 이 둘 사이의 차이란 극소이기 때문이다. 만약 시인이 아킬레스(Achilles)에 대해 말하기를, "그는 사자처럼 질주했다"고 했다면 이는 직유이지만, 만약 그가 "사자", 그가 질주하였다고 했다면 이는 은유가 된다. 직유나 은유로 표현된 것 모두가 용감하다는 것을 강조하고 있기 때문에 시인은 아킬레스

란 세상의 이야기를 통해서 천상적인 의미를 보여주는 특성을 갖고 있다는 사실을 말해준다.

(Achilles)를 그 의미가 내포된 사자라고 부른다(Loeb).[244]

따라서, 비유에 있어서 직유와 은유는 한 가지 점을 비교함에 있어서 직유는 직접 비교하며 은유는 은근히 비교한다는 점에서 서로 다른 차이점이 있다. 비유에 있어서 직유가 명백한 비교의 차원을 넘어서 그림(picture)의 차원으로 발전할 때 우리는 이를 유사 비유(similitude)라 하며, 그림의 차원에서 이야기 차원으로 발전될 경우 이를 우리는 이야기식 비유(story-parable)라 한다. A.M. Hunter는 이야기식 비유와 유사 비유의 차이를 말하면서 유사 비유란 서로 유사한 진리나 과정을 기초로 하는 반면 이야기식 비유는 사람들이 지금 무엇을 하고 있는가를 말하는 것이 아니라 과거에 한 사람이 무엇을 하였는가에 즉 과거 사건에 기초하고 있다고 했다.[245] 예를 들면 잃은 양의 비유는 유사 비유이지만 탕자의 비유는 이야기식 비유이다.

비유(parable)와 풍유(allegory)

비유와 풍유는 하나의 문학의 장르라는 점에 있어서는 비슷하다. 비유는 대체로 보다 길어진 직유의 한 형식이지만 풍유는 보다 길어진 은유의 한 형식이라고 마이클슨은 말했다. 그리고 비유와 은유의 특징을

244. Robert W. Funk Language, Hermeneutic, and Word of God(Harper & Row, 1960), 137. 펑크에 의하면 직유는 단순히 예증적인 것인 반면에 은유는 의미의 창조, 즉 의미가 발견되어지는 수단이라고 한다. 아리스토텔레스는 비유에서 직유와 은유는 극소의 차이가 있다 했다. 그러나 직유와 은유는 서로 다른 의미를 갖고 있다. 예를 들면, "나는 선한 목자다"(요 10:11)라는 문장과 "나는 선한 목자와 같다"에서 전자는 확장된 은유(*παροιμια*/extended metaphor or metaphorical saying)이며 후자는 직유이다. 전자나 후자에 있어서 "나"는 예수님을 가리킨다. 그렇다면 예수님은 선한 목자이시다라는 말과 예수님은 선한 목자와 같다라는 말은 전혀 다른 의미를 가지고 있다. 예수님이 선한 목자라는 말은 요한복음에서 보면 양을 위해서 자기 생명을 직접 버리신 유일하신 분이라는 말이다. 그러나 선한 목자와 같다는 말에서는 유일하신 선한 목자라기보다는 그럴 수 있는(다른 사람의 생명을 구하기 위해서 자기 목숨을 버리는 사람) 한 사람으로 간주되기 때문이다. 직유는 예증적이지만 은유는 새로운 의미를 창조하게 된다.

245. A.M. Hunter, "I. The Interpreter and the Parables," Interpretation(Jan., 60), 14:72.

다음과 같이 말한다.[246]

은유	비유
하나의 주동사	복수의 주동사와 시제의 혼합
직접적 비교	직접적 비교
비유적으로 사용된 말들	비유적으로 사용된 말
	복수의 비교점들
	보통 시간과 상관없는 진리 강조
	지시된 특수한 사물과 동일시된 심상
	기사가 특수한 진리를 가르칠 수 있도록 사실적 경험과 비사실적 경험을 혼합시킨 이야기
	심상이 왜 실재와 동일시되는지 그리고 어떤 특수한 진리가 가르쳐지고 있는지를 보여줌으로 설명

비유와 은유는 서로 다른 특징을 가지고 있을 뿐만 아니라 그 용도에 있어서도 서로 다른 의미를 가지고 있다. 비유는 인간의 일상생활에 기초해 있고 단 하나의 의도를 가지고 있지만 풍유는 각 단어에 의미를 부여한다. 존 번연의 「천로역정」이 그 일례이다. 번연은 여러 가지 종류의 풍유를 사용하여 거룩한 순례자의 여정을 실감 있게 이야기식으로 묘사한다.

칼빈에 있어서의 비유의 목적

예수님께서 비유라는 문학의 장르를 사용하셔서 무리들과 바리새인 서기관들에게 천국에 대한 교훈을 주셨다. 문제는 성경에 여러 가지 문학의 장르가 있는데 왜 비유를 사용하여 천국에 대해서 가르치셨는가? 여기에 비유 사용에 대한 중요한 독창성이 있다. 칼빈에 의하면 비유는 다음과 같은 목적을 가지고 있다.

246. A. 버클리 마이켈슨, 「성경해석학」, 김인환 옮김 (크리스찬 다이제스트, 1995), 301-2.

감추인 것을 드러냄

예수님은 비밀스러운 하나님의 나라를 비유를 통해서 보여준다. 뿐만 아니라 하나님의 나라에 대한 진리의 말씀을 유기된 자를 위해서는 숨기는 역할도 한다.[247] 마태복음 13:34-35에서 마태는 예수께서는 하나님의 나라에 대해서 비유로 말씀하시고 비유가 아니면 말씀하시지 않으셨다고 했다. 그 목적이 무엇인가? 마태의 말을 들어보자: "예수께서 이 모든 것을 무리에게 비유(譬喩)로 말씀하시고 비유가 아니면 아무 것도 말씀하지 아니하셨으니 이는 선지자로 말씀하신 바 내가 입을 열어 비유로 말하고 창세부터 감추인 것들을 드러내리라(ερευξομαι κεκρυμμενα απο καταβολης κοσμου)함을 이루려 하심이라"(마 13:34-35). 마태는 시편 78:2절 말씀을 인용하여 예수님께서 비유를 말씀하신 목적을 말하고 있다. 시편 78:2-3 말씀은 다음과 같다. "내가 입을 열고 비유를 베풀어서 옛 비밀한 말을 발표하리니" 에서 비유라는 말은 히브리어 마샬(משׁל)이다. 시편기자에 의하면 마샬을 사용하여 감추어진 옛 비밀을 선포한다(I will open my mouth in parables, I will utter things hidden from of old)는 말이다. 구약에서나 신약에서 비유란 창세때부터 감추어진 것을 드러내는 목적을 가지고 있다. 따라서, 비유란 감추어진 것을 드러내는 특성을 가지고 있다. 여기서 감추인 것을 "드러낸다"는 말은 아주 중요한 의미를 가지고 있다. 다시 말하면, 말로 설명하기가 어려운 것을 비유를 통해서 보여준다고 말할 수 있다. 그래서 예수님은 비유를 통해서 하나님의 나라에 대해서 말씀하신 것이다. 비유가 아니고서 어떻게 말로 표현할 수 없는 하나님의 나라에 대해서 사실적으로 실감 있게 말할 수 있을 것인가? 참으로 놀라운 방법이다. 말

247. The use of allegories and figures "tend to show that Christ was treating of the hidden mysteries of God, and to prevent his doctrine from being despised."(CC, Vol. 16, 2nd volume, 129, Matthew 13:35).

로 표현할 수 없는 것을 보여주는 것이다. 따라서 비유(haec similitudo)는 거울과 같은 역할(quasi in speculo)을 한다.[248] 다시 말하면 비유는 독자가 자기 자신을 들여다 보도록 하는 특성을 가지고 있다. 그래서 예수님은 일상생활의 사건이나 이야기를 통해서 하나님 나라의 비밀을 보여 주셨다. 결국 말할 수 없는 것은 말할 수 있는 것을 통해서 말하거나 보여 줄 수밖에 없는 것이다. 예수님은 말로는 사실적으로 생동감 있게 설명하기 어려운 하나님의 사랑, 은혜, 심판, 보호하심, 인도하심, 통치, 주권, 부르심 등을 비유를 통하여 우리에게 보여주시고 말씀해 주셨다. 여기에 비유의 독창성이 있다.

마음의 깨우침(to awaken the heart of human being)

칼빈에 의하면 예수님이 비유를 사용하신 목적은 다음과 같다. 예수님이 비유를 사용한 주된 목적은 단순히 교훈을 주기 위해서라기보다는 독자를 "깨우치기" 위해서 사용한다.[249] 여기서 깨우친다는 말은 중요하다. 진리는 설명하기보다는 깨우치는 것이기 때문이다. 예수님은 독자로 하여금 진리의 말씀을 우리의 삶 속에서 깨달아 알도록 도전하고 깨우치고 주의를 집중시킨다.

비유는 알레고리처럼 직접적인 대화방법(a form of direct communication)이 아니라 간접적인 방법(a indirect form of communication)이다. 알레고리는 알레고리를 통해서 말하고자 하는 것(심볼)을 청중이 이미 알고 있는 것으로 전제하고 있다. 그러나 비유는 일상적인 것을 통해서 천상적인 것을 보여줌으로써 그것에 대한 새로운 통찰력을 갖게 해 준

248. "This parable presents to us, as in a mirror, a lively portrait of this sentiment, that men do not live by their abundance."(CC, Vol. 16, 2nd volume, 148 Luke 12:16. CO, 23, 385).
249. Jesus uses continuously parables "not so much for the purpose of instruction, as to keep the attention of his hearers awake tell a more convenient time."(CC, vol.16, 2nd volume, 128, Matthew 13:34)

다. 그렇게 함으로써 독자의 상상력에 충격을 주며 일상적인 비유를 통해서 보여준 것을 새롭게 보게(seeing something in a new way)한다. 즉 비유는 거울과 같은 역할을 한다. 비유는 단순히 지식을 전달하는 방법이 아니라 독자의 잠재력을 발동시켜서 비유에서 보여준 대로 살도록 도전한다. 즉 결단을 촉구한다. 따라서 비유 해석이란 청중이 비유를 해석하는 것이 아니라, 청중이 비유에 의해서 해석되어지는 것이다.[250]

제자들이 예수님께 왜 비유로 말씀하시는가에 대해서 질문을 했을 때, 예수님은 이사야의 예언이 이루어졌다고 말씀하시면서 비유로 말씀하신 것은 비유의 말씀을 깨닫는 자에겐 비유가 의미가 있지만 비유를 듣고도 깨닫지 못하면 그 의미가 은폐(to conceal)됨을 말씀하셨다(마 13:11-17). 비유를 이해하려면 들을 귀가 있어야 한다. "들을 귀"란 은유로서 육신적인 귀를 의미하지 않는다. 성령님의 조명과 감화에 의해서 들을 귀가 생겨야 한다는 말이다. 귀가 있다고 해서 모든 사람이 다 비유를 이해하는 것은 아니다. 들을 귀가 있어야 비유를 이해할 수 있다. 말씀을 간절히 듣고자 하는 심정이 있어야 한다. 그래서 예수님은 비유를 말씀하시고 늘 들을 귀가 있는 자는 들으라고 말씀하셨다.

"깨우치다"란 말은 희랍어로 수니에미(συνιημι)로서 "함께 모으다"(bring together)라는 말에서 왔다. 신약에서는 26번이 나오며 그중에 18번이 공관복음서에 나온다(마태복음 9번, 마가복음 5번, 누가복음 4번). 공관복음서에 있어서 수니에미는 은유적인 의미로 사용되며 동사로서는 "이해하다," 그리고 명사로서는 "영적인 통찰력"(spiritual insight)이라는 의미로서 하나님과 예수님의 메시지와 관련을 갖고 있다.[251] 예수님은 '들어도 깨닫지 못한다'에서 깨달음이라는 말은 마음으

250. Sallie McFague, Speaking in Parables(Philadelphia: Fortress Press, 1975), 77.
251. Exegetical Dictionary of the New Testament, Vol. 3, Hortst Balz and Gehard

로 깨달음을 의미한다(마13:15). 마태복음 13:15 '눈으로 보며, 귀로 들으며, 마음으로 이해한다'라는 문맥에서 깨달음의 의미를 보면 하나님 말씀의 이해는 머리로 하는 것이라기보다는 마음으로 해야 한다. '마음으로 이해한다'란 중요한 의미를 가지고 있다. 마음으로 이해한다는 것은 깊은 이해를 의미한다. 성 어거스틴은 자신의 「참회록」에서 자신은 로마의 서사시인 버질을 마음으로 이해했다고 고백했다. 칼빈도 그의 회심 후에 하나님의 말씀을 사랑하게 되었다고 고백했다. 깊은 이해란 사랑의 단계에 접어들어야 가능하다. 관계에서도 사랑의 관계성이 가장 깊은 관계성이기 때문이다.

필자는 아주 흥미 있는 이야기를 들었다. 성경을 잘 알고 신학도 공부한 사람이 말하는데 성경을 읽는데 재미가 없다고 고백했다고 한다. 과연 우리는 성경을 재미로 읽어야 하는가? 재미로 읽어야 할 것이 따로 있다. 만화책은 재미로 읽지만 성경은 재미로 읽는 것이 아니다. 사도 바울에 의하면 우리는 성경을 통해서 하나님을 배우며, 책망을 받으며, 책망 받은 것을 고치며, 의로운 생활을 훈련 받아 결국은 하나님의 사람(the man of God)이 되는 것이다. 하나님의 사람은 이 세상에서 선을 행하는 사람이 되어야 한다. 이러한 삶을 통해서 깨달음에 이르는 것이다(딤후 3:16-17). 따라서, "깨우침"이란 비유에 의해서 자신이 해석되어져서 자신이 누구인가를 알게 되고, 알게 된 그 말씀대로 살아가면서 얻어지는 깨달음이라고 볼 수 있다. 비유는 거울과 같이 우리 자신과 사회와 기독교 공동체를 들여다보게 한다.

사실성과 생동감

예수님의 비유는 사실에 기초해 있으며 청중에게 생동감을 준다. 말

Schneider(Michigan: William B. Eerdmans Publishing Company, 1993), 307.

로 표현할 수 없는 하나님의 나라를 정말로 사실적으로 생동감 있게 묘사해준다. 가령 얼굴이 예쁘다고 할 때 그냥 예쁘다하면 얼마나 예쁜지 감을 잡을 수 없다. 그러나 달처럼 예쁘다고 할 때 "예쁘다"는 말은 얼마나 사실적이고 생동감이 있는가? 마찬가지로 탕자의 이야기식 비유처럼 집을 나간 탕자가 회개하고 돌아오기를 기다리시는 한없는 하나님의 사랑을 이야기식 비유가 아니고서 어떻게 다른 방법으로 그렇게 사실적으로 생동감 있게 묘사할 수 있는가? 비유는 독자들이 지속적으로 하나님의 말씀에 정진하도록 자극하고 도전한다.[252] 뿐만 아니라 독자들에게 감동을 주기 위해서 비유를 사용한다. 비유는 직접적인 말씀보다 마음에 감동을 주는데 더욱 더 힘이 있고 효과적인 방법이다. 따라서 비유에서 예수님이 어떻게 무엇을 말하는가(regarder comment)를 아는 것은 비유해석에 아주 중요하다.[253]

비교로서 비유

히브리말로 비유라는 말은 'Meshalim(משל"מ)' 으로서 "비교하다"는 의미를 가지고 있다.[254] 그래서 비유 이해에 있어서 비교점이 무엇인가를 살펴보는 것이 비유해석에 있어서 중요하다.

비유의 해석사

비유의 해석사를 보면 초대 교회에서는 알렉산드리아 학파를 중심으로 해서 풍유적인 해석을 시도했으며 안디옥학파에서는 문법적 역

252. Jesus employ parables "to excite his people by continual spurs to make progress."(CC, Vol.16, 2nd volume, 409, Matthew 20:1).
253. "figurative discourse has greater energy and force than if it had been simple: by which meant, that it is not only fitted to produce a more powerful impression on the mind, but is also more clear. So highly important is the manner(regarder comment) in which any thing is said."(CC, Vol.16, 2nd volume, 102, Matthew 13:10.)
254. "Meshalim signifies "comparison" applied to "weighty sentences," because comparisons generally impart beauty and energy to a discourse"(CC, Vol.16, 2nd volume), 129.

사적인 해석방법을 시도했다. 전자는 비유에서 한 가지 의도를 말하려는 것이 아니라 각 말에 있는 여러 의미를 부각시켰으며 그 일례가 성 어거스틴의 선한 사마리아 사람 비유의 풍유적인 해석을 들 수 있다. 후자는 문자적인 의미를 선호했다. 크리소스톰은 마태복음 설교에서 비유는 각 단어에 의미를 부여하지 않고 비유의 주제를 파악하는 것이 중요하다고 했다.[255] 종교개혁에 이르러 루터와 칼빈은 성경의 풍유적인 해석에 반대해서 문자적인 의미를 주장하게 되었다. 칼빈은 루터보다 성경 해석에 일관성이 있으며 문자적인 해석에 더 충실했다. 다음에서 칼빈의 비유해석에 대해서 자세하게 다룬다.

근대에 와서 비유해석사에 하나의 획을 그은 신학자는 아돌프 율리허(Adolf Julicher), 다드(C. H. Dodd), 예레미아스(Joachim Jeremias)이다. 율리허는「예수 비유의 강설」(Die Gleichnisreden Jesu)에서 비유의 해석은 풍유적인 것이 아니라 비유란 단 하나의 비교점(a single point of comparison)을 가지고 있다고 했다. 에버하르트 융겔은 율리허의 비유해석에 대한 요점을 다음과 같이 요약한다.

> 1. 비유의 기본 양식은 비교화법이다. 2. 비교화법은 두 개념의 유사성에 구성된다. 3. 비유는 논리적 판단들로서 이해된 두 명제의 유사성에 의해 구성된다. 4. 이 명제들은 개념들의 관계들로서 이해된다. 5. 이 개념관계들은 비유의 구상부(具象部)와 내용부(內容部)로서 서로 구별된다. 6. 이 둘 사이에는 하나의 비교점(tertium comparationis)이 있는데, 이것은 두 명제 사이에서의 판단관계로서 구상부와 내용부 사이의

255. Nicene and Post-Nicene Fathers, First Series, Chrisostom Homilies on Gospel of Saint Mathew, Philip Schaff ed.(Hendrickson Publishers, 1994), 392, 394. Matt. 18:34, 35; Matt. 19:27(The saying is parable, wherefore neither it right to inquire curiously into all things in parables word by word, but when we have learnt the object for which it was composed, to reap this, and not to busy one's self about anything further).

유사성을 구성한다. 7. 이 유사성(ομοιον)은 동일성(ισον)의 근소치로 써 이해될 수 있다. 8. 비유는 증명수단으로 이해되면서 회의의 극복에 도움을 주며 동시에 이해력으로 이해력을 극복하는 바, 이때 우리는 분명히 판단 능력, 즉 논리적 판단들(명제들)을 형성하는 능력으로 이 이해력을 이해해야 한다. 9. 비유는 지식의 확대를 위해 이른바 인식 수단으로서 이용된다.[256]

융리허의 비유해석이 중요함에도 불구하고 비유의 의미를 구약 성경보다는 헬라적인 전통에서 보려고 한 점이 취약점이다. 뿐만 아니라 비유에 있어서 하나의 의미를 도덕적인 면에서 조명하려고 한 것은 올바르지 못하다.

다드와 예레미아스는 비유는 단순히 도덕적인 교훈을 주는 것이라기보다는 종말론적인 이해를 통해서 분명해질 수 있다고 했다. 예수 그리스도를 통해서 이루어지는 하나님의 나라에 대한 종말론적인 이해를 의미한다. 다드에 있어서 종말론적인 하나님의 나라란 현재적이고 미래적인 의미의 하나님의 나라가 아니다. 미래에 이루어질 하나님의 나라가 예수 그리스도의 공생애 사역을 통해서 이미 왔다는 것이다. 하나님의 나라의 전체(in its entirety)가 왔으며 그 나라는 현재적이라는 것이다. 다드는 하나님의 나라가 근접해 있을지라도 미래적인 사건으로 이해하고자 한 철저한 종말론이 아니라 현재에 실현된 종말론이라고 한다.[257] 다드가 미래에 완성될 종말론적인 하나님 나라의 도래가 이미 현재로 예수님의 사역에서 이루어졌음을 강조함으로서 미래적인 종말을 무시하는 것은 올바르지 않다. 예레미아스는 다드의 종말론적인

256. 에버하르트 융겔, 「바울과 예수」 (이화여자대학출판부, 1990), 147-48.
257. C.H. Dodd, The Parables of the Kingdom(New York: Charles Scribner's Sons, 1961), 35.

비유해석을 더 상세하게 발전시켰다.

다드와 예레미아스의 종말론적 비유해석은 비유의 삶의 자리(Sitz im Leben)를 찾는 것을 중요시하고 있다. 다시 말하면 비유가 말해진 삶의 정황, 즉 말해진 콘텍스트를 중요시 여겨야 한다는 것이다. 그것이 비유해석에 있어서 중요한 키가 된다는 것이다. 그럼에도 불구하고 해석이란 저자의 의도와 상황과의 대화가 있어야 한다. 해석이란 일방적인 것이 아니라 쌍방적이기 때문이다.[258]

비유해석에 있어서 언어적인 접근은 훅스(Ernst Fuchs)에 의해서 시작된다. 훅스는 비유해석에 있어서 종말론적인 해석이나 삶의 자리를 중요시하는 것을 부정하는 것이 아니라 언어적인 각도에서 비유해석을 시도한다. 언어를 통한 비유의 해석이라는 점에서 중요하다. 훅스는 자신의 책 「해석학」에서 비유들을 "신약성서에서 움직이는 언어활동들"로서 설명하며 예수의 선포를 명시하는 "언어사건"(sprachgeschen)으로 이해한다. 여기서 "언어사건"이라는 말은 언어를 통해서 일어난 사건이라는 말이다. 비유와 연계시켜 생각한다면 비유는 비유의 언어양식 즉 비유의 내용(content)과 형식(form)을 분리시키지 않고 이해되어져야 한다는 의미이다. 여기서 비유는 비유의 언어양식에 의해서 이해되어져야 한다는 말은 중요한 말이다. 가령 예수님의 비유를 통해서 말해진 하나님의 나라에 대한 이해는 하나님의 지배를 비유로서 화제에 올린다. 비유들 속에는 하나님의 나라 그 자체가 표현되어 있고 비록 감추어진 형태로 표현되어있기는 하지만 예수 그리스도 자신의 인격과 사명에 대해서 말하고 있다. 따라서, 예수님의 비유에 대한 청중의 응답은 하나님의 나라와 예수 자신에 대한 응답이다.

258. "the reader's understanding of others belong to somehow to one's own understanding, not only of the past but of oneself."(Kathy Eden, Hermeneutics and the Rhetorical tradition, New Haven: Yale University Press, 5). 칼빈의 비유해석은 일방적인 것이 아니라 쌍방적이다. 저자의 의도가 어떤 상황에서 어떤 스타일로 말하고 있는가를 아는 것이 중요하다.

훅스의 비유해석에 대한 언어 접근적인 방법은 비유해석에 새로운 점을 부각시킨다. 그럼에도 불구하고, 훅스는 언어의 생명력이나 언어가 갖고 있는 말로 표현할 수 없는 차원의 언어의 힘을 묘사하는데 있어서는 취약점이 있다. 훅스는 일상 언어의 사용에다 성경언어를 대치시킴으로 성경의 언어를 이해하고자한다. 이것은 불트만처럼 실존상황에서 성경언어를 적용시키는 것과 같다. 그렇게 하여 훅스는 텍스트의 지평보다는 해석자의 지평을 강조하고 성경의 객관성을 무시함으로서 주관적인 성경해석이 된다[259]. 이런 점에서 칼빈의 주객관을 아우르는 비유해석이 중요함을 일깨워준다.

칼빈의 비유해석

칼빈은 공관복음서의 비유해석에 중요한 통찰력을 준다. 그는 포도원 비유(마 20:1-16)의 주석에서 "이 비유의 내용을 상세하게 조사하려는 것은 소용없는 호기심의 발로이다. 우리는 그리스도께서 우리에게 말씀하려고 하신 의도가 무엇인지를 탐구하는 것 외에는 아무것도 추구하지 말아야한다"고 말했다.[260] 뿐만 아니라 칼빈은 비유해석에 있어서 풍유적인 해석처럼 여러 의미를 찾는 것이 아니라 단일한 요점과 의미를 찾으라고 권면한다.[261] 비유가 말하려는 한 가지 의도와 이 의도의 자연스럽고 분명한 의미를 드러내도록 칼빈은 권면한다. 다시 말하면 비유해석 방법은 한마디로 저자의 의도를 드러내는 것이다.

예를 들면 칼빈은 마태복음 13:24-30 밀과 가라지 비유 주석에서 영적인 유익을 얻기 위해서는 예수님이 비유로 말씀하신 의도(qurosum

259. James M. Robinson and John B. Cobb, Jr. eds., New Frontiers in Theology Vol. II. The New Hermeneutic (New York: Harper & Row, Publishers, 1964), 111-146.
260. John Calvin, Calvin's Commentaries, Vol. 16 (Michigan: Baker Book House, 1989), 409. 번역은 로버트 스탄의 「비유해석학」 80에서 인용.
261. Ibid. 176.

tendat Christus)를 깨닫는 것이 필수적이라고 말했다.[262] 칼빈에 의하면 가라지 비유의 의도는 신앙의 외적인 고백의 만족을 경계하는 것이 아니라 신앙의 순례 길에 있어서 세상에서 일어나는 일이나 교회에서 일어나는 경건치 못한 일에 실망하지 않고 인내와 굳은 신앙을 가지고 나아갈 것을 말해준다. 계속해서 칼빈은 밀과 가라지 비유의 의도(the design of the parable/parabolae scopus)는 단순하다고 말했다. "그렇기 때문에 이 비유의 의도(parabolae scopus)는 단순하다고 본다. 교회가 이 세상에서 순례의 길을 가고 있는 이상 그 안에는 좋고 신실한 자들과 나쁘고 위선적인 자들이 섞여있게 될 것이다. 그러므로 하나님의 자녀들은 인내로 무장하고 괴로움을 주는 장애물 중에도 철통같은 신앙을 지속해야한다."[263] 여기서 '단순하다'는 말은 비유해석에 있어서 저자의 의도는 단순하며 분명하다는 의미이다. 하나님의 말씀은 그 자체가 단순하고 분명하기 때문이다. 그렇다면 왜 해석이 어려운가? 해석에 어려움이 있는 것은 말씀 자체에 있는 것이 아니고 인간의 잘못된 사고에 있다는 것이다.[264] 따라서, 비유해석에 있어서 중요한 것은 복잡하고 철학적인 의미보다는 단순하고 분명한 의미를 찾는 것이다.

누가복음 16:1-15의 불의한 청지기 비유의 주석에서 이 비유의 중요한 목표(summa huius parabolae/the leading object of this parable)는

> 우리가 하나님의 심판대 앞에 설 때에 우리의 관대함에 의한 결과를 얻기 위하여 우리는 우리 이웃을 인도적이고 친절하게 대해야 한다는 것

262. 존 칼빈, 「성경주석」, Vol. 1, 공관복음 I, 칼빈성경주석 출판위원회편역(성서원), 518.

263. "In my opinion, the design of the parable is simply this"(CC, Vol.16, 2nd volume, 119, CO, Vol.23, 368).

264. "The word of God, in its own nature, is always bright, but its light is choked by the darkness of men"(CC, Vol.16, 2nd volume, 102). "Still it remains a fixed principle that the word of God is not obscure, except so far as the world darkens it by its own blindness."(CC, Vol. 16, 2nd volume, 102-103).

이다. 이 비유는 어렵고 무리한 내용을 지닌 것 같이 보이나 그 결론은 이것이 그리스도의 의도(Christi consilium)임을 보여주고 있다. 그러므로 비유의 각 부분을 지나칠 정도로 상세하게 검토하는 자들은 훌륭한 신학자가 아님을 알 수 있다. 왜냐하면 그리스도께서는 우리가 사기, 토색, 탕진, 그리고 악한 사무 관리의 과실들을 선물로서 속하라고 명하고 계시지 않고 하나님께서 우리를 우리에게 주신 온갖 선한 일에 대한 청지기로 세우셨으므로 어느 날엔가 계산을 해야 하는 때에 극한 엄중한 사태로부터 우리를 경감시켜 줄 하나의 방안이 있다고 말씀하시기 때문이다.[265]

불의한 청지기의 비유는 해석하기 어려운 비유이다. 그러나 칼빈의 비유해석은 저자의 의도를 잘 파악하여 이 비유의 단순하고 자연스러운 의미를 드러냈다. 칼빈에 의하면 이 비유의 의도를 망각하고 자연스러운 의미를 찾는 것보다 지나친 본문 분석은 바람직하지 않으며 그런 사람은 훌륭한 신학자가 아니라고 했다. 이 말은 오늘에 사는 우리에게 시사하는 바가 크다고 생각되어진다. 바꾸어 말하면 훌륭한 신학자란 현학적인 사람이 아니고 성경 저자의 의도를 자연스럽고 분명하게 드러내고 설교하고 가르치는 자라고 말할 수 있다.

요약하면 칼빈에 있어서 비유해석은 성경 저자의 의도를 파악하는 것이다. 저자의 의도를 파악하기 위해서는 성령님의 깨우침이 필수적이고 문맥(context)과의 대화가 필요하다. 저자의 의도라는 말을 칼빈은 qurosum, parabolae scopus, summa parabolae, Christi consilium, Christo propositum, finis parabolae라는 말을 콘텍스트에 따라서 다른 말로 사용하지만 의미상의 큰 차이는 없다. 그렇지만 한 가지 분명한

265. "The leading object of this parable is, to show that we ought to deal kindly and generously with our neighbours"(CC, vol.16, 2nd volume, Luke 16:1-15, 176. CO, Vol.23, 403.)

사실은 비유해석에 있어서 저자의 의도를 파악하는 것이 결정적으로 중요함을 일깨워 준다.

비유와 하나님의 나라의 개념

예수님의 비유는 교훈적인 면도 있지만 그것이 비유의 전부는 아니다. 예수님은 비유를 통해서 하나님의 나라에 대해서 말한다. 이것은 중요한 신학적인 의미를 시사해준다. 하나님의 나라의 개념은 이해하기 어려운 개념이다. 더군다나 하나님 나라의 개념을 어느 한 국가의 개념에서 본다면 더욱 그렇다. 하나님의 나라는 한국이나 미국과 같은 한 나라의 국가개념으로 파악하기는 매우 어렵다. 그렇다면 하나님의 나라는 무엇을 의미하는가? 희랍어로 나라라는 말은 바실레이야(βασιλεια)이다. 그렇지만 그렇게 선명하게 우리에게 하나님 나라의 의미를 부여해 주지 않는다. 바실레이야는 히브리어로 말쿠스(מלכות/malkuth)로서 왕도(kingship), 왕의 지배(kingly rule or rein), 하나님의 주권(sovereinity)을 의미한다. 구약에서 특히 선지서에서 하나님 나라의 개념은 미래적인 대망으로 이해되어졌다. 이점에서 본다면 하나님의 나라는 종말론적인 개념으로서 하나님께서 창조한 우주와 인간을 다스리시는 왕으로서, 주권자로서 하나님의 통치와 하나님께서 예수 그리스도를 통해서 이루고자 하시는 목적의 성취를 의미한다.[266] 따라서, 하나님의 나라는 예수 그리스도의 초림을 통해서 시작되었으며, 예수님의 사역(기적, 복음 선포, 십자가와 부활)을 통해 구체화되었으며 그리스도가 다시 오심으로 완성될 것이다. 그렇다면 한편으로는 하나님의 나라는 현재이며 다른 한편으로는 미래적이다.

266. 「구속사와 하나님의 나라」, 오광만 편역 (풍만출판사, 1989), 139. C. H. Dodd, The Parables of the Kingdom, 22-23.

현재적 하나님의 나라

예수님은 여러 가지 비유를 통해서 하나님의 나라에 대해서 말한다. 겨자씨의 비유, 누룩비유, 가라지의 비유 등은 하나님의 나라에 대한 비유이며 현재형으로 서술한다. 성경에는 "for the kingdom of God is like"라는 표현이 반복되어 나온다. 이것은 무엇을 말해주는가? 하나님의 나라는 현재적인 것으로 묘사하고 있음을 알 수 있다. 희랍어 현재형이 현재이면서 현재진행도 포함한다고 한다면 하나님의 나라는 예수님이 오심으로 현재 진행되고 있음을 말해준다. 예수님은 자신이 귀신의 왕 바알세불을 힘입어 귀신을 내쫓는다고 비방한 무리들에게 "내가 만일 하나님의 손을 힘입어 귀신을 쫓아내는 것이면 하나님의 나라가 이미 너희에게 임하였느니라"고 말했다(눅 11:20/ But if I drive out demons by the finger of God, then the kingdom of God has come upon you/ NIV; RSV; KJV: is come upon you). 여기서 임하였다는 동사는 에프사센(εφθασεν)로서 파사센(φθανω)의 부정과거(the aroist tense)로서 예수님이 귀신을 쫓아내는 그 자체가 하나님의 나라가 이미 왔음을 시사한다.

세례 요한은 예수님의 선구자로서 예수님의 길을 예비한 세례 요한도 하나님의 나라가 가까이 왔으니 회개하라고 전했다(막 3:2). 그럼에도 불구하고, 세례 요한은 감옥에서 정말로 그가 전파한 예수님이 참으로 오실자인가를 확인하고 싶어서 자기 제자들을 예수님께 보내어 그 사실여부를 질문할 때 예수님은 자신의 사역을 말함으로 대답했다. "대답하여 가라사대 너희가 가서 보고 들은 것을 요한에게 고하되 소경이 보며 앉은뱅이가 걸으며 문둥이가 깨끗함을 받으며 귀머리가 들으며 죽은 자가 살아나며 가난한 자에게 복음이 전파된다 하더라"(눅 7:22)고 말하라고 하셨다. 여기서 직접 하나님의 나라라는 말이 나오지는 않지만 구약에 예언된 메시아의 도래(사 29:18-19)를 암시하는 것을 예수님 자신이 행하시는 이적과 연결시키고 있다. 다시 말하면, 구약에 선지자들을 통하여 예언된 하나님의 나라가 예수 그리스도를 통해서 이루어지는 약속의 성취이다. 이것은 역사 속에서 예수 그리스도를 통해서 일어나는 획기적인 새로운 사건이다. 하나님의 나라는 예수 그리스도의 인격과 분리될 수 없다. 그래서 하나님의 나라는 "예수님의 말씀과 행적과 기적들과 비유들과 가르침과 전파하심 속에서" 역동적으로 활동하고 있으며 사람들 가운데 나타나게 된다.[267] 따라서, 하나님의 나라는 예수 그리스도의 사역에서 이미 왔으며 진행되고 있음을 말해준다.

미래적 하나님의 나라

예수님은 자신의 공생애를 시작함에 있어서 그의 처음 메시지는 하나님의 나라가 임박했다고 선포하고 있다. 마가복음 1:15에 "가라사대 때가 찼고 하나님의 나라가 가까이 왔으니 회개하고 복음을 믿으라 하시더라" 때(καιρος)가 차서 하나님은 예수 그리스도를 인간을 구원하시기 위해서 육신을 입고 이 땅에 보내셨다. "때가 찼다"는 말은 구약에서 선지자들에 의해 예언된 때가 지금 이르렀으며 그 왕국은 지금 예수님 자신의 인격 속에 존재하고 있다는 말이다. 하나님의 나라가 "가까이 왔으니"(ηγγικεν)라는 말은 에기소(εγγιζω) 현재완료형으로서 "임박하다," "가까이 오다"의 의미를 가지고 있다. 번역에 있어서 현재완료형인 '에기소'를 어떻게 번역해야 할 것인가 하는 문제를 안고 있다. 에기소가 현재완료형이지만 "임박하다," "가까이 오다"라는 의미를 갖고 있다면 하나님의 나라는 예수님이 오심으로 시작되었다. 그럼에도 불구하고, 하나님 나라가 구체적으로 인간에게 실재적 영향을 미치는 것

267. 안토니 A. 후크마, 유호준 역(기독교문서선교회, 1990), 64.

은 예수님의 '회개하고 복음을 믿으라'는 메시지를 받아드림으로서 시작된다고 볼 수 있다. 예수 그리스도를 통해서 시작된 하나님의 나라는 우리 주님이 다시 오심으로 완성될 것이다. 따라서, 하나님의 나라는 현재적이면서도 미래적인 의미를 가지고 있다.

"회개하고 믿으라"는 예수님의 메시지는 하나님의 나라에 초청이다. 이 초청은 하나님의 은혜이다. 복음을 영접하고 회개할 때 하나님의 통치가 우리 가운데 시작된다.[268] 그래서, 예수님을 믿고 살 때 우리는 하나님 나라의 백성이 된다. 이 세상에서 우리는 하나님의 백성으로서 하나님의 통치하심에 따라서 하나님의 나라에서 산다. 따라서, 우리의 사명은 하나님 나라의 복음을 전파하며 거룩한 순례자로서 다시 오실 주님을 대망하며 살아가고 있다.

비유를 통해서 묘사된 하나님의 나라는 첫째, 인간의 노력으로 이루어지는 유토피아나 인간의 마음속에 있는 도덕적인 성향이 아니라 예수님이 인간을 구원하시기 위하여 인간을 입으시고 역사 안으로 오심(the decisive intervention of the living God on the stage of human history for man's salvation)에 있다. 둘째, 하나님의 나라는 인간의 역사가 아니라 예수 그리스도를 통해서 이루어지는 하나님의 역사(the proclamation of an act of God in Jesus Christ)의 선포 즉 복음의 선포에 있다.[269] 따라서, 예수님은 비유를 통해서 하나님의 통치와 주권의 특성을 우리에게 제시해준다고 볼 수 있다.

스타인은 그의 저서 「비유해석학」에서 "현재적 실재로서 하나님의 나라," "결단을 요구하는 하나님의 나라," "비유에 나타난 성부 하나님, " "최후심판"으로 비유에 나타난 하나님의 나라를 특징 지운다. 다드는 그의 저서, 「하나님 나라의 비유」(The Parables of the Kingdom)에서 예

268. CC, Vol.16, i, 224-225.
269. A.M. Hunter, I. "The Interpreter and the Parables," Interpretation(Jan., 60), 16:84.

수님의 재림에 대한 비유(parables of crisis), 성장에 대한 비유(parables of growth)로 나눈다. 예레미아스는 그의 저서, 「예수 그리스도의 비유」(The Parables of Jesus)에서 예수의 비유의 메시지라는 제목에서 비유를 통해서 보여준 하나님 나라에 대한 특성을 다룬다.

칼빈에 있어서 하나님의 나라

칼빈에 있어서 하나님의 나라는 위에서 말하는 학자들처럼 현재적이냐 미래적이냐의 논쟁에 초점이 맞추어져 있지 않고, 하나님의 나라의 핵심인 예수 그리스도에 맞추어져 있다. 성경에서는 로마서 1:2-4 말씀을 복음의 핵심으로 보고 있다. 여기에는 중요한 두 가지 복음에 대한 교훈을 주고 있다. 첫째, 구약을 통해서 믿음의 조상들에게 약속되어 온 "구원의 계시"에 대한 증거가 복음이라는 사실이다. 둘째, 그리스도는 하나님의 약속의 모든 축복일 뿐만 아니라 이 축복에 대한 본질적인 계시가 그리스도 안에서 드러난다는 사실이다.[270] "사망의 저주와 심판이 더 이상 우리를 괴롭히지 못하게끔 우리의 죄를 씻어 없애주는 속죄는 그의 희생적 죽음에서만 찾을 수 있으며 칭의, 구원 그리고 영생의 행복은 그와 부활에 바탕을 두고 있다. 그러므로 복음이란 타락한 세상을 새롭게 하고 우리를 사망에서 생명의 자리로 되돌려 놓으려고 하나님의 아들이 육신을 입고 나타나셨다는 사실에 대한 엄숙한 선언이다."[271] 예수님을 믿음으로 하나님의 나라는 이미 우리 안에 시작된 것이다. 하나님은 우리를 죄로부터 구원하시고 성령님을 통해서 거듭나게 하셔서 하늘나라로 인도하실 것이다. 그래서 우리는 하나님의 나라(kingdom of heaven)라고 부르며 예수 그리스도를 통해서 우리에게 가져다주는 새로운 축복의 삶을 말하여 하나님의 나라(kingdom of

270. 존 칼빈, 「성경주석」, Vol.16, 공관복음 I. II(서울: 성서원, 1978), 42.
271. 존 칼빈, 「성경주석」, 42-43.

God)라고 부른다.

요약하면, 하나님의 나라는 종말론적인 개념으로서 예수 그리스도가 오심으로 시작 되었다. 그럼에도 불구하고, 하나님의 나라의 마지막은 우리 주님이 다시 오심으로 끝을 맺는다. 하나님의 나라는 영역적인 것이라기보다는 예수 그리스도를 통해서 이루어지는 하나님의 약속의 성취와 주권적 통치에 있다. 그러나 칼빈에 있어서 하나님의 나라는 현재나 미래냐에 초점이 맞추어져 있기보다는 예수 그리스도에 대하여 초점이 맞추어져 있으며 예수 그리스도가 우리에게 가져다주는 축복된 삶과 영생에 있다.[272]

272. 여기에 내린 결론은 공관복음서의 잠정적인 결론이며 칼빈에 있어서 하나님의 나라에 대한 자세한 연구가 필요하다고 생각되어진다.

7장 칼빈의 십계명 해석

칼빈은 그의 생애 마지막에 즈음하여 창세기 주석과 「모세 오경의 마지막 4권의 조화/Commentaries on the Four Last Books arranged in the Form of a Harmony」에 대한 주석(1563)을 했다. 칼빈이 왜 모세 오경을 한데 묶어서 주석하지 않고 오경의 마지막 4권에 대한 주석을 했는가를 분명히 말하지 않았지만 내용면에서 볼 때 창세기와 오경의 마지막 4권의 내용 차이가 있다. 창세기는 율법을 체계적으로 다루고 있지 않지만 오경의 마지막 4권은 공통적으로 다루고 있다. 따라서 칼빈은 오경의 마지막 4권을 하나로 묶어 주석했다고 생각되어진다. 이런 점에서 보면 모세 오경의 마지막 4권의 요지는 율법이며 줄여서 말하자면 십계명에 대한 주석이다. 칼빈은 십계명을 「모세오경 마지막 4권의 조화」에서 주석했고, 「기독교강요」에서 십계명에 대한 설명과 해석방법 그리고 「십계명설교」에서는 신자의 생활에 십계명의 적용에 대한 설교를 했다. 본 장에서는 칼빈의 「칼빈의 십계명설교」, 「기독교강요」, 그리고 「모세오경 마지막 4권 주석」에 나타난 십계명에 대한 해석방법을 살펴보고자 한다.[273]

칼빈은 1555년 6월 7일에 십계명에 관한 연속설교를 시작했다. 이 설교들은 신명기에 관한 설교전집에 포함되어 있으며 그는 이 설교를 같은 해 3월 30일 신명기 설교를 시작하였으며 십계명에 관한 연속설

273. 칼빈은 「칼빈의 십계명설교」에서(1555), 「기독교강요」(1559), 「모세오경의 마지막 4권 조화 주석」(1563)에서도 해설하고 해석한다. 연대기적인 순서로 보면 설교, 기독교강요, 주석으로 나눌 수 있다.

교는 1555년 6월 7일에 시작하여 7월 19일에 끝난 것으로 추정된다.[274]칼빈은 정치적으로 사회적으로 어려운 시기에 십계명설교를 했다. 그래서 구체적으로는 명시되지 않았지만 설교 곳곳에 그 상황이 반영되어있음을 엿볼 수 있다. 데오도르 베자(Theodore Beza)에 의하면 칼빈과 제네바 공화국의 개혁에 반기를 들었던 정치적 파당(political faction)이었던 방종파(Libertine Party)의 몰락과 칼빈에 반대하는 볼색이 주도하는 분파가 있었다. 베자는 이 분파를 이렇게 특성지우고 있다.

> 그 해 칼빈을 괴롭히는 또 하나의 사건이 일어났다. 그것은 다름 아닌 칼빈에 반대하는 분파의 출현으로서, 이 집단은 서로 이웃하고 있는 소수의 목사들로 구성된 독자적인 반대활동을 전개하였으나, 그 배후에는 볼세크(Bolsec)가 영향력을 행사하고 있었다. 이들은 본래 평판이 좋지 않았던 목사들로서, 그들 자신들이 칼빈과 같은 저명한 적수를 공격하게 되면 본인들에게 명성이 얻어질 것으로 생각한 나머지, 칼빈은 이 세상에 존재하는 어떤 것도 하나님의 영원한 섭리와 약속에서 제외된 것이 없다고 가르쳤으므로, 그는 하나님을 죄악의 조성자로 만들었다는 식으로 칼빈을 매도하였다. 칼빈도 처음에는 그들의 비방을 무시해 버렸으나, 마침내는 베른 공화국 측에 그들의 악의적인 주장에 대한 시정을 목적으로 하는 입국허가를 간청하였고, 베른시의 시민들 앞에서 진리의 명분을 세우기 위해서 그곳에서 보내온 사절단과 함께 베른으로 갔다. 칼빈이 그 곳에서 자신의 주장을 변호한 후로, 카스텔레오는 수치스럽게도 베른 시로부터 추방을 당했으며, 볼세크 역시 그곳을 떠나라는 명령을 받고 말았다.[275]

274. 「칼빈의 십계명설교」, 벤자민 팔리 편역/박희석 옮김(서울: 성광문화사, 1991), 19.
275. Beza, vita, CO 21.151-2; Life, 65.

이런 점에서 볼 때 설교란 하나님의 말씀을 선포하는 것이지만 시대적인 상황을 떠나서는 존재할 수 없음을 배우게 된다. 뿐만 아니라 칼빈은 마음 아픈 심정으로 십계명에 관한 설교를 했음을 읽을 수 있다.

십계명 설교의 요지

십계명은 하나님께서 이스라엘 백성을 애굽의 노예에서 구원하시고 주신 "참되고 영원한 의의 규범"(the true and eternal rule of righteousness)이다. 여기서 율법을 순종해야하는 이유를 알 수 있다. 그것은 하나님의 은혜(grace)와 감사(gratitude)에 기초하고 있다. 그래서 십계명을 주신 목적은 하나님의 은혜를 깨닫게 하고 그 은혜를 감사하는 마음으로 순종케 하는 것이다. 율법의 순종은 자발적이다. 이 자발적인 순종의 근원과 원천 그리고 그 뿌리는 물론 하나님의 사랑에 기초한다. 하나님의 사랑을 체험한 자만이 자발적인 순종을 하기 때문이다.[276] 순종은 하나님의 사랑에 대한 보답이며 경건한 삶으로 표현된다. 따라서 은혜와 경건이 결합된다. 은혜와 경건은 구분되지만 분리시킬 수 없다.[277]

십계명은 두 부분으로 구성되어있다. 첫째는 하나님에 대한 의무요, 둘째는 이웃에 대한 의무이다.[278] 전자는 하나님을 사랑하는 것이요 후자는 이웃을 사랑하는 것이다. 양자는 하나님을 믿는 믿음의 표현이다.

276. 「칼빈의 십계명설교」, 벤자민 팔리 편역/박희석 옮김(서울: 성광문화사, 1991), 128-129.
277. 칼빈은 디도서 2:12을 인용하면서 "우리 인간들은 하나님을 두려워하고, 근신함과 의로움 가운데서 이 세상을 살아가게 하기 위하여, 우리 주 예수 그리스도의 은혜로 말미암아 구속함을 받았다는 것입니다.... 여기에서 하나님을 경외한다는 말은 하나님께 대한 영적 경배를 뜻하는 것으로서, 그 안에서 하나님은 인간에 의하여 숭배되어야 하며, 또한 그것을 벗어나지 않는 테두리 안에서 우리는 그를 신뢰하고, 그의 이름을 부르고, 그리고 마땅히 그 분께 드려야 할 공경을 드려야 한다는 것 등을 의미하는 말입니다."(「칼빈의 십계명설교」, 벤자민 팔리 편역/박희석 옮김(서울: 성광문화사, 1991), 298.)
278. 「칼빈의 십계명설교」, 벤자민 팔리 편역/박희석 옮김(서울: 성광문화사, 1991), 213-214.

십계명 설교에 있어서 해석방법

조정이론(God's accommodation)

조정이론이란 하나님께서 구원에 필요한 것이 무엇인지를 누구나 알기 쉽게 하기 위해서 "참으로 자기 자신을 우리들의 왜소함(smallness)에 맞추셨을 뿐더러, 그의 몸을 우리의 키에 맞게 구부리셨다."는 말이다.[279] 이와 같이 하나님이 인간의 능력을 고려하셔서 성경을 기록케 하셨다는 것을 인정하며 겸손하게 우리의 믿음의 분량에 따라서 성경을 이해함으로 하나님께 영광을 돌려야 한다. 비록 인간이 하나님의 모든 것을 다 알 수 없기 때문에 거울로 보는 것처럼 희미하고 부분적이지만 하나님은 인간의 연약성을 잘 아시기 때문에 우리의 능력에 맞게 조정하셔서 성경을 기록케 하셨다. 만약에 하나님만이 아시는 언어로 성경을 기록하셨다면 하나님의 말씀을 아무도 이해할 수 없을 것이다. 그러나 하나님은 우리의 능력에 맞게 자신을 낮추시고 배려하셨다.

그러므로 우리는 우리 하나님께서 자신의 본성을 따라 말씀 하시지 않으셨다는 점을 명심해 두어야 하겠습니다. 만일 그가 자신의 언어로 말씀하시고자 하셨다면, 과연 이 땅의 피조물들이 그것을 알아들을 수 있었겠습니까? 물론 그것은 절대로 불가능한 일입니다. 그러나 그가 성경 가운데서 우리들에게 어떻게 말씀하고 계십니까? 그는 더듬으면서까지 말씀하셨습니다. 일찍이 사도 바울은 자기 자신을 아이들을 양육하는 보모에 비유한 바가 있는데, 그가 자신에 대하여 이렇게 말한 것은, 의심할 여지없이, 성령님을 통하여 자기를 다스리고 계시는 하나

279. Ibid. 427.

님의 자비로우심을 드러내기 위한 것입니다. 그리고 이처럼 바울에게서 발견할 수 있는 것을 우리는 모세와 그 밖의 모든 선지자들로부터 찾아볼 수 있습니다. 그런고로 우리는 하나님께서 스스로 보모로서의 역할을 맡으셨으되, 그가 성인들에게 하시는 것과 같은 방식으로 아이들에게 말씀하시는 것이 아니고, 오히려 아이들의 능력이 얼마만한 것인지를 올바로 기억하고 계시다는 점에 주목해야 하겠습니다. 그러한 까닭에 하나님께서는 자기 자신을 적절히 낮추셨는데, 그것은 이처럼 그가 자신을 인간의 수준에 맞추지 않으시는 한, 우리가 그의 하시는 말씀을 이해한다는 것은 불가능한 일이기 때문입니다. 그래서인지 우리들이 성경 가운데서 만나 뵈는 하나님은 오히려 유모처럼 친밀하고 부드럽게 느껴지는 바, 그 이유인즉, 인간으로서는 도저히 도달할 수 없을 뿐더러 가까이 접근조차 할 수 없는 그 분의 높고도 무한하신 존엄하심을 우리들이 거기에서는 느끼지 않기 때문입니다. 그러므로 하나님께서 인간으로 하여금 자신에게 접근할 수 있도록 길을 터 놓으셨는데도, 만일 하나님께서 그처럼 먹기 쉽게 죽으로 만들어 놓으셨는데 이제는 그것을 삼키고 소화시키는 일만 남아 있는 그의 가르치심을 통하여 우리들이 유익을 얻으려는 노력을 기울이지 않는다면, 그만큼 더 우리의 머리 위에는 무서운 저주가 놓이게 될 것입니다.[280]

하나님의 의도

인간은 연약해서 하나님의 은혜를 쉽게 망각하는 경향이 있다. 그래서 하나님은 인간의 구원에 반드시 필요한 것을 항상 반복해서 깨우쳐 주실 뿐만 아니라 마음에 새기기를 원하신다. 그래서 율법을 시내산에서 주셨을 뿐만 아니라 광야 40년을 끝내면서 이스라엘 백성들에게 다

280. 「칼빈의 십계명설교」, 427-428.

시금 가르쳤으며, 하나님이 주신 가나안 땅에 들어가서 어떻게 살아야 할 것인가를 반복해서 가르치셨다. 그렇게 함으로 하나님은 이스라엘 백성들이 율법으로부터 하나님의 진리와 법도를 배움으로서 유익을 얻도록 하셨다. 이것이 모세가 '의도'했던 것이다(Voila ce que Moyse a entendu en ce passage/ That is what Moses meant in this passage).[281]

> 일반적으로 말해서, 어떤 자녀가 자기를 이 세상에 낳아 주고 먹이고 입혀 주신 분들을 인정하지 않는다면 그것이야말로 괘심한 일이요, 인간 본성에 반하는 일이라 할 것입니다. 그런고로 누구라도 그 부모를 부인하는 자식이 있다면, 그는 기괴한 동물에 지나지 않는 것입니다. 그리고 모든 사람들이 그를 혐오의 눈으로 바라볼 것입니다. 어째서 그렇습니까? 그것은 설사 이에 대하여 하나님으로부터 한 마디의 말씀도 없으셨고, 이에 대하여 가르쳐 주는 어떤 성경의 말씀이나 개인이 없다손 치더라도, 부모에 대한 자식으로서의 의무는 결단코 파괴될 수 없는 그런 것이라는 것을 인간의 본성이 이미 우리들에게 가르쳐 주고 있기 때문입니다. 여기서 우리는 하나님의 의도(Nous voyons donc l'intention de nostre Dieu)를 엿볼 수 있는데, 즉 그는 우리 앞에 부모님이라는 상징을 두시면서, 우리들이 성미 고약한 자들이 되지 않고 그가 메어 주시는 멍에를 온순한 마음으로 받아드리게 하시기 위하여, 우리를 잘 설득하고 깨우쳐 자신에게로 이끄시려고 하셨던 것입니다. 그리고 인간이 가지는 모든 권위가 하나님으로부터 나오는 것인 한, 그는 합법적이고 일반적인 대인간의 질서에 입각하여 이에 관한 말씀을 하시고 계십니다.[282]

281. Ibid. 56.
282.「칼빈의 십계명설교」, 239. CO, 26, 311. 참조;「칼빈의 십계명설교」, 390. (John Calvin's Sermons on the Ten Commandment, ed. and trans. Benjamin W. Farley(Michigan: Baker Book House Company, 1980), 221. (CO, 26). 373.

모형론적 해석

칼빈은 안식일의 계명을 설교하면서 "안식일은 사람들이 만나서 율법의 말씀을 듣고, 하나님의 이름을 부르고, 여러 희생 제물들과 영적 의식에 관계되는 모든 것들을 하나님께 바치는 일을 위하여 모일 수 있도록 도와주는 데 그 목적이 있는 하나의 의식으로" 존속해 왔음을 주지시키면서 안식일은 그리스도께서 오시기 전까지 율법 하에서 하나님께서는 이스라엘 백성들이 그들이 하는 모든 일로부터 쉬기를 원하신다는 것을 알리는 "그림자"(shadow)였는데 희미했던 그 모호성(obscurity)이 그리스도가 오심으로 제거되었다고 칼빈은 말한다.[283] 따라서 안식일이란 그리스도께서 오심으로 주의 날이 되었고 그를 통해서 성취되게 된 것들을 상징(representing)하는 하나의 징표(a sign)라고 말한다.

율법에 있어서 의식법은 예수 그리스도의 오심으로 말미암아 그 역할 혹은 사용이 끝난 것은 사실이지만 율법의 진리성(truth)과 본질(substance)은 영구히 존속한다.[284] 예수님의 율법의 성취로 말미암아 한시적인 것이 영구적인 것이 되었으며 희미한 것이 분명하게 되었으며 결국 성경의 목표가 되신 그리스도 예수를 통해서 율법을 이해해야 올바로 이해할 수 있다.

283. 「칼빈의 십계명설교」, 170-171, 174.
284. 「칼빈의 십계명설교」, 442. "또한 하나님께서는 특별히 그의 율법이 영구적으로 보존되게 하시기 위하여 그것을 두 돌 판에 쓰셨는데, 이것은 율법이 세상에서 잠시 잠깐 존재하는 어떤 것처럼 단지 잠시 동안만 존속하도록 주어진 그런 것이 아니었기 때문입니다. 물론 율법 가운데 의식적인 요소들의 역할은 끝난 것이 사실이고, 또 그러한 까닭에 사람들이 율법을 일시적인 것이라고 말하고는 있지만, 그럼에도 불구하고 우리들이 반드시 기억해 두어야 할 것은, 우리 주 예수 그리스도께서 오실 때까지 효력을 가지도록 고대 백성들이 더 이상 당시에 그 기세를 떨친 바 있는 그림자들과 상징들의 지배하에 있지 않아도 되리만큼 완전한 것이 되었다는 것입니다. 어쨌든, 율법의 진리성과 본질은 어느 한 시대에만 국한되는 것이 아니므로, 그것은 영원히 존속할 항구적인 어떤 것을 형성하는 것이라 할 것입니다."(「칼빈의 십계명설교」, 442). 참조; 137. 325-6.

십계명해석과 성령의 조명

칼빈은 율법의 올바른 이해에 있어서 성령의 조명은 필수적이며 예수는 율법의 가장 충실한 해석자라고 했다. 왜냐하면 모세와 선지자들은 그리스도의 영이신 성령을 의지하여 율법을 선포하고 해석했기 때문이다.[285] 제 5계명 설교에서는 모세와 선지자들과 사도 바울의 입을 통해서 말씀하신 성령보다 더 충실하고 더 훌륭한 해석자는 없다고 칼빈은 고백했다.[286] 12번째 설교에서 하나님께서 성령님을 통하여 계시하기 전에는 사도 바울이 탐욕에 대하여 진의를 파악하지 못하였다고 말한다. 뿐만 아니라 사도 바울이 회심을 하고 예수 그리스도께서 자신의 복음을 통하여 바울을 조명하심으로 자신이 얼마나 비천한 자임을 깨닫게 되었고 율법의 궁극적인 목표가 되시는 그리스도에게로 인도하심을 깨닫게 되었다고 칼빈은 말한다. 다시 말해서 그리스도 안에 구원의 소망이 있고 또한 그 안에서만 찾아야 하는 하나님의 긍휼을 유일한 구원의 수단으로 삼게 하기 위하여 탐욕의 본체가 무엇인지를 깨닫게 하는 것이 율법이라는 사실을 바울이 회심하고 성령을 통하여 조명을 받기 전까지는 알지 못했다고 말한다.[287] 성령님은 두 가지 방법으로 우리를 가르치신다. 첫째, 성령님은 우리로 하여금 선포된 말씀을 통하여 하나님의 음성을 듣게 한다. 둘째, 성령님은 내적으로 우리를 하나님의 말씀으로부터 벗어나지 않도록 자제시킨다. 하나님은 이 두 가지 방법을 동시적이거나 혹은 단독으로 당신의 의지에 따라서 사용

285. 「칼빈의 십계명설교」, 388.
286. Ibid. 240.
287. Ibid. 392-3. "He confesses that he was ignorant of God's law until our Lord Jesus Christ illuminated him by his Holy Spirit, in order that he might perceive what the word consupiscence entails." (John Clavin's Sermons on the Ten Commandment, ed. and trans. Benjamin W. Farley(Michigan: Baker Book House Company, 1980), 221).

한다.[288] 따라서 율법의 올바른 해석은 성령님의 조명이 필수적이다.[289]

십계명해석과 자연스러운 의미

칼빈은 '부모를 공경하라'는 설교에서 자녀들은 부모를 반드시 공경해야한다는 계명을 설명하면서 "공경"(subjection)이라는 말의 의미가 복잡한 의미가 아니라, 자연스러운 의미(the natural sense of this passage)라고 말한다. 뿐만 아니라 자연스러운 의미를 찾는 것은 단순한 논리적인 분석을 의미하는 것이 아니라 그렇게 사는 삶 속에서 발견되어지는 것을 말한다.[290]

요약하면, 율법을 해석하는 방법에는 하나의 방법만 있는 것이 아니라 여러 가지 방법이 있다. 그럼에도 불구하고 율법의 해석방법은 성경에 제시된 길을 따라야 한다. 다시 말하면, 율법의 의도이며 목적이 되시는 예수 그리스도의 성취에서 봐야한다. 이것을 깨닫게 하시는 분은 성령님이다.

「기독교강요」와 십계명 해석방법

「기독교강요」와 십계명

칼빈은 「기독교강요」에서 "율법에 관하여"라는 제목 하에 상세하게 율법에 대해서 설명했다. 「기독교강요」의 골격을 이루는 1539년은 최

288. Calvin: Commebtaries, ed. Joseph Haroutunian(Kentucky Louisibile: John Knox Press, 19
289. "But it is necessary fro God through his Holy Spirit to reveal to us the nature of this covetousness which he condemned in this passage."(John Calvin's Sermons on the Ten Commandment, ed. and trans. Benjamin W. Farley(Michigan: Baker Book House Company, 1980, 222).
290. "Furthermore, if we want to grasp the natural sense of this passage , let us understand that God commands us here to lead an honest and chaste life, that there may be turpitude or dissoluteness in us."(John Calvin's Sermons on the Ten Commandment, ed. and trans. Benjamin W. Farley(Michigan: Baker Book House Company, 1980,

종판과 비교할 때 4개의 장만 추가하여 재구성했으나 칼빈의 율법에 관한 사상은 변하지 않았다. 그래서 초판(1536)에서 최종판까지 23년이라는 장구한 세월에 걸쳐서 숙고하여 나온 사상이 칼빈의 율법에 대한 이해라고 할 수 있다. 칼빈 학자들에 의하면 칼빈의 주석이나 설교를 지배하는 신학이나 해석논리는 「기독교강요」에서 나온 것이라고 해도 무리가 없다고 했다. 따라서 「기독교강요」가 제시한 십계명 해석방법을 살피는 것은 중요하다.

율법(의식법과 도덕법)에 제시된 해석방법

구속주 하나님에 대한 지식을 다루는 「기독교강요」 2권에서 칼빈은 율법과 복음을 대비시키고 있다. 하나님은 우리 조상들에게는 율법을 통해서 구속주 하나님의 지식을 계시하셨고 우리에게는 복음을 통해서 계시하셨다. 여기서도 율법의 올바른 이해를 그리스도와 연결시켜서 이해하려고 하고 있음을 알 수 있다. 칼빈에 의하면 의식법은 물론이고 도덕법도 그리스도에게 인도하는 예고적인 성격을 갖고 있다. 이것은 「기독교강요」 2권 7장의 제목을 봐도 분명히 알 수 있다. "율법을 준 목적은 구약백성을 그것으로 얽매기 위한 것이 아니라, 그리스도 안에서 오실 때까지 구원의 소망을 갖게 하는 데 있다."[291] 다시 말하면, "그리스도는 모든 믿는 자에게 의를 이루기 위하여 율법의 마침"(Christ is the end of law unto salvation to every believer/로마서 10:4)이 되셨다는 의미이다. 다른 곳에서는 그리스도가 죽은 (고후 3:6) 의문(율법)을 살리는 영이라고 했다. 그리스도가 값없이 중생의 영을 통해 의를 전해줄 때까지는 계명에 의해서 "의"를 가르친다는 것은 무익하다는 것을

291. 존 칼빈, 「영한 기독교강요」, 편집부 번역(서울: 성문출판사, 1990), II.7.1. 223. (The law was given, not to restrain the folk of the old covenant under itself, but to foster hope of salvation in Christ until his coming)."

의미한다고 했다.[292]

십계명은 경건하고 의로운 삶의 규범을 제시한다. 그러나 이 삶이 그리스도를 통해서 나타난 은혜에 기초하지 않는다면 무거운 짐이 된다. 그리스도는 율법의 목적(scopus), 약속의 성취이다. 따라서 율법은 율법의 목적이 되시는 그리스도 예수의 관점에서 이해하지 않으면 올바로 이해할 수 없다.[293]

율법의 최고 해석자, 예수 그리스도

바리새인들은 자신들의 위선에 의해서 율법의 진정한 의미를 모호하게 만들었다. 그래서 그리스도께서 바리새인들의 잘못된 율법 해석을 깨우치며 회복시키셨다.[294] 우리가 이것이 율법의 의미라고 할 때 우

292. 존 칼빈, 「영한 기독교강요」, II.7.2. 229.

293. 존 칼빈, 「영한 기독교강요」, II,8.7. 273. Comm.on Ro 10:4. Scopus라는 말은 희랍어 명사 skope(σκοπη), 동사 skopeo(σκοπεω)는 보다(to have in view)라는 의미를 가지고 있다. 명사 skope는 조망대(a looking out or watch tower on a hilltop)라는 의미를 가지고 있다. 은유적으로는 목적(aim), 끝(end), 타겟(target), 목표(goal)라는 의미로 쓰인다. Boyale에 의하면 skope의 라틴어 사용은 터툴리안(Tertullian)의 빌립보서 3:14 주석에서 기인되며 에라스무스(Erasmus)가 이 사실을 명시했다.(Marjorie O' Rourke Boyle, Erasmus on Language and Method in Theology(Toronto and Buffalao: University of Toronto Press, 1977), 74-75).

294. 「기독교강요」, II.7.(Obviously, in almost all commandments there are such manifest synecdoches that he who would confine his understanding of the law within the narrowness of the words deserves to be laughed at. Therefore, plainly a sober interpretation of the law goes beyond the words.; but just how far remains obscure unless some measure be set. Now, I think this would be the best rule, it attention be directed to the reason(rationem) of the commandment; that is, in each commendment to ponder why it was given to us. For example, every precept either commands or forbids. The truth of each sort comes to mind at once, if we look into the reason(rationem) or purpose(ceu finem). The purpose(praecepti quinti finis est) of the Fifth commendment is that honor ought to be paid to those to whom God has assigned it. this, then, is the substance of the commandment; that it is right and pleasing to God for us to honor those on whom he has bestowed some excellence; and that he abhors contempt and stubbornness against them. The intent of the First Commandment is that God alone be worshiped[cf. EX. 20:2-3; Deut. 6;4-5]. Therefore the substance of the precept will be that true piety--namely, the worship of his divinity--is pleasing to God; and that he abominates impiety. Thus in each commandment we must seek out its purpose(deinde quaerendus finis), until we find what the lawgiver testifies there to be pleasing or displeasing to himself. Finally from this same thing we must derive an argument on the other side, in this manner; if this pleases God,

리가 스스로 새로운 해석을 만들어 내는 것이 아니라 "최고의 해석자인 그리스도"를 따른다.[295]

전체 율법은 우리로 하여금 거룩한 삶을 살도록 하는 영원한 의의 규범이다.[296] 우리가 의의 규범을 우리의 삶을 통해서 실행한다면 하나님의 형상을 드러내는 자들이 될 것이다. 이것을 실행하도록 하기 위해서 그리스도께서 전체 율법을 두 가지로 요약했다. 첫째, 하나님을 사랑하는 것이요 둘째, 이웃을 사랑하는 것이다. 하나님의 사랑에서 이웃 사랑이 나온다. 그래서 우리는 늘 하나님의 사랑을 체험해야 하며 그

하고 이웃을 사랑하는 생활이 경건한 생활이요, 거룩한 생활이다. 예수 그리스도는 새로운 율법을 주신 분이 아니라 율법의 새로운 해석자이다. 따라서 예수 그리스는 율법의 최고해석자(the best interpretor)이다.

the opposite displeases him; if this displeases, the opposite pleases him; if he commands this, he forbids the opposite; if he forbids this, he enjoins the opposite). (「기독교강요」 II.8.8.)

295. 신학적으로 마틴 루터도 scopus라는 말을 사용했다. "Therefore our first task will be to hold to the certain scopus of the book, what it seeks and by what it seeks and by what it means it looks." 그러나 루터는 에라스무스가 자신의 저서에서 scopus의 용어가 자리매김을 한 후에 사용했다("Quare primus nobis lobor erit, ut teneamus ertum libri scopum, quid quaerat et quo spectet"(Martin Luther, Ecclesiastes Salmonis cum annotationibus, praef., in Werke(Weimar: Hermann bohlaus, 1931), XX, 9. 28-29. In English translation of Luther's Works, ed. Jarslov Pelikan and Hilton C. Oswald(St. Louis: Concordia, 1972), XV, 7, Scopus is translated as "aim.")

296. "the will of God is the origin and foundation of the law."(John Hesselink, Calvin's Concept of the law, pickwick publications, Allison park, Pennsylvania, 1992, 19). According to William Klempa, The moral law is expressed in the Decalogue: "The moral law ... is contained under the two heads. One of which simply commands us to worship God with pure faith and piety; the other, to embrace men with sincere affection. Accordingly, it is the true and eternal rule of righteousness, prescribed for men of all nations and times, who wish to confirm their lives to God's will. For it is his eternal and unchangeable will that he h. For it is himself indeed be worshiped by us all, and that we love one another."(Inst. IV.20.14). The moral law has four points: i) it is eternal and law unchangeable; ii)it is universal, prescribed for "men of all nations and times"; iii) it teaches that God is to be worshiped by us all; iv)it teaches that we ought to love one another.(Calvin Studies IV, Editor, John H. Leith and W. Stacy Johnson, 1988, 6-7).

297. 「기독교강요」, II.8.51.

대위/제위법적(synecdoches) 십계명 해석

칼빈에 의하면 대부분의 율법에는 대위/제위법적(synecdoches)인 표현이 있음으로 율법의 이해는 문자적인 한계를 넘어서야한다.[298] 그래서 율법을 주신 하나님의 목적 혹은 의도(finis/ratio)를 생각하는 것이 아주 중요하다.

분명히 거의 대부분의 계명에는 명백한 제유(synecdoches)가 있음으로 율법에 대한 이해를 한정되어 있는 말의 범위 내에서 국한시키려 하는 것은 비웃음을 사는 것이 마땅하다. 그러나 여기서 어떤 기준을 정하지 않는 한 여전히 애매한 채 남아있게 될 것이다. 나는 계명이 주어진 이유(rationem)에로 관심이 돌려진다면 각 계명에 있어 그것이 우리들에게 주어진 이유(rationem)에 대해 깊이 생각하는 것이 최상의 방법(the best rule/modum optimum)일 것이라고 생각한다. 예컨대, 모든 교훈은 명령하거나 금한다. 그것이 명령이든 금지이든 간에 우리가 그 이유(rationem)나 목적(ceu finem)을 연구해보면 즉시 그 진의가 마음에 와 닿는다. 제 5계명의 목적(ut preaecepti quinti finis est)은 영광이 하나님께 정하신 자들에게 돌려져야 한다는 것이다. 그러면 이 계명의 요지는 우리가 하나님께서 어떤 우월성을 부여한 자들을 공경하는 것이 의로우며 또한 하나님을 기쁘게 하는 것이며, 반면 하나님께서는 그들을 거스르는 멸시와 강퍅함을 증오하신다는 것이다. 제 1계명의 의도(primi praecepti ratio)는 하나님만을 존경하는 경건, 곧 그분의 신성에 대한 경배가 하나님을 기쁘시게 한다는 것과 하나님께서는 불경건을 가증히 여기신다는 것이다. 따라서 각 계명에서는 우리는 그것과 불쾌하게 하는 것을 그 계명에서 입증하심을 발견하실 때까지는 그 목적(deinde quaerendus finis)을 추구해야 한다. 마지막으로 이와 동일한 것

298. 존 칼빈, 「영한 기독교강요」, 편지부 번역(서울: 성문출판사, 1990), II.8.8. 275.

으로부터 다음과 같은 방식으로 다른 측면에서 논거를 끌어내야 한다. 즉, 만일 이것이 하나님을 기쁘시게 한다면 그와 반대되는 것은 그 분을 기쁘시게 한다는 것, 만일 하나님이 이것을 명하시면 그 반대되는 것은 금하시고 이것을 금하시면 그 반대되는 것을 명하신다는 이것이다.[299]

칼빈에 의하면, 첫째, 거의 모든 율법은 대위법적으로 표현되어 있다.[300] 그래서 건전한 율법의 해석은 문자적인 해석을 넘어서 율법의 의도를 찾는 것이 중요함을 일깨운다. 저자의 의도를 찾는 방법이 가장 좋은 해석방법이라고 했다.[301] 가령 예를 들면 제 5계명의 의도는 영광은 하나님이 정하신 자에게 돌아가야 함을 말해준다. 그래서 여기서 율법의 요지는 영광을 돌려야 할 자에게 영광과 존귀를 드리는 것이 하나님을 기쁘시게 하는 것이요 그렇지 아니하는 자에게 영광을 돌리는 것은 하나님을 불쾌하게 하는 것이다. 둘째, 율법이 금하는 것의 반대는 하나님을 기쁘시게 하는 것이며 그 역도 성립한다. 가령 "살인하지 말라"는 금지는 단순히 살인하지 말라는 금지 외에도 생명을 존귀하게

299. 「기독교강요」, II.8.8.

300. 하나님이 제유법을 사용하신 이유는 율법을 강력한 언어를 사용함으로서 우리에게 충격을 주기 위해서이다. 뿐만 아니라 인간은 우리 스스로가 체험할 수 있고 느낄 수 있는 것이 아니면 죄악을 심각하게 생각하지 않는다. 그래서 하나님은 죄에 대해서 혐오감과 공포감을 주어서 우리가 각종 범죄 가운데서 계명을 들을 때 전율과 공포를 느끼게 함으로서 우리를 죄로부터 격리시켜 경건하고 거룩한 생활을 하도록 하셨다(「기독교강요」, II.8.10.).

301. 칼빈에 있어서 저자의 의도를 찾는 방법은 장르이다(Osbome, Trinity Journal 4/2(1983), 24. J Barton도 이렇게 주장한다. "어떤 본문이든지 그 본문을 이해하려면 적어도 그 본문의 장르를 어느 정도나마 인식하지 않고는 불가능하다고 아무리 말해도 결코 지나치지 않다"(Reading the OT, 16)."어떤 본문에 대하여 해석자가 갖고 있는 총괄적인 인식은 그가 계속해서 이해할 모든 내용의 본질적 요소가 되는데, 이 사실은 이 총괄적인 인식이 변하지 않는 한 그리고 변하지 않는 한 그리고 변한다 하더라도 그때까지 계속 유효하다." (E.D. Hirsch, Validity in Interpretation, 74, 76)."언어의 의미에 대한 모든 이해는 필연적으로 그 장르와 연관되어 있다. 물론 장르를 중심으로 이해하려는 특성은 해석학 학계의 한 흐름이다."(Guknn, Story of King David, 19). 그러나 저자의 의도는 장르라기보다는 칼빈이 말한 대로 성경의 의도는 예수 그리스도이다.

여겨야 한다는 긍정적인 면도 있다. 하나님이 원하시는 것을 하지 않는 것은 하나님을 불쾌하게 하는 것이요, 하나님이 원하시는 것을 하면 그 것은 하나님을 기쁘시게 하는 것이다.

8장 「모세오경의 마지막 4권 주석」과 십계명 해석

모세 오경의 마지막 책들의 조화와 해석학적 의도

칼빈은 모세오경의 마지막 4권 주석에서 제 1-4 계명은 하나님을 올바로 섬기는 법, 즉 신약의 요약이요, 제 5계명에서 제 10계명은 상호간의 삶에 대한 법을 말해준다. 불어판에서는 첫째 돌판은 우리가 하나님께 빚지고 있는 신앙(la piete)을 다루며, 둘째 돌판은 우리가 우리 이웃에게 빚지고 있는 정의(l'equite)를 다룬다고 말한다.[302] 칼빈은 자신이 시도한 책을 비판할지도 모르는 사람들에 대한 변증법적인 서문에서 자신의 해석학적 의도를 말한다.

> 나는 이렇게 배열해 놓음으로서 미숙한 독자들을 도와 그들이 보다 더 쉽게, 보다 더 넓게, 그리고 보다 더 유익하게, 모세의 작품을 알 수 있도록 하는 것 이외에는 아무 목적도 갖고 있지 않다. 내가 수고한 것에서 어떤 유익을 얻기를 원하는 사람은 내가 그로 하여금 이 별개의 책을 연구하는 일에서 후회하도록 만들려 하지 않고 있으며 단지 이런 대요로서 분명한 목표점을 알려주려 한다는 사실을 이해해야 한다. 흔히 일어나는 일로써, 그가 어떤 일정한 계획을 모름으로 말미암아 곁길로 가게 되는 일이 없도록 말이다. 이 네 권의 책들은 두 가지 중요한 부분으로 구성되어있다. 즉 역사적 교리로 구성되어 있는데 교회는 이

302. "La piete que nous devons a Dieu, et l' equite que nous devons a nos prochains" 우리가 하나님께 빚지고 있는 신앙과 우리가 우리의 이웃에 빚지고 있는 형평(衡平)(존 칼빈, 「구약성경주석」 3, 제 2계명 주석, 452, 출 20:12, 16)

것에 의해 참된 경건(믿음과 기도를 포함한)을, 뿐만 아니라 하나님을 경외하고 숭배하는 것을 배우게 된다. 그리고 이처럼 의롭고 거룩한 생활에 대한 규례가 제시되어 있으며 각 사람마다 그들의 여러 가지 의무를 수행하도록 권고하고 있다. 모세는 그의 책에서 이런 차이점을 관찰하지 않고 있으며 심지어는 연속적인 형태로 역사 이야기를 언급하고 있지 않고 교리를 연관성 있게 전하지 못하고 있다. 나는 행위에 관한 법규를 가리키고 있는 것은 모두 십계명 속에서 이해되어져야 한다는 것을 인정한다. 그러나 모든 사람들이 그 밖의 다른 곳에서 가르쳐지고 있는 것에 대한 풍조를 식별해내거나 다른 교훈을 그들의 계층에 알맞게 옮길 만한 총명을 충분히 갖고 있지 않기 때문에 그들에게 거룩한 선지자 모세의 의도를 제시해 줌으로서 그들로 하여금 그의 글에서 더욱 더 유익을 얻을 수 있게 하는 그런 도움을 막을 만한 것은 아무 것도 없다.[303]

칼빈에 의하면 평신도들이 쉽게 모세의 책을 잘 이해할 수 있는 모세의 의도를 제시함으로 그들로 하여금 모세의 글로부터 더욱 더 유익을 얻도록 하기 위하여 오경의 마지막 4권을 한데 묶어서 주석했음을 명

303. 존 칼빈, 「구약주석」 3, Vol.1, 머리말, 15-16. Preface of John Calvin to the Four Last Books of Moses "For I have no other intention than, by this arrangement, to assist unpracticed readers, so that they might more easily, more commodiously, and more profitably acquaint themselves with the writings of Moses; and whosoever would derive benefit from my labours should understand that I would by no means withdraw him from the study of each separate Book, but simply direct him by this compendium to a definite object; lest he should, as often happens, be led astray through ignorance of any regular plan."(CC Vol. II, Michigan: Grand Rapids, Baker Books House, Volume Frist, 1989, XIV-XV) As we see above, Calvin arranged the last four books of Moses in form of harmony and illustrated by commentaries in order that unpracticed readers may understand writings of Moses more easily and profitably. The Last Four Books of Moses are made up of two principal parts: the historical narratives and the doctrines by which the Church is instructed in true piety, in the fear of God and worship of God, and also teaches the rule of just and holy life, and the individuals are exhorted to the performance of their several duties.

시하고 있다. 이 사실은 「기독교강요」의 저술의 목적과 비슷함을 알 수 있다.

모세 오경의 마지막 4권에서 의롭고 거룩한 생활에 대한 규례가 제시되었으며 각자의 의무를 수행하도록 권고하고 있는데도 모세는 이런 차이점을 묵과하고 있으며 그러한 교리를 연관성 있게 설명하고 있지도 않고 있다. 뿐만 아니라 연속적인 형태로 역사를 기술하고 있지도 않다. 행위에 관한 모든 법규를 가르치고 있는 것은 십계명에 속한다고 보고 있으며 이러한 작업을 한 사람이 없음을 칼빈은 인정한다.[304]

칼빈에 의하면 「모세 오경의 마지막 4권의 조화」라는 책에서 역사적인 이야기(narrative history)는 이중적인 면을 가지고 있다. 한편으로는 죄악된 이스라엘 백성을 지극히 사랑하시는 하나님의 은혜(misericordiae/ gratiae dei)를 기술하고 있으며 다른 한편으로는 죄 지은 자를 벌하심으로 하나님에 대한 경외심을 심어줌으로 우상숭배, 악한 생각과 탐욕에서 벗어나게 하시려는 하나님의 의도를 배우게 한다.[305]

뿐만 아니라 모세오경의 마지막 4권의 책에는 교리가 있는데 교리는 네 가지 주요 제목으로 나누어진다. 첫째, 모세는 하나님을 올바로 경외할 수 있도록 여러 가지 찬미로 율법의 권위를 가르치고 있으며 서문 형식으로 제시되어 있다. 둘째, 십계명이다. 십계명은 간략하게 그리고 종합적으로 경건하고 의로운 생활을 위한 규례(the rule of a just and holy life/ pie iusteque vivendi regulam)의 요약이다. 다른 규례는 여기에 준하고 있다. 셋째, 세 번째 항목은 부록으로서 첫 번째 증거 판에는 예법들과 외적인 예배가 두 번째 증거 판에는 정치법들이 기록되어 있는데 이런 것들의 목적은 도덕률(the moral rule)을 준행하는 것을 돕는 것이다. 따라서 선하고 올바른 생활의 규례로서는 십계명 이외에는 아무

304. 존 칼빈, 「구약성경주석」, Vol.3, first volume, 16.
305. 존 칼빈, 「구약성경주석」, Vol.3, first volume, 16(서문).

것도 필요하지 않다. 네 번째, 마지막 항목은 율법의 목적과 용도를 보여준다. 율법은 우리로 하여금 우리가 얼마나 연약하고 죄인인가를 깨닫게 해 주며 우리로 하여금 율법의 마침이 되신 예수 그리스도(Christum esse finem legis)께로 달려가도록 한다. 이것이 예수 그리스도를 통해서 보여주신 자비로우신 하나님의 약속의 의도이다.(huc spectant promissiones)[306]

이와 같이 모세오경의 마지막 4권의 종합적이고 체계적인 주석은 이 책을 이해하는 해석적인 키라고 생각할 수 있다. 다시 말하면 모세오경의 마지막 4권의 책은 하나님을 사랑하고 이웃을 사랑하며 사는 생활로 요약할 수 있으며 결국 율법의 마침이 되신 그리스도 예수를 통해서 성경을 보는 것이 십계명을 이해하는 열쇠라고 할 수 있다.

율법의 요약(summa legis), 목적, 의도와 사용

율법의 요약이란 십계명 하나하나에 대한 요약이 아니라 율법의 내용에 대한 요약과 그 가르침의 목적과 의도(quorsum tendat eius doctrina)를 의미한다. 칼빈에 의하면 사도 바울은 율법의 목적을 "청결한 마음과 선한 양심과 사랑으로 표현된 믿음"으로 잘 요약하고 있다고 말한다(딤전 1:5).[307] 모세는 그리스도의 영을 통해서 십계명을 두 항목으로 나누어 설명하고 있다. 이것은 한 문맥에서 말하는 것이 아니지만 온 정성을 다하여 하나님을 사랑하고 이웃을 사랑하라는 것으로 요약하고 있다. 그리스도께서 모세의 의도(eius consilium)를 분명하게 신약에서 설명하고 있다.[308] 하나님을 사랑하고, 이웃을 사랑하는 생활은 십계명의 요체이며, 하나님을 믿는 믿음의 표현이다. 다른 말로 말하면

306. CO, Vol.24, 2nd volume, 7-8.
307. 칼빈, 「구약성경주석」, Vol.5, 3rd. volume, 173.
308. C0, Vol.24, 2nd volume, 721/Matt.22:37. 율법은 의롭고 올바르게 사는 생활 규범(iuste vivendi regula, C0, Vol.24, 2nd volume, 725)이다.

경건(pietatem)과 의로운(iustitiam) 생활이며, 의로운 생활, 자비를 베푸는 생활, 정직한 생활을 하는 것이 하나님이 우리로 하여금 원하시는 삶이다(마 23:23). 여기서 이웃이란 모든 사람을 포함한다.

칼빈에 의하면 율법의 세 가지 핵심은(praecipua legis capita) "의와 인과 신"(iudicium, misericordiam et fidelitatem)이다.[309] 그렇다면 우리는 율법을 지킬 수 있는가? 우리가 율법을 지키려고 한다면 하나님을 경외하는 것부터 시작해야 한다. 그럼에도 불구하고 우리는 연약하고 부족해서 율법을 자발적으로 순종할 수 없다. 하나님은 강제로 우리로 하여금 여호와의 율법을 지키도록 하시지 않는다. 경외란 아버지로서 하나님의 사랑을 체험하지 않으면 경외심(timore dei)이 싹트지 않기 때문이다.[310]

칼빈에 의하면 우리는 율법을 온전히 지킬 수 없지만 그렇다고 해서 안 지켜도 된다는 것은 아니다. 하나님이 우리로 하여금 지키도록 도와주신다.

"우리는 율법을 온전히 지킬 수는 없지만 율법에 순종하라는 명령을 받았습니다. 왜냐하면 하나님이 우리들에게 허락하시는 은혜에는 한도가 있기 때문입니다. 이것은 어찌 보면 모순된 것처럼 보입니다. 그러나 하나님께서 우리를 겸손하게 하기 위해서 율법을 온전히 지킬 수 있는 능력을 주시지 아니하셨습니다. 다시 말하면 우리가 우리의 연약함을 아시고 하나님 앞에서 겸손하게 하나님께 빚진 자로 남아 있기를 바라셨습니다. 하나님께서는 우리가 우리의 연약함을 시인하고 하나님 앞에서 벌벌 떨기를 바라십니다. 또 우리가 우리의 처참한 상태를 직시하고 우리가 항상 하나님께 빚진 자로 남아 있기를 바라십니다. 따라서 지금 하나님께서는 우리에게 하나님의 율법 전체를 완전하게 지

309. C0, Vol.24, 2nd volume, 722.
310. C0, Vol.24, 2nd volume, 722/ 칼빈, 「구약성경주석」, Vol.5, 3rd volume, 176.

키는 데 필요한 자질을 허락하시지 않으시기 때문에 우리는 하나님께서 우리에게 요구하시는 것을 완수할 수 없습니다."[311] 하나님은 우리로 하여금 율법을 온전히 지키시게 함으로 우리를 성화시키시는 것이 아니라 율법을 온전히 지키지 못함을 깨닫게 하심으로 하나님 앞에서 겸손하게 하시며 예수 그리스도의 은혜를 되돌아보게 함으로써 항상 겸손하게 성령을 의지하여 살도록 하십니다. 온전히 율법을 지킬 수 있는 은혜를 주시지 않은 것은 우리를 겸손하게 하며 더욱더 예수 그리스도를 의지하도록 하셨습니다.

"우리는 율법을 온전히 지킬 수 없습니다. 믿는 자들은 하나님의 성령의 다스림과 인도를 받기 때문에 율법을 지킵니다. 말하자면 율법에 주어진 규칙에 따라 살아갑니다. 그들이 제대로 빨리 달리고 있다거나 그들이 목적지에 즉시 도착한다는 말이 아니고 그들은 여전히 그렇게 하는 것을 그들의 목표로 삼고 있으며 하나님께서 그들을 지원해 주시며 또 그들의 죄를 그들의 탓으로 돌리지 않으신다는 말입니다. 이렇게 해서 믿는 자들은 율법을 지킵니다."[312] 참으로 놀라운 칼빈의 율법에 대한 통찰력이요 하나님의 계획이요 섭리이다.

칼빈에 의하면 선악에 대한 지식은 천성적으로 우리에게 새겨져 있다. 이런 점에서 율법은 교육적인 용도를 가지고 있지만 이것이 전부가 아니다. 더욱 더 중요한 율법의 용법(finis et usus legis), 신학적인 용도이다(legis usus theologicus). 아담의 타락으로 말미암아 인간은 부패되고 연약하게 되어서 율법을 통해서 자신의 죄를 알게 됨으로 하나님의 자비에 피난처를 구해야함을 알게 되며 자신의 연약성을 깨달음으로

311. 존 칼빈, 「칼빈의 갈라디아서 강해설교 (상)」, 김동현 옮김, (도서출판 서로사랑, 2000), 429-430.
312. 존 칼빈, 「칼빈의 갈라디아서 강해설교 (하)」, 김동현 옮김, (도서출판 서로사랑, 2000), 461.

성령의 도움을 애타게 기다리게 한다. 그래서 첫째로 그리스도를 통해서 보여준 용서를 통해서 하나님을 기쁘시게 할 수 있으며, 둘째로 하나님의 영을 통해서 중생되어 의롭게 삶으로만이 율법을 지킬 수 있음을 깨닫게 한다.[313]

칼빈은 율법의 용도에서 세 가지(사회적 기능, 신학적인 기능, 도덕적인 기능)를 말했지만 셋 중에서 가장 중요한 십계명의 용도는 도덕법이다.

하나님은 십계명을 그냥 주신 것이 아니다. 출애굽기 20:1-17에 보면 하나님이 모세를 통해서 율법을 주시기 전에 "나는 너를 애굽 땅 종 되었던 집에서 인도하여 낸 너의 하나님 여호와라"(출 20:2)라고 말씀하셨다. 이 말은 무슨 말인가? 이스라엘이 애굽의 노예로서 견딜 수 없어서 하나님께 부르짖을 때 하나님은 그 기도를 들으시고 모세를 통하여 그들을 구원하셨다. 이것은 하나님의 은혜이다. 아브라함에게 약속하신 약속의 성취이다. 이런 점에서 보면 십계명은 하나님이 이스라엘을 구원하시기 위해서 율법을 주신 것은 아니다. 구원받은 이스라엘 백성이 하나님의 거룩하신 백성으로 어떻게 하나님을 예배하고 이웃과 어떤 관계성을 갖고 살아야 하는가를 십계명은 말해주고 있다. 십계명은 두 부분으로 나누어져 있다. 한 부분은 "순수한 믿음과 경건으로 하나님을 예배하라"는 명령과 다른 부분은 "진실한 애정으로 사람을 받아들이라"는 명령으로 되어 있다. 십계명은 도덕법이다. 따라서 도덕법은 하나님의 뜻에 따라서 살고자 하는 모든 사람을 위한 영원하고 참된 의의 규범이다.[314] 도덕이란 말 그대로 당위성을 갖고 있는 것이지 선택의 여지를 갖고 있는 것은 아니다. 도덕은 인간 형성과정에서 대단히 중요한 역할을 한다. 인간이라는 개념은 도덕에서 생기기 때문이다.

313. 칼빈, 「구약성경주석」, Vol.3, 185.
314.「기독교 강요」, 4.20.15

도덕은 인간과 동물을 구별하는 단초가 된다. 따라서 십계명은 이스라엘 백성이 살아야 할 삶의 규범이요, 정체성이요, 동시에 예수 그리스도를 통한 신자의 생활 규범이요 정체성이 된다.

루터는 율법의 저주의 기능을 제일 중요시했지만 칼빈은 도덕법(십계명)을 율법의 가장 중요한 기능이라고 했다. 도덕법은 그리스도의 영을 통해서 우리 마음에 새겨진 참되고 영원한 의의 규범으로써 하나님의 의로우신 뜻을 알게 하며, 율법을 묵상함으로 범죄의 길에서 빠지지 않게 한다.315 도덕법은 우리 마음에 새겨진 자연법이며 양심의 증언이다.

도덕법이 하나님의 의를 보여준다는 말은 구원하는 의가 아니라 의로운 하나님의 뜻을 알게 하여 거룩한 생활을 하도록 돕는 의의 규범을 말한다. 다시 말하면 도덕법인 십계명을 의미한다. 여기서 도덕법이란 신자로 하여금 거룩하게 살게 하는 용도를 말한다.

율법과 복음은 본질에서 다른 것은 아니지만 양자를 비교할 경우 양자의 특성에서는 다르다. 그래서 바울은 율법은 문자이며 복음은 영이다(고후 3:6). 문자라는 말은 율법은 마음에 새겨져 있는 것이 아니고 외형적인 것이며 영이라는 말은 성령의 은혜를 통해서 사람의 마음에 효력을 발생하는 살아있는 가르침이라는 말이다. 그러므로 문자란 오직 귀로만 아는 죽어있는 가르침이다. 그러나 영이란 효과적으로 인간의 영혼 속에 깊이 스며들어 열매를 맺게 하는 가르침이다.[316] 율법의 용도에 대해서 더 자세한 설명을 얻고자 하는 자는 기독교강요 2권 7장을 참고하고 말하고 있다.[317] 「기독교강요」 2권 7장에 보면 자기부인 십자가를 지는 생활이다.

315. 「기독교 강요」, 2.7.12
316. 칼빈, 「구약성경주석 」, Vol.3, 각주 4, 186.
317. 칼빈, 「구약성경주석」, Vol.3, 186.

저자의 의도(the intention of the author)

칼빈에게서 저자의 의도는 성경해석목표가 됨을 이미 말했다. 여기서는 십계명 해석에서도 저자의 의도가 중요함을 보여주는데 그칠 것이다. 예를 들면 출애굽기 29:28(이는 이스라엘 자손이 화목제의 아론과 그 자손에게 돌릴 영원한 분깃이요 거제물이니 곧 이스라엘 자손이 화목제의 희생 중에서 취한 거제물로서 여호와께 드리는 거제물이라)의 주석에서 이 말씀의 의도는 요컨대 옛날 백성들의 연약성 때문에 이런 유치한 기본 단계가 필요했는데 이것은 신앙심 있는 자들의 마음이 위의 것들을 바라보게 하는 데 도움이 되었다. 이 모든 것의 의도(in eum finem omnia tendebant)는 하나님 예배를 더럽히거나 경멸하게 하는 오점이 조금이라도 스며들지 못하게 하는데 있었다.[318]

출애굽기 29:42(이는 너희가 대대로 여호와 앞 회막문에서 늘 드릴 번제라 내가 거기서 너희와 만나고 네게 말하리라) 주석에서도 저자의 의도를 중요시하고 있다. 결국 모든 구절들을 통해서 볼 때, 하나님의 의도(ex toto contextu dei consilium)는 백성들을 레위인들의 제사장직으로서 당신께 굳게 붙어 있게 하시려는 것이다. 그리고 사람들뿐만 아니라 장소와 제물까지도 성별하시는 이는 오직 하나님이시라는 사실을 주목해야 한다. 그러므로 하나님께서 부여해 주시는 것 이상으로 스스로 뽐내는 자들의 자랑은 어리석은 것이다."[319]

십계명 해석방법의 종합

연대기적으로 보면 「십계명 설교」, 「기독교강요」, 「모세오경 마지막 책 주석조화」 순이다. 그럼에도 불구하고 세 권의 책들은 서로 밀접하게 연결되어 있다. 십계명 설교를 지배하는 신학적인 배경이나 해석 방

318. CO, Vol.24, 2nd volume, 439.
319. CO, Vol.24, 2nd volume, 492.

법은 「기독교강요」와 밀접한 관계를 가지고 있다. 「기독교강요」는 1536년, 1539년, 1543년, 1550년, 그리고 1559년의 다섯 차례에 걸친 수정을 가한 불후의 명저이다. 십계명설교는 「기독교강요」의 네 번째 수정 후에 십계명 설교가 행해졌다. 뿐만 아니라 십계명은 1536년 「기독교강요」에서 "율법에 관하여"(on the law)라는 제목 하에 상세하게 설명했다. 「기독교강요」의 결정판의 골격을 이루고 있는 1539년 판은 1559년 최종판과 비교할 때 최종판에서는 4개의 장만 추가하고 재구성했으나 칼빈의 율법에 대한 사상은 변하지 않했다. 따라서 칼빈의 십계명 설교는 19년, 「기독교강요」는 23년, 주석은 4년의 장고를 거쳐 이루어졌다. 모세오경의 마지막 4권 성경주석도 십계명설교 이전에 목사들의 모임(Congregations)에서 이미 강해되었으며 1563년에 출판했다. 따라서 십계명 설교의 해석방법은 「기독교강요」와 밀접한 관계를 가지고 있다. 뿐만 아니라 「모세오경 마지막 책의 조화 주석」에서도 저자의 의도와 모형론적 해석을 하지만 결국은 성경을 기록케 하신 성령님의 내적조명 없이는 율법을 올바로 해석할 수 없다고 칼빈은 말했다.

요약하면 칼빈은 십계명을 해석할 때 저자의 의도, 제유법적인 해석, 모형론적인 해석을 사용했지만 한마디로 말하면 성경의 의도인 예수 그리스도의 관점에서 전체 십계명을 해석했다. 예수 그리스도는 새로운 율법을 주신 분이 아니라 율법의 새로운 해석자이다. 그는 율법에 본질에 하나도 더한 것이 없고 율법을 올바로 적용되고 해석하도록 율법의 의도를 회복하신 분이다. 따라서 예수 그리스도는 율법의 최고 해석자요, 기초(fundamentum), 영혼(anima), 영(spiritus), 목표(scopus), 마침(finis), 완성(perfectio)이다.[320] 그래서 십계명은 율법의 마지막이요 약

320. Calvin's oft-repeated assertions that Christ is the fundamentum, anima, spiritus, scopus, finis and perfectio of the law. Calvin insists that Christ was not a new law-giver, but

속의 성취자가 되시는 예수 그리스도의 관점에서 봐야 올바로 해석할 수 있다.

rather an interpreter of the law. Christ adds nothing essential to the law, since the gospel was already present in a sense in the law. His role is thus simply that of a "faithful interpreter."(Comm. on Matt. 5:31) He did not add anything to the law; "he only restored it to its integrity."(Inst., II.8.7.)

9장 해석자의 자질과 경건

칼빈에 의하면 경건은 하나님을 아는데 필수적이다. '종교나 경건이 없는 곳에서(ubi nulla est religio nec peitas)는 하나님을 결코 알 수 없다' 고 칼빈은 말했다.[321] 그렇다. 경건은 올바른 하나님의 지식을 갖기 위해서 해석자가 갖추어야할 필수조건이요 전제조건이다. 따라서 경건하지 않는 사람은 성경을 해석할 자격이 없으며 그런 사람의 성경해석은 한 마디로 추상적인 해석이다. 우리는 이 점을 깊이 마음에 영접해야 할 것이다. 이런 점에서 우리가 경건이 무엇인가를 잘 아는 것은 필수적이다. 뿐만 아니라 성경해석에 있어서 아주 중요한 요소이다. 이 장에서는 성경해석에 경건이 미치는 중요성을 설명할 것이다.

칼빈에게 경건은 오늘의 영성처럼 부분적인 것이 아니라 총체적이다. 신자생활 전체를 말하며 하나님과의 신자의 관계성을 설정하는 필수적인 개념으로써 성경해석에 필수적인 요소이다. 다시 말하면 경건은 성경을 해석하는 자의 필수적인 자질 혹은 조건이라고 할 수 있다.

경건(pietas)의 정의

희랍 사람들에게는 신을 예배하는 것이 경건(ευσεβειαα)이라고 했다. 라틴 고전에서는 경건(pietas, pius)이라는 언어는 자녀들과 부모들의 관계를 지칭하며 로마의 가문에서는 자녀들이 부모를 두려워하고 존경하는 것이 경건으로 이해되었다. 그래서 로마인에게 최대의 죄는

321. 「기독교강요」, 1.2.1.

부모를 살인하는 죄이다.[322]

칼빈은 「기독교강요」에서 경건을 "하나님이 주시는 은총들을 알 때 나타나는 경외감으로 하나님에 대한 사랑과 연관 된 것"(reverence joined with love of God which the knowledge of his benefits induces) 이라고 했다.[323] 여기서 칼빈의 경건을 이해하는 것은 아주 중요한 정의이다. 첫째, 경건은 칼빈 이전의 학자들처럼 내 안에 있는 것이 아니라 하나님으로부터 주어진 것이다. 둘째, 경건이 하나님의 은혜를 일으키는 것이 아니라 하나님의 은혜가 경건을 일으킨다. 셋째, 경건은 하나님에 대한 사랑이 결합된 존경, 혹은 경외심이다.

칼빈은 자신이 저술한 「칼빈의 신앙교육서」(Instruction et Confession de Foy, 1537)에서 다음과 같이 경건에 대해서 정의한다. 「기독교강요」에서의 정의와 일맥상통하지만 보다 더 자세하게 경건에 대해서 말한다. "진정한 경건의 요점은 하나님의 심판을 기꺼이 피하고 싶은 두려움에 있는 것이 아니라, 하나님의 심판은 피할 수 없음으로 이 심판 앞에서 두렵고 떠는 마음과 태도에 있다. 오히려 참 경건이란 하나님을 주님으로 존경하며 그의 의를 수용하고 죽을지언정 그의 마음을 거스르지 않는, 순수하고 참된 열심에 있다. 이러한 열심을 소유한 사람들은 모두 자기들의 몰염치가 원하는 대로 하나님을 날조하려는 시도를 그만두고 하나님 자신으로부터 참 하나님에 대한 지식을 구하되 하나님이 자기를 저들에게 계시하시고 선포하신대로만 이해한다."[324] 이 신

322. 존 칼빈, 「칼빈의 경건」, 이형기 옮김 (크리스찬 다이제스트, 1989), pp.29-30.
323. Inst., 1.2.1.
324. 존 칼빈, 「기독교강요 요약」, 이현기 옮김 (크리스찬 다이제스트, 1990), 29. "True piety does not consist in a fear which willingly indeed flees God's judgment, but since it cannot escape is terrified. True piety consists rather in a sincere feeling which loves God as Father as much as it fears and reverences him as Lord, embraces his righteousness, and dreads offending him worse than death. And whoever have been endowed with this piety dare not fashion out of their own rashness any God for themselves. Rather, they seek from him the knowledge of the true God, and conceive him just as he shows and declares himself to be."

앙고백서에서 정의된 경건의 의미는 경건에 대한 단순한 정의가 아니라, 칼빈 자신이 직접 체험한 고백이라고 말할 수 있다. 왜냐하면 칼빈은 그가 고백한 대로 일생을 살았기 때문이다.

1537년 「칼빈의 신앙교육, 1537」를 통해서 몇 가지 경건에 대한 중요한 교훈을 배울 수 있다. 첫째, 참 경건은 하나님에 대한 두려움이다. 심판하시는 하나님을 두려워해야 한다. 심은 대로 거두시는 하나님을 두려워해야한다. 둘째, 참 경건은 진실한 열정(sincero magis affectu)에 기초하고 있다. 신앙은 미지근한 것이 아니라 하나님에 대한 뜨거운 열정이 있어야 한다. 셋째, 진실하고 뜨거운 열정의 대상은 인간이 아니라 하나님이다. 하나님을 아버지로 사랑하는 열정이 있어야 한다. 넷째, 경건한 자는 하나님을 세상적인 지식에서가 아니라 성경이 계시하는 대로 아는 자들이다. 이 점이 경건과 해석이 연결되는 점이다.

경건의 비밀

칼빈은 디모데전서 3:16의 설교에서 경건의 신비는 참으로 위대한 하나님의 진리라고 했다. 경건의 신비(mystery of godliness)는 예수 그리스도의 성육신이요 우리와 연합 즉 그리스도와의 연합으로 이해했다. 그리스도와 연합이 경건의 비밀이지만 사실 신자와 그리스도와의 연합은 설명할 수 있는 말이라기보다는 느끼는 것이다. 칼빈은 1555년 8월 8일 친밀하게 교제하던 한 신학자에게 다음과 같은 내용의 편지를 썼다. 여기서 그리스도와 연합의 중요성과 그것을 설명할 수 없음을 이렇게 말하고 있다.

> 내가 자네에게 약속했던 것, 말하자면 우리가 어떻게 그리스도에게 비밀스럽게 참여하게 되는지 쓰려고 했던 것이, 그것을 나는 자네가 바라는 것처럼 그렇게 완전히 밝힐 수는 없다. 왜냐하면 그 일이 매우 중

요하지만, 나는 동시에 그것이 몇 마디 말로써 우리 가운데서 묘사될 수 없다고 믿기 때문이다. 하나님의 아들이 우리의 형제가 되시기 위해 우리의 육신을 취하시고 우리와 같은 본성에 참여하셨다는 것, 바로 이 참여에 대해 자네에게 더 설명할 필요는 없다. 왜냐하면 지금 말하려는 참여는, 그 분의 천상의 영광으로부터 흘러나와 우리에게 생명을 불어 넣어주시고, 우리가 그 분과 한 몸 가운데 함께 자라도록 만드시는 것이기 때문이다..... 어떻게 그것이 일어나는지는 내 이해력을 넘어서는 일이다. 이렇게 고백할 수 밖에 없다. 그래서 나는 그것을 파악하려 노력하기 보다는 그 비밀을 그저 느낄 뿐이다. 성령의 신적 능력을 통해 생명이 하늘로부터 땅으로 흘러 내려온다는 것, 그것만을 알 따름이다."[325]

여기서 우리가 배워야 할 중요한 경건에 대한 교훈은 경건의 신비는 그리스도와의 연합인데 이 연합은 신비적인 것이기 때문에 어떻게 그리스도와 연합이 가능한가는 설명할 수 있는 개념이라기보다는 느껴지는 개념이라는 것이다. 그렇다. 그리스도와의 연합을 통해서 그리스도가 우리 안에 사시고 우리가 그 안에 살지만 이것은 사변적인 개념이라기보다는 성령의 감동을 통해서 우리의 마음에 느껴지는 것이다.

경건의 목적

경건의 최고 목적은 한마디로 하나님께 영광을 돌리는 것이다. 하나님께 영광을 돌리는 것을 다음과 같이 말할 수 있다. "칼빈의 근본적인 사상은 성경에 계시된 대로 하나님께 영광을 돌리는 것이다. 하나님께 영광을 돌리는 것은 성경에 계시된 대로 하나님을 믿고 확신을 가지고

325. 크리스토프 슈트롬, 「개혁자 칼뱅」, 문명선.이용주 옮김(도서출판 넥서스, 2009, 227/ CO 15, 722).

하나님의 말씀을 순종하는 것이다."[326] 놀라운 칼빈의 사상에 대한 통찰력이다. 하나님께 영광을 돌리는 삶은 하나님의 말씀대로 하나님을 이해하고 그의 말씀을 확신을 가지고 순종하면 사는 생활이다.

경건과 성경해석

칼빈에 있어서 경건은 성경해석방법이라기보다는 성경해석자의 자질을 말한다. 경건한 신자의 하나님에 대한 지식과 그렇지 못한 자의 하나님에 대한 이해는 하늘과 땅 차이이기 때문이다. 그러나 그는 지식과 경건을 구분하지만 분리시키지는 않는다.

구약신학에서 정경비판(canonical criticism)으로 널리 알려진 브레버드 차일즈(Brevard S. Childs)는 이렇게 질문했다. '칼빈은 현대 신학자들이 아주 중요하게 생각하는 해석학적인 이론을 배우지 아니했어도 그의 주석은 그렇게 무게가 있고 깊은가?' 라고 질문했다. 왜 칼빈의 설교나 주석은 그렇게 깊고 무게가 있는가? 그의 학문인가? 만약 학문적으로 말하면 오늘날에도 칼빈만큼 배운 사람은 아주 많다. 그러면 무엇인가? 칼빈의 경건이다. 차일즈의 질문에 대한 칼빈의 대답을 그의 고린도전서 2:12의 주석에서 찾을 수 있다. 그리스도 예수에 관한 것은 자연적으로 알려지거나 인간의 이성의 힘으로 알려지는 것이 아니라 성령의 계시에 의해서 이루어진다. 칼빈의 말을 직접 들어보자: "'알다'라는 단어는 신뢰에 대한 확신을 더 갖게 하기 위하여 사용되었다. 그러나 그것이 자연적인 방법으로나 또는 우리의 정신적인 이해력에 의하여 획득되는 것이 아니라, 성령의 계시에 의하여만 얻어지는 것이다."[327] 그렇다. 성경은 성령의 가르침에 의해서 이해되어진다. 그러

326. 번역은 저자의 것이며 원문은 다음과 같다. "La pensee fondamentale de Calvin c'est la glori du Dieu revele dans la Bible... la glori qu'il faut rendre a Dieu c'est le croire sur parole et lui obeir par confiance." (G. Fulliquet)

327. Calvin's New Testament Commentaries, Vol. 9 The First Epistle of Paul The Apostle to

나 성령의 역사는 경건한 삶을 사는 자를 통해서 역사하신다는 사실을 우리는 명심해야 할 것이다.

경건과 지식

칼빈은 경건과 지식을 분리시키지 않았다. 이것이 인식론적인 공헌이라고 요셉 리차드는 말했다.[328] 에라스무스는 신학과 경건은 그리스도인의 삶에 필수적이라고 했다.[329] 리차드에 의하면 칼빈의 신학은 지성의 만족함이 아니다. 그것은 행위이다. 칼빈은 하나님에 대한 질문은 하지 않았다. 그는 하나님의 말씀이 물어보게끔 자신을 허락했다. 신학자는 말씀과 성령의 계속되는 변증법적 관계 안에 있는 사람이다. 그는 말씀에서 성령으로, 성령에서 말씀으로 보냄을 받는다. 왜냐하면 그는 신앙의 영향력 안에서 하나님의 신비를 이해하려고 하는 사람이 아니다. 인간을 구원하기 위해서 자신을 계시하며 드러내시는 분은 하나님 자신이시다. 신학에는 이성을 위한 자율적 역할이란 없다. 칼빈은 그 자체가 독특하며, 그 하나님 신비를 신앙을 통해서 뚫고 들어갈 능력을 가진 이성신학(ratio theologica)을 알지 못한다. 칼빈에게는 학문적 신학 같은 것은 없고, 오직 경건의 지혜(sapientia)만이 있을 뿐이다.[330] 다시 말하면 경건을 통해서 하나님의 지식에 도달할 수 있다는 말이다. 참다운 하나님에 대한 지식이란 경건, 즉 하나님의 말씀에 순종을 통해

the Corinthians, Trans. John W. Fraser(Michigan: Grand Rapids, The Paternoster Press Carlisle, 1960), 59. 존 칼빈, 聖經註釋, (성서원, 1999), 97-98. Brevard Childs has asked why is it that Calvin, without access to modern critical knowledge, is able to explicate scriptural passages with a depth and meaning that eludes modern commentators. The answer must be in Calvin's own spiritual and theological resonance with text, a skill that cannot be learned in Schools. Calvin himself has a characteristic answer to this question in his commentary on 1 Corinthians 2:12: ""However let us note that it is not obtained in a natural way, or laid hold of by our mental power of comprehension, but it depends altogether on the revelation of the Spirit.""

328. 「칼빈의 영성」. 요셉 리차드, 한국칼빈주의 연구원/편역(기독교문화협회), 1986, 26.
329. Ibid. 26.
330. 「칼빈의 영성」. 요셉 리차드, 230. 「기독교강요」, 1.1.1.

서 가질 수 있다.[331]

칼빈의 성경 해석과 설교가 깊고 무게가 있으며 감동을 주는 것은 단순히 그의 학문에 있지 않고 그의 경건에 있다. 하나님의 말씀에 대한 불타는 열정과 죽을지라도 하나님의 마음을 거스르지 않으려는 그의 경건에 있다. 칼빈은 경건과 학문을 분리하지 않았다. 주님의 종은 경건과 학문이 결합되어야 한다. 성령의 역사는 언제나 신자의 경건과 함께 결합하기 때문이다.[332]

칼빈은 "그러나 완벽하고 모든 면에서 신앙뿐만 아니라 하나님에 대한 모든 올바른 이해는 바로 이 순종에 의해서 태어난다"(Omnis recta cognitio Dei ab odedientia nascitur)고 했다. 여기서 '그러나'는 앞의 말에 연결된다. 칼빈은 하나님을 알려고 하지만 성경 밖에서 하나님을 알려고 하는 자들은 어리석은 자라고 했다. 그러나 성경 안에서 참된 하

331. "recta cognitio dei ab obidientia nascitiur."(「기독교강요」, 1.7.2.)

332. 칼빈에 의하면 성경해석에 있어서 성령의 조명은 기계적인 것이 아니라 해석자의 학문 경건, 기도를 사용하신다. 다시 말하면 성령은 인간의 애씀(hominis opera)을 쓰신다고 했다. "오히려 절대적인 동인이 되시는 하나님께서 친히 하나님의 도구인 인간과 연합(cum hominis opera coniungitur)하시고, 성령의 능력(vis spiritus)을 인간의 노력에 더하여 주신다는 것이다(vis spiritus cum hominis opera coniungitur). 다른 말로 표현한다면 인간이 그 자신의 능력으로 일을 성취하는 것이 아니라, 하나님께서 인간을 통하여 이루신다는 것이다"(존 칼빈, 「칼빈성경주석」, Vol.19(서울: 성서원, 1999), 256. CO, Vol. XLIX, 438). 여기서 "성령의 능력"이라는 말은 성령의 감화력을 말한다. 그래서 성경해석에 있어서 성령의 감화력은 인간의 노력과 함께 역사한다는 말이다. 따라서 성경해석자는 성경을 묵상해야하며 기도해야한다. 우리는 하나님의 말씀을 하나님의 말씀으로 듣고 깨닫기 위해서 성령의 은혜를 통하여(docilitas ad quam formamur spiritus sancnti gratia) 들을 귀를 가지게 한다. 그러므로 성령의 조명에 의하여 하나님의 말씀을 들 수 있는 귀를 주시도록 기도해야 하며(존 칼빈, 「칼빈성경주석」, Vol.4(Comm. on Ps 40:6), 268-269). 성령의 능력을 통해서(arcana spiritus sui gratia Deus) 전적 부패로 말미암아 어둠 가운데 있는 우리의 눈을 성령의 은혜를 통해서 열어서 하나님의 말씀을 볼 수 있도록 간절히 기도해야한다(시편 119:18 "내 눈을 열어 나로 주님의 법에서 놀라운 일들을 보게 하소서" 칼빈은 주석에서 "Every man is blind, until he also enlighten the eyes of the his understanding. Admitting that God gives light to us by his word, the prophet here means that we are blind amid the clearest light, until he remove the veil from our eyes. when he confesses that his eyes are veiled and shut, rendering him unable to discern the light of the heavenly doctrine, until God, by the invisible grace of his Spirit ,open them, ... ")

나님의 지식을 가지려고 한다면 하나님의 말씀에서 시작해야 하며 그 말씀을 경외심을 가지고 순종해야 함을 강력하게 역설한다. 다시 말하면 경건이 없이는 올바른 하나님에 대한 이해는 불가능하며, 성경이 계시된 대로 순종함으로 모든 올바른 성경에 대한 지식을 얻을 수 있음을 시사한다. 여기서 경건의 역할은 성경해석방법이라기보다는 성경해석자가 가져야 할 자질을 말해준다. 따라서 성경해석자는 경건한 신자가 되어야 한다. 안명준 교수도 성경해석에 있어서 경건의 중요성을 언급했다.[333]

오늘날의 많은 신학이 너무 지적으로 흐르는 경향이 많다고 한다. 신학에 지적인 논리와 추리가 필요한 것은 사실이다. 그러나 하나님의 영광을 위해서, 교회를 세우기 위해서, 신자의 삶을 변화시키기 위한 경건한 신학이 절실히 필요함을 부인할 수 없는 상황이 오늘의 현주소이다. 또한 은사중심의 목회, 경건하지 않은 성령운동 등 많은 잘못된 신학으로 말미암아 교회를 혼란시키고 신앙이 메말라 가는 오늘의 시점에서 칼빈의 경건을 기초로 한 신학이 절실히 필요한 시대이다. 하나님을 경외하는 신학, 경건한 신앙이 필요한 시대이다.

초대 교부인 크리소스톰(Chrysostom)은 당시에 목회자가 각성해야 할 것을 비유적으로 예리하게 말했다. "우리가 알다시피 한 그루의 나뭇잎이 시들고 죽어가는 것은 그 뿌리가 잘못되어 간다는 것을 나타낸다. 마찬가지로 신도들의 규율이 문란한 것은 분명히 그들을 지도하는 성직자들이 거룩하지 못하다는 것임을 인식해야 한다."[334] 얼마나 단순하면서도 부인하지 못할 오늘의 현실을 잘 표현하는 말인가? 오늘날의 문제가 무엇인가? 경건생활이 부족한 것이 문제가 아니겠는가?

칼빈은 자신이 스트라스부르그에서 다시 제네바로 돌아갈 것을 권

333. 「칼빈과 영성」(고신대학교 개혁주의학술원, 2010), 73-92.
334. Chrysostom, Homilies on the Gospel of Mathew, 38.

고한 파렐에게 대답하면서 1540년 10월 24일 편지에서 "만일 내가 선택한다면, 이 일에 있어서 당신에게 복종하는 것 외에는 다른 어떤 것도 하겠지만, 그러나 내가 내 자신에게 속하지 않았음을 상기할 때, 나는 제물로 바쳐진 나의 마음을 주님께 드립니다."[335] 칼빈은 자신의 심장을 제물로 하나님께 드리므로 하나님의 영광를 위해서 신학을 했으며, 신앙생활을 했던 사람이다. 칼빈 신학의 체계가 있다면 그것은 경건을 기초로 한 신학일 것이다. 따라서 성령의 감화력과 내적조명은 해석자의 경건에 비례한다는 진리를 우리는 깊이 영접해야 할 뿐만 아니라 올바른 하나님의 지식을 알기 위해서는 경건이 필수적임을 우리는 깊이 받아들여야 할 것이다.

경건과 순종

칼빈에 의하면 "경건은 하나님에 관한 지식의 필수 조건이다."(piety is requisite for the knowledge of God). 여기서 필수조건이라는 말은 성경해석을 위해서 중요한 말이다. 우리가 대학 졸업장을 획득하려고 하거나 어떤 자격증을 가지려면 반드시 이수해야 할 필수과목이 있듯이, 올바른 하나님에 대한 지식을 가지려면 반드시 우리가 가져야할 조건이 있다. 이 조건이 경건이다. 사실 경건이 없는 곳에는 하나님에 대한 올바른 기독교도 지식도 없기 때문이다(God is known where there is no religion or piety).[336]

그렇다. 올바른 하나님에 대한 지식을 얻으려면 경건이 필수적이다. 칼빈에게 있어서 경건은 성경해석방법이라기보다는 올바른 성경해석을 위한 해석자의 조건이다. 하나님의 말씀에 대한 자세이다. 경건한 신자의 하나님에 대한 지식과 그렇지 못한 자의 하나님에 대한 이해는

335. R. 스토페르, 「남편.아버지.친구.목회자로서 인간 칼빈」, 박건택 옮김(엠마오, 1989), 100
336. Inst., 1.2.1.

하늘과 땅 차이가 있기 때문이다. 구약에 롯의 사위를 보라. 그는 어떻게 하나님의 말씀을 이해했는가? 그들은 하나님의 말씀을 농담으로 여겼다(창세기 19:17). 그러나 아브라함이나 노아는 어찌했는가? 하나님의 말씀을 경외함으로 순종했다. 순종하지 않은 롯의 사위들은 유황불에 타 죽었지만 노아나 아브라함은 주님의 구속사에 위대하게 쓰임을 받았다.

아브라함의 순종을 살펴보자. 아브라함의 생애에 있어서 하나님을 가장 깊이 알게 된 사건은 이삭을 바치는 사건이다. 사실 모리아 산에서 이삭을 바치라는 하나님의 명령은 참으로 받아 들이기에 어려운 명령이다. 어떻게 보면 하나님이 도덕적으로 살인자가 되게 하는 명령을 과연 하실 수 있는가? 이런 명령을 하는 분이 과연 하나님이라고 고백할 수 있겠는가? 여기에 대해서 많은 구약학자들은 부정적인 대답을 준다. 이방 종교에서처럼 어린이를 번제로 드리는 것을 반대하는 인간 존중 사상을 가르친다고 보는 사람도 있다. 도덕적인 질문을 피해가기 위한 해석이라고 할 수 있다. 창세기 22장 사건은 도덕적인 교훈을 가르치기 위한 것이 아니라 신학적인 교훈을 주기 위한 것이라고 볼 수 있다. 창세기 22장에서 하나님이 물론 도덕적인 면에서 본다면 그러한 해석이 가능하다고 생각되어진다. 그러나 우리는 이 이야기에서 도덕적인 교훈이 아니라 신학적인 교훈을 받아야 한다. 신학적인 깊은 교훈을 주는 사람이 소렌 키에르케고올이다. 그는 창세기 22장 이야기를 실존적으로 분석한 「공포와 전율」이라는 저서에서 아브라함 이야기는 참으로 이해하기 어려운 이야기임을 토로하면서 아브라함의 신앙은 도덕도 그렇다고 해서 직관도 아니라고 했다. 아브라함의 믿음은 역설이라고 했으며 하나님에 대한 숭고한 열정으로 믿음을 말했다. 여기서 역설이라는 말은 이해하기 어렵다는 말도 되지만 그것보다도 하나님의 명령과 결과가 상반되는데서 오는 것이기 때문이다. 하나님은 아브라함에게 이삭을 번제로 드리라고 했지만 하나님이 친히 양을 준비하셔서 이삭을 살리고 동시에 아브라함을 믿음의 조상으로 만들었기 때문이다. 이 얼마나 진리이면서도 모순되는 이야기인가?

그렇다. 아브라함의 신앙을 도덕적인 면에서 본다면 아브라함을 살인자로 모는 경우이다. 물론 믿음에 도덕적인 면이 있지만 믿음은 도덕이 아니다. 사도 바울도 죄는 도덕이 아니라 믿지 않는 것이라고 했다(롬 14:23). 다시 말하면 믿음의 반대는 도덕이 아니라 죄라는 말이다. 그럼에도 불구하고 키에르케고올의 실존적인 분석은 타당성이 있음에도 불구하고 텍스트 중심의 해석은 아니다. 믿음은 역설적인 면이 있지만 그렇다고 해서 역설이 아니기 때문이다. 믿음은 하나님의 약속의 말씀에 대한 경외심이기 때문이다.

하나님은 아브라함에게 이삭을 번제로 드리라고 명령했지만 하나님은 이삭을 죽이지 않았다. 하나님은 아브라함을 위해서 친히 어린 양을 준비하여 이삭 대신 하나님께 번제 드리도록 했다. 그렇다면 하나님의 의도는 무엇이었는가? 창세기 22장 이야기를 자세하게 살펴보면 하나님의 아브라함에 대한 평가가 두 번 나온다. 그것이 무엇인가? "이제야 네가 하나님을 경외하는 줄을 알았다"고 했다. 한 번도 아니고 두 번씩이나 말했다. 감동어린 어조로 말이다. 하나님은 아브라함에게 무엇을 가르치기 위해서 시험을 했는가? 경외하는 신앙을 가르치기 위해서이다. 다시 말하면 경건한 신앙을 소유하도록 하기 위해서였다.

하나님은 그를 75세 늙은 나이에 부르시고 그는 하나님의 지시한 땅에서 여러 가지 어려움을 당하며 살았다. 그러나 하나님은 그때그때마다 아브라함을 도왔으며 많은 어려운 문제를 해결해주었다. 그리고 하나님이 약속한 아들, 이삭을 25년이라는 장구한 세월동안 기다리게 한 후 그의 나이 100세에 주었다. 그러니 아브라함은 이삭을 사실 하나님보다 더 귀하게 여겼을 것이다. 그의 후사요 약속의 아들이기 때문이다. 그런데 하나님은 아브라함에게 진정 필요한 신앙인 하나님을 경외하는 신앙, 즉 경건한 신앙을 갖기를 원하셨다. 그래서 순종 시험을 치르게 한 것이다. 과연 아브라함이 선물로 준 아들보다 하나님을 더 사랑할 수 있는가? 그리고 하나님이 무슨 명령을 하든지 순종하는 믿음이 있는지를 테스트한 것이다. 하나님은 아브라함이 하나님을 경외하는 믿음을 갖도록 원했다. 그래서 25년이라는 장구한 세월동안 모든 문제를 도와줌으로 하나님을 신뢰하도록 훈련시킨 것이다. 믿음은 하나님을 경외하는 것이다. 아브라함은 하나님을 경외했기 때문에 하나님의 말씀에 순종했다. 여기서 아주 중요한 교훈을 배울 수 있다. 아브라함이 하나님의 명령을 순종한 것은 그의 하나님에 대한 연구나 다른 사람의 말에 의한 것이 아니라 하나님을 경외했기 때문이라는 것이다. 아브라함이 그동안 하나님의 사랑과 능력과 신실성을 체험했기 때문에 하나님의 어려운 명령을 순종했다고 본다. 그러나 더 근원적인 면에서 보면 아브라함은 하나님을 참으로 경외했기 때문에 하나님의 명령에 순종했다. 하나님이 아브라함의 믿음을 경외하는 믿음으로 인정했기 때문이다. 여기서 우리는 하나님을 경외하는 믿음이 무엇인지를 깨달아 알 수 있다. 하나님을 경외하는 믿음은 하나님의 약속의 말씀에 순종하는 믿음이다.[337] 이것이 하나님이 우리에게 진정으로 원하시는 믿음이다. 다시 말하면 경건한 믿음이다. 그렇다면 아브라함이 경건한 믿음으로 체험한 진리가 무엇인가? 여호와이레 신앙이다. 하나님은 당신을 경외하는 자에게 모든 것을 친히 준비하신다는 신앙이다. 얼마나 감동적이고 눈물겨운 깨달음인가? 하나님은 친히 우리가 필요한 모든 것을 준비해 주신다는 말이다. 누구에게 당신을 진정으로 두려워하

337. 구약의 거장 폰라드는 그의 창세기 주석에서 구약에서 경외하는 믿음(the fear of God)은 단순히 하나님의 말씀에 대한 순종을 말한다고 말한다. (Gerhard Von Rad, Geneseis, Revised Edition(Philadelphia: The Westminster Press, 1972), 241.)

는 자에게. 여기서 경건이 성경해석에 미치는 영향을 깊이 이해할 수 있다. 이 놀라운 신앙을 아브라함이 경건이 없이 어찌 알 수 있겠는가? 우리도 경건한 신앙을 가지고 살 때 하나님의 말씀을 깊이 이해할 수 있다. 깊은 이해는 성경에 대한 학문적인 연구에서 알아지는 것이라기보다는 순종에 의해서 얻어지는 것이다. 그렇다. 경건이 없이 우리는 하나님의 말씀에 대한 깊은 이해, 즉 말씀 그대로(문자 그대로의 이해) 이해에 도달 할 수 없다. 경건한 믿음이 없이 어찌 여호와이레의 신앙을 가질 수 있는가? 어찌 여호와이레의 믿음을 이해할 수 있는가? 어찌 여호와이레의 신앙을 우리의 것으로 만들 수 있는가? 없다. 이와 같이 하나님에 대한 올바른 지식은 경건 없이는 불가능하다. 경건이 없이는 하나님의 말씀에 순종할 수 없고 하나님을 알 수 없다. 따라서 경건이란 성경을 올바로 이해하게 하는 방법이라기보다는 성경에 대한 올바른 우리의 자세이다. 우리의 자세가 올바르지 못하면 허리가 균형을 잃어 몸을 올바로 가눌 수 없는 것처럼 경건이 없으면 성경에 대한 바른 이해를 가질 수 없으며 좌우로 치우치게 된다.

요약하면 첫째, 경건은 성경해석에 필수조건이다. 따라서 경건은 성경을 깊이 이해하게 한다. 다시 말하면 하나님에 대한 올바른 지식을 가질 수 있게 한다. 둘째, 성령의 감화력은 학문에 비례한다기보다는 경건에 비례한다. 감화력이 없는 설교는 경건한 생활이 부실하기 때문이다. 셋째, 경건한 신자는 성령의 학교에서 성경의 제자로써 하나님의 말씀을 배우는 자이다. 넷째, 경건한 자는 하나님에 대한 올바른 지식을 성경에서만 찾으려고 하는 자이다. 그렇다면 칼빈 이후의 성경해석은 어떠한가?

10장 현대의 성경해석

칼빈 이후의 해석은 종교개혁 이후 해석학을 말한다. 다시 말하면 현대성경해석학을 의미한다. 전통적으로 고대해석학은 고대 문서의 이해를 위한 규칙들의 공식화에 있었었다. 해석자는 문법, 어휘, 문체들을 포함한 텍스트의 언어의 이해로부터 출발했다. 즉 텍스트의 언어적, 문화적, 역사적 문맥을 조사함으로서 해석이란 역사적인 맥락에서 규정된다고 봤다. 그러나 현대에 이르러서 텍스트의 이해란 양면적 즉 콘텍스트(해석자)와 텍스트간의 관계성에서 이루어진다고 본다.[338] 따라서 해석이란 일방적인 것이 아니라 쌍방적이라고 생각할 수 있다.

종교개혁 이후 계몽주의 영향으로 오직 성경만(Scripture alone)으로가 아니라 오직 이성만(reason alone)으로라는 슬로건을 내걸고 모든 것은 이성의 검증을 받게 되었다. 그래서 성경해석에 있어서도 고등비평이 등장하게 되었고 성경도 다른 문서와 동일하게 취급하고자하는 사조가 성경해석에 지배적인 영향을 미쳤다. 소위 자유주의 신학의 흐름이 신학계를 지배하게 되었다. 신학과 신앙의 유일한 규범인 하나님 말씀의 계시에서 신학을 시작하여 성령님의 내적 조명을 통해서 성경을 이해하려고 하기보다는 철학적인 인식론에 기초해서 하나님의 말씀을 이해하고자 했다. 따라서 성경해석학도 철학적인 방법론의 영향을 받게 되었다.

현대해석학에 있어서 해석이라고 하는 것은 단순히 텍스트를 설명

338. Anthony C. 씨슬톤, 「두 지평」, 권성수 외 역(총신대학출판부, 1995), 40.

하는 기술이 아니라 텍스트와 콘텍스트(해석자)의 관계성에서 오는 것임을 강조한다. 다시 말하면 현대해석학에 있어서는 해석이란 단순히 텍스트를 이해하는 기술에 중점을 두는 것이 아니라 텍스트를 이해하는 과정에 중점을 둔다. 여기서 해석에 있어서 두 지평이라는 말이 떠오르게 된다.[339] 여기서 두 지평이란 텍스트(text)와 콘텍스트(context)를 의미하며 해석이란 텍스트와 콘텍스트의 관계성 속에서 이루어짐을 알 수 있다. 콘텍스트는 텍스트의 문맥으로서 텍스트의 이해는 콘텍스트에 의해서 파악됨을 알 수 있다. 그렇다면 텍스트의 의미는 콘텍스트에 의해서 결정되는 것인가? 아니면 텍스트와 콘텍스트와의 상호작용에 의해서 이루어지는 것인가? 텍스트와 콘텍스트의 관계성은 일방적인가? 아니면 상호적인가? 그것도 아니라면 어떤 것인가? 따라서 본 장에서는 현대해석학에 지대한 영향을 미친 슐라이에르마허, 딜타이, 하이데거, 불트만, 가다머, 비트겐슈타인, 훅스, 에벨링, 폴 리꾀르의 해석학적 관점을 살핌으로서 성경해석에 있어서 텍스트와 콘텍스트의 관계성을 살펴보며 이들의 해석학적 통찰력을 칼빈의 성경해석 즉 성경의 해석자는 성령이라는 관점에서 평가하고자 한다.

슐라이허마허의 보편해석학

현대성경해석학의 선구자로 불리우는 쉴라이허마허(Friedrich Schleiermacher)에 의하면 해석이란 "이해의 기술인 해석학은 아직 보편적으로 존재하지 않으며 다만 다수의 특수해석학이 있을 뿐이다"[340] 그렇다. 해석이란 "이해의 기술"(the art of understanding)이다. 이해하는 기술은 모든 학문에 다 적용할 수 있으며 성경도 예외가 아니라고 했

339.「두 지평」, Anthony C. 씨슬톤, 권성수 외 역, (서울: 총신대출판부, 1990), 23. 지평이라는 말은 은유로서 무엇을 이해하는 틀(frame-work)을 의미하는 것으로서 관점(view-point), 출발점(point of departure), 안경(spectacles), 논리(grammar)라고도 말할 수 있다.

340.「Fr. 슐라이어마허」, 최신한 옮김, 철학과 현실사, 2000, 17.

다. 여기서 이해의 기술이라는 말은 화술적인 기술이 아니라 말해진 바(text)를 이해하는 기술로서 말하는 것과 이해하는 것의 구별을 의미한다. 말하는 것과 이해하는 것은 구별되지만 분리해서는 생각할 수 없다. 이해란 언어와 사유 사이의 이중구조로서 되어있기 때문이다. 따라서 해석이란 이해한다는 것은 무엇인가에 대한 질문이 중요시 되었으며 이해의 기술로서 해석은 텍스트 저자의 정신적(심리적) 과정을 감정이입을 통해서 다시 체험(추체험)하는 것이라고 팔머는 말했다.[341]

문법적 해석

문법적 해석은 텍스트의 말이나 언어를 이해하는 작업이다. 여기서 언어의 의미는 단순히 사전적인 의미를 말하는 것이 아니라 언어의 문맥 속에서의 의미를 말한다. 여기서 문맥은 중요하다. 문맥 속의 의미를 통하여 언어의 다의성을 극복하고 단일한 의미를 알 수 있기 때문이다. 다시 말하면 문맥(context)은 문장(text)의 의미를 결정하기 때문이다.

심리적 해석

심리적인 해석에 있어서 텍스트는 원저자의 생활사의 한 부분으로 이해되어진다. 이 생활사를 이해하기 위해서는 해석자는 저자의 생활사로 표현된 언어를 미리 이해할 필요가 있다. 이것을 미리 파악(예료적 이해)하는 행위로 간주한다. 따라서 심리적인 해석이란 저자의 미리 주어진 언어 속으로 해석자의 상상력과 감정을 이입시켜 저자의 언어를 다시 체험함으로 해석이 이루어진다.

341. 리차드 E. 팔머, 「해석학이란 무엇인가」, 이한우 역(문예출판사, 1993), 132.

문법적 해석과 심리적 해석 관계

문법적 해석과 심리적 해석은 서로 구별되지만 분리해서 생각할 수 없다. 해석은 동시적으로 이루어지기 때문이다. 전자는 사용된 언어의 정확한 의미를 밝히는 데 초점을 두지만 심리적 해석은 "원저자의 중대 결정이나 근본 동기"에 초점을 맞춘다.[342] 심리적 해석에 있어서 텍스트를 원저자의 삶과 시대사의 맥락 속에 자리매김하며 동시에 이 삶과 시대사에 대한 이해는 그 텍스트에 대한 개인적 체험과 상상력에서 의존한다. 여기서 소위 타자의 이해라는 감정이입(해석자가 자신의 상상력을 통하여 원저자의 사상에 동일시하는 과정)이 등장한다. 감정이입을 통하여 해석자는 원저자의 삶을 다시 체험하게 된다. 이 추체험하는 과정에서 총체적인 이해에 도달한다. 다시 말하면 저자의 이해는 자기 자신의 편견으로부터 자유로워야하며 미리 주어진 저자의 언어 속으로 상상력을 통하여 자신을 이입시켜야한다. 이 이입은 이해하는 자가 미리서 저자의 언어를 알고 있어야 가능하다. 텍스트(작품)라고 하는 것은 언어와 저자의 사유가 포함되어 있는 이중성을 가지고 있기 때문이다.

이해의 순환구조

텍스트를 이해하려고 한다면 가장 먼저 해야 하는 절차는 무엇인가? 그것은 텍스트의 전체에 대한 개요를 알아야한다. "저자가 제시한 내용의 목차는 너무 무미건조해서 기술적 해석에 별로 도움이 안 된다. 편저자가 보통 서문에 써주는 요약 내용도 역시 편저자가 원하는 해석 방향으로 독자를 이끌어버린다. 해석자의 목적은 책에서 주도하는 이념을 찾는 것이다. 즉 이로써 다른 모든 것을 평가함에 틀림없는 기술적인 면

342. Gadamer, Truth and Method, 147.

에서도 주된 흐름을 찾는 것이 중요하다. 이는 개별적인 것을 더 쉽게 찾게 해 준다. 기술해석과 문법적 해석 모두 필수불가결하다는 것은 다양한 형태의 오해에 대한 증거를 쉽게 제시해낼 수 있다는 점이다. 별로 중요하지 않는 텍스트일 때는 그 개요를 파악하는 것은 필요치 않다. 그러나 어려운 텍스트를 취급할 때는 그 개요가 별로 도움을 주지 않을지 몰라도 오히려 필수 불가결한 것이다. 일반적인 개요가 조금 밖에 도움이 되지 못한다는 것은 서투른 저자들의 특성인 것이다. 우리가 실제로 개별적인 부분에 대한 해석을 시작해야 한다면 우리는 항상 해석의 두 측면을 함께 갖고 있어야만 한다. 그러나 해석의 이론을 정립할 때는 이를 구별해야 하고 또 각각 구별해서 논하지 않으면 안 된다."[343] 여기서 주도된 이념이란 제목이나 목차 저자나 편찬자의 서문을 넘어서서 그 책을 하나로 통일된 체계로 이끌고 있는 주제 혹은 골격을 말한다. 단어, 문장, 문단, 절을 부분이라고 말한다면 주된 이념은 전체이다. 그래서 주된 이념은 해석학적으로 아직 불명확한 전체이다. 이 불확실한 전체를 확실한 전체로 바꾸는 과정이 해석이라고 할 수 있다. 즉 낯선 것에서 친근한 것으로 바꾸는 것이 이해이다.[344]

여기서 언어의 보편성과 저자의 개별성이 서로 대립해 있으며 이것은 순환적으로 규정된다. 언어의 보편성과 개별성은 서로 전체와 부분으로서 연결되어 있으며 이것을 말하여 인식의 순환구조라고 한다.[345] 해석에 있어서 해석학적인 순환과정은 불가피하다. 그래서 이 구조를 빠져나가려고 하지 말고 적극적으로 그 순환구조 속에 들어가서 대화를 시도해야 한다. 뿐만 아니라 텍스트의 문법적인 해석과 더불어 심리적 해석을 통해서 텍스트의 저자와 해석자가 동일시 될 때 해석은 종료된

343. 프리드리히 슐라이허마허, 「해석학」, H. Kimmerte편 구희완 역(양서원, 1992), 157.
344. 빌헤름 딜타이, 「체험. 표현. 이해」, 이한우 역1(책세상, 2002), 129.
345. 강돈구, 「슐라이허마허의 해석학」. 93, 244, 61.

다. 여기서 슐라이허마허의 해석학적인 통찰을 읽을 수 있다. 이와 같은 과정을 따라서 슐라이허마허는 과거의 특수적인 해석학(성경해석 및 법적인 해석)에서 보편해석으로 전환하는 계기를 이루었다. 이것이 그의 공헌이라고 할 수 있다. 슐라이허마허 이후에 해석학에 획기적인 선을 그은 사람이 빌헬름 딜타이(Wilhelm Dilthey)(1833-1911)이다.

빌헬름 딜타이(Wilhelm Dilthey/ 1833-1911)의 생철학으로서 해석학

딜타이는 독일 라인 강변 헤센 주의 모스바흐 비브리히라는 소도시에서 목사의 아들로 태어났다. 그는 아버지의 소원대로 23세에 신학시험을 치르기도 했지만 철학으로 방향을 바꾸었다. 그는 정신세계를 대상으로 하는 학문을 수립하는 것을 자신의 평생의 사명으로 생각하며 그렇게 살다가 죽은 철학자이다. 그의 정신 철학의 시작은 체계나 이론이 아니라 삶에서 시작했다. 딜타이는 하이데거, 불트만, 가다머의 해석학에 영향을 미친 중요한 사상가의 한 사람으로서 자연과학(Naturwissenshcaften)과 정신과학(Geisteswissenschaften)을 구분했다. 전자는 설명을 기초한 과학이며 후자는 이해를 기초한 학문이라고 했다. 딜타이는 정신과학에 기초한 해석학을 수립하고자 했다.

체험, 표현, 이해

삶이란 개인적인 것이면서도 단순히 개인적인 것이 아니라 공동체적이고 역사적인 삶이다. 인간은 홀로이면서도 홀로 사는 존재가 아니기 때문이다. 다시 말하면 삶은 개인적인 체험의 객관화(형상화)이다. 그렇다면 우리는 어떻게 여러 가지 다양한 삶을 이해할 수 있는가? 삶을 이해하는 기초는 체험이다. 그는 체험과 경험을 구분한다. 전자는 개인적이라고 본다면 후자는 일반적으로 이해한다.

인간은 체험을 통해서 다른 사람의 삶을 이해할 수 있는 길에 들어선다. 체험은 삶을 형성하고 그래서 체험은 삶의 표현이요 삶의 객관화이다. 체험은 삶이 참이냐 거짓이냐를 판별하는 기준이 아니라 진실하냐 아니냐를 판별하는 기준이다.

삶은 다양하며 서로 연결되어 있다. 어디서? 삶 속에서. 그래서 이해라고 하는 것은 삶을 이해하는 것인데 여기서 삶은 체험의 표현이라는 것이 중요하다. 그렇다면 어떻게 다른 사람의 삶을 이해할 수 있는가? 이것이 역지사지 즉 추체험 혹은 다시 체험을 통해서이다.

딜타이에 의하면 해석이라는 것은 사변이 그 출발점이 아니라 구체적인 삶의 체험이 출발점이라고 믿었다. 삶이야말로 인간의 체험을 가능케 해주는 연결고리이다. 구체적인 체험은 역사적인 것이다. 다시 말하면 인간의 자기 성찰은 내면적인 것 뿐 만 아니라 실존의 역사성(Geschtlichkeit)을 인식하는 것으로 봤다. 실존의 역사성을 무시하는 " 로크와 흄, 그리고 칸트에 의해 구성된 「인식하는 주관」의 혈관 속에는 살아있는 피가 흐르지 않는다"고 딜타이는 비판했다.[346] 이해에 있어서 감정과 의지, 이성을 총체적으로 보지 않고 구별하는 데서 오는 이해는 뜨거운 피가 아니라 냉냉한 피가 흘러서 생동감이 없는 이해와 같은 것이다.

딜타이에 있어서 역사성이란 인간의 자기이해(self-understanding)를 말한다. 역사라고 하는 것은 단순한 기록이 아니라 한정된 시간 속에서 일어나는 사건에 대한 인간의 이해가 역사이다. 그렇다면 어떻게 과거 사실을 오늘의 현재에서 이해할 수 있는가? 삶의 객관화(objectification of life)를 통해서이다. 따라서 역사란 삶의 객관화(objectification of life)이다. 삶의 객관화란 인간 자기이해의 표현이요 그것이 역사에 대한 해

346. 팔머, 「해석학이란 무엇인가」, 154에서 재인용.

석이다. 따라서 딜타이에게 있어서 텍스트(저자의 의도)의 이해는 삶의 체험이며 인간의 삶의 객관화이며 동시에 자기이해이다. 따라서 "역사 의식은 자기 이해의 하나의 형태이다."[347] 텍스트의 의미가 역사성에 기초해 있기 때문에 시간의 변화에 따라서 의미도 변하는 것이고 인간 이해는 한정된 것이다. 딜타이는 해석학을 역사성의 지평위에 놓음으로서 삶의 체험을 강조하는 해석학을 발전시켰다.

마틴 하이데거(Martin Heidegger)의 존재론적 실존적 해석학

마틴 하이데거는 1889년 9월 26일 독일 서남부의 바덴주에 있는 인구 4천명 정도의 조그마한 마을 메스키히르(Meskirch)에서 태어났다. 그의 가족은 농부였고 종교는 카톨릭이었다. 살림은 부유하지도 가난하지도 않았지만 넉넉한 편은 아니었다. 그는 공부를 잘 하는 편이었으며 학구열도 대단했다고 한다. 1909년에 그는 프라이부르크 대학교 신학부에 진학하였으며 처음 4학기 동안은 신학수업을 듣는 한편 철학수업도 청강했다. 그때부터 하이데거는 후설의 「논리연구」을 탐독했다. "나는 후설의 작품에 완전히 압도당해 몇 해 붙잡아 놓고 있는지는 모르면서 그것을 읽었다. 이 작품에서 흘러나오는 매력은 인쇄된 글씨체와 표지의 외양까지 뻗어나갔다"고 술회했다. 그 후 철학을 두루 섭렵하고 나서 「둔스 수코투스의 범주론과 의미론」 논문으로 교수자격시험에 통과되어 교수 생활이 시작되었다. 그 후 「존재와 시간」이라는 대저를 저술하여 존재의 의미를 시간의 지평 가운데서 찾고자 했다. 존재의 의미는 그의 생애의 전 관심사였다. 처음엔 「존재와 시간」에서 그 의미를 밝히려고 했으며 후기에는 언어를 통해서 드러내고자 했다. 그는 아내가

347. Historical consciousness is a mode of self-knowledge, Hans-Georg Gadamar, Truth and Method (New York: Crossroad, 1892) 207.

아침상을 준비하는 동안 심장마비로 87년의 세월을 마감했다. 그는 "감사한다"는 마지막 말을 뒤로 남긴 채 우리에게 존재의 의미에 대한 새로운 사유의 방식을 제시한 위대한 철학자의 한 사람으로 평가되고 있다.

하이데거는 현대해석학에 새로운 전환을 가져온 위대한 사상가 중의 한 사람이다. 그의 해석학을 「존재와 시간」과 언어이해를 통해서 살펴보자.

현존재(dasein)

하이데거는 그의 명저 「존재와 시간」(Being and Time)이라는 저서에서 존재에 대해서 연구(question of being)한다. 존재란 무엇인가라는 질문이 아니라 존재란 어떻게 이해되어지는가를 질문한다. 이런 점에서 하이데거의 존재에 대한 질문은 형이상학적인 질문이 아니라 실존적인 질문이다. 하이데거의 존재에 대한 질문은 단순한 이론적인 존재 의미가 아니라 존재의 원초적인 구조를 실존적 현상학적으로 파헤친다. 즉 존재의 의미에 대한 질문(question of meaning of being)이다. 하이데거에서 존재란 그냥 존재하는 사물이 아니라 자기 자신의 존재에 대해서 질문하며 또 삶에서 자신의 존재의미가 물어지는 존재(question about one's own being)이다. 이것이 현존재(dasein)이다.

세계 내 존재

현존재는 이미 세계 안에 주어진 존재(being in the world)로서 시간 안에 존재 혹은 역사적인 존재이다. 여기서 세계 안에 주어진 존재라는 말은 세계와 존재를 구분하는 이원론적인 존재가 아니라 현존재는 이미 세계 안에서 숨쉬고 살고 있는 존재자로서 존재한다. 다시 말하면 현존재는 세계를 전제한다는 의미이다. 현존재의 삶의 터전은 세계이다. 현존재는 이미 삶의 터전 안에 있다는 사실을 인식하는 것이다. 그래서 인간은 자신의 실존상황을 벗어나서 살 수 없는 존재이다. 그래서 하이데거는 "현존재의 본질은 그의 실존에 있다(Das Wesen der Daseins liegt in seiner Existenz)"라고 했다. 따라서 인간의 본질, 혹은 진정한 자아는 실존을 통해서 발견되어진다고 할 수 있다. "현존재는 언제나 자기의 실존에 입각하여 자기를 이해한다."[348] 시간적 혹은 역사적인 존재란 존재의 유한성을 의미한다.

성 어거스틴은 그의 명저 「참회록」에서 시간과 존재에 대해서 아주 예리한 분석을 했다. 그에 의하면 시간은 과거 현재 미래로 즉 세 단계로 나누어진 연대기적인 시간이 아니라 현재를 기점으로 해서 세 겹으로 된 하나의 시간이다. 그러면 어떻게 세 단계의 시간을 하나로 이해할 수 있는가? 과거는 기억으로 현재는 직관으로 미래는 기대로 이해한다. 결국 과거, 현재, 미래라는 시간도 현재의 관점에서 과거를 기억하고 현재에서 현재를 직관하고 현재에서 미래를 기대하게 된다. 현재라는 시점이 대단히 애매모호하지만 현재를 기점으로 해서 시간을 파악할 수밖에 없다. 그래서 현재라는 시점이 중요한 것이다.

어거스틴에 의하면 시간은 창조와 더불어 시작된다(「참회록」, 11권 30). 따라서 인간은 시간 내 존재가 된다. 시간을 "팽창"(distension/distentio/ 「참회록」, 11권 23)이라고 정의한다. 여기서 팽창이라는 말은 마음을 혼란스럽게 하는 상태인 혼란(distraction)을 의미한다. 따라서 시간 내에 존재하는 인간은 쉽게 이 세상에서 허무한 것들에 빠져들며, 세상 것에 애착심을 갖기 쉬우며, 세상 것에 정신을 잃어버릴 때가 많다고 했다(「참회록」, 11권 29장 39절).[349] 따라서 어거스틴은 이 세상의 허

348. 소광희, 「하이데거의 존재와 시간강의」(문예출판사, 2003), 50.
349. St. Augustine, The Confessions of St. Augustine, Trans. John K. Ryan(New York: Image Books, 1960), Chapter 20, 각주 2, 412.

무한 것에 빠지지 않기 위해서는 어떤 목적(intentio)을 가지고 살아야 하는 존재로 인간을 봤다. 목적지향적인 존재로 인간을 봤다. 인간의 영원한 목표인 하나님을 위해서 살 때 허무한 세상에서 의미 있게 살 수 있는 것이다. 이 하나님의 목적에 이끌려 살 때 세상 것에 대한 지나친 애착심을 버릴 수 있으며 영원한 하늘나라를 소망하며 거룩한 나그네로 살 수 있으며 유혹 많고 부질없는 삶에서 벗어나 가장 의미 있고 감격에 찬 삶을 살 수 있을 것이다.

현존재의 두 가지 세계 이해방식

시간 내의 존재인 현존재는 이 세상에서 무엇을 이해하며 살아가며, 어떻게 이해하는가? 두 가지 방식으로 이해한다. 첫째, 세계 내에 있는 존재자를 사용함으로 이해한다. 가령 망치의 의미는 못을 박으려고 할 때 드러나게 된다. 망치를 사용할 때 그 의미가 발견되어진다. 이것을 망치의 실존적 이해 혹은 망치의 존재의미(본래적)라고 한다. 둘째, 현존재는 망치를 망치는 쇠덩어리이고 무게는 얼마이며 쇠는 무쇠라는 것을 아는 것이다. 이것은 망치의 의미를 알고자 하는 실존적인 이해가 아니라 망치를 인식의 대상으로 이해하는 것이다. 그냥 바라보는 대상으로 이해하고자 하는 태도이다. 그래서 비 본래적인 이해라고도 한다. 여기서 전자와 후자는 따로 떨어져 있는 이해가 아니라 현존재가 두 가지 방식으로 세계에 있는 존재자를 이해하는 현존재의 이해방식이다. 여기서 이해란 슐라이허마허의 이해의 기술이나 딜타이가 말한 삶의 체험의 객관화가 아니라 현존재의 존재방식으로 전환하고 있음을 관찰할 수 있다. 다시 말하면 슐라이허마허나 딜타이처럼 저자의 의도를 이해하는 데 중점을 두는 것이 아니라 현존재의 존재방식을 이해하는 것에 중점을 둔다. 현존재의 방식이 텍스트의 의미를 결정하기 때문이다. 이 전환이 해석학에 있어서 코페루니쿠스적인 전회라고 할 수 있다.

이해의 선구조 (vor-structure)

하이데거에 의하면 이해란 단순히 이해의 기술이나 삶의 객관화가 아니라 이해의 선구조에 의해서 이루어진다. 선구조란 세 가지 방식에 의해 수행되어진다. 미리 가짐(vorhabe), 미리 봄(vorsicht), 미리 앎(vorgriff)에 의해서, 으로(als)써 해석한다. 다시 말하면 현존재가 어떤 작품을 이해하기 위해서는 무엇을 미리 가지고 있고 미리 보고 미리 이해함으로써 무엇을 "으로써" 이해한다. 가령 망치의 의미를 이해하기 위해서는 망치가 어떤 공간 안에 있어야하고 그것을 미리 보고 그것을 미리 이해하고 있음을 전제한다. 그래서 그 망치를 실존 가운데서 사용함으로 그것을 망치로써 이해한다. 이런 점에서 보면 모든 존재는 미리 가지고, 미리 보고, 미리 이해를 통해서 --"으로서" 해석되어진다. 선 이해구조를 통해서 "으로서" 이해되어진다.

현존재가 무엇을 이해한다고 하는 것은 이미 우리가 이해하고자 하는 것에 대한 선 이해(vorverstandnis)가 불가피하다는 것은 해석학적으로 대단히 중요한 통찰력을 준다. 가령 신학적으로 우리가 구원이라는 말을 이해하려면 기독교 공동체 내에서 사용하는 구원의 개념을 미리서 이해하지 못하고서는 구원이라는 말을 이해할 수 없다는 것과 같다. 그래서 모든 이해는 선 이해를 전재할 뿐만 아니라 현존재의 도구적 사용에 의해서 무엇으로써 해석한다. 여기서 사전이해(事前理解)라는 개념은 불트만의 성경해석학에서 키의 역할을 하는 개념이 된다.

현존재와 시간성

현존재가 무엇을 이해하기 위해서는 이해의 사전구조를 통해서 "으로써" 해석한다는 해석구조를 살펴봤다. 여기서 현존재가 그렇게 이해하기 위해서는 현존재의 가능근거를 물어야한다. 다시 말하면 현존재를 가능케 하는 것이 무엇인가를 살펴봐야한다. 여기서 현존재를 가능케 하는 구조를 시간성이라고 한다. 그래서 하이데거의 「존재와 시간」에서 그는 존재의 의미를 시간이라는 지평에서 이해하고자 했다. 여기서 시간이라는 말은 연대기 적인 시간이 아니라 현존재의 시간성을 의미한다. 소광희는 시간성은 시간이 아니라 어떤 것이 가지고 있는 시간적 성격 또는 시간적 구조를 말한다.[350]

현존재는 가능성으로 존재(man as possibility)한다. 다시 말하면 현존재는 무한한 가능성을 가진 존재이다. 현존재의 가능성은 시간성으로 묘사된다. 현존재는 가능성으로 존재하기 때문에 하이데거에 있어서 시간성은 미래가 중요하다. 현존재의 기존성(과거, 있어왔음)은 미래성(다가오고 있음/다가가야 할)에서 발원한다. 그러면 현재는 무엇인가? 현재는 기존성과 장래성에 의해서 마주 대하고 있는 것이다. 그래서 현존재에게 장래는 미래에 내가 다가가야 할 나의 존재양식이며 기존은 이제껏 있어온 본래의 모습이며 현재는 장래와 기존을 통해서 내가 행위 하면서 존재자와 만나면서 있는 것이다. 하이데거에서 시간성은 기존하면서(gewesende)-현존화하는(gegenwartigende)-장래(Zukunft)로 시숙(익어간다) 된다.[351]

현존재의 종말은 죽음이다. 그래서 현존재는 죽음으로 향하는 존재이다. 현존재는 자기가 살아온 삶을 되돌아보면서(세상에 몰입해 있는 자신을 발견하면서/ 회개하면서) 자기가 장래에 돌아갈 혹은 다가오는 자기의 본래성(죽음)을 결단을 통하여 미리서 선취하며 존재한다. 이것이 존재의 본래적인 존재방식이다. 그래서 하이데거에서 이해란 현존재의 존재방식으로 이해된다.

350. 소광희, 「하이데거의 시간과 존재의 강의」, 195.
351. 소광희, 「하이데거의 시간과 존재의 강의」, 217.

현존재와 언어

학자들의 견해에 따라서 다르지만 하이데거의 전기 사상과 후기 사상은 불연속적인 것이 아니라 자기 사상을 새로운 방법에서 보고자하는 것이라고 할 수 있다. 하이데거 자신이 자신의 책「존재와 시간」을 펴낸 지 32년 후에 "그때, 중요했고 지금도 여전히 중요한 것은 존재자들의 존재(the Being of beings)를 명확하게 드러내는 일이다"라고 했다.[352] 새로운 방법이란 언어를 통해서 보려고 하는 방법이다. 하이데거는「언어에의 도상에서」(On the Way to Language)라는 책에서 언어의 본질에 대해서 말하면서 Stefan George's "The Word"라는 시의 마지막 절을 인용하여 언어의 본질을 말한다. "So I renounced and sadly see: Where word breaks off nothing may be." 하이데거에 의하면 이 시의 마지막 절은 언어가 무엇인지 즉 언어의 본질(the nature of language)을 잘 말해준다고 한다.[353] 번역한다면 "그래서 나는 나 자신을 부인(체념)하고 슬프게 본다: 언어가 결핍된 곳에는 어떤 사물도 없다." 여기서 사물이라는 것은 존재하는 모든 것이라고 하이데거는 말했다. 다시 말하면, 언어가 없이는 아무것도 말할 수 없다. 언어가 없이는 하나님도 말할 수 없으며, 언어가 있는 곳에 존재가 있다고 하이데거는 말한다. 존재는 언어를 통해서 존재(An "is" arises where the word breaks up)한다.[354] 언어는 존재를 일어나게 한다. "언어는 계시되어 있는 것이든 은폐되어 있는 것이든 단지 그것을 생각된 바 대로 단어와 문장을 통해서 계속 전달해 나아가기만 하는 것은 아니다. 오히려 언어라는 것은 존재자를 비로소 처음으로 그러한 존재자로서 열려진 터 가운데 가져온다. 그래서 언어가 현존하지 않은 곳, 예컨대 돌이나 식물이나 동물의 존재에는 존재자의

352. 씨슬톤,「두 지평」, 506에서 재인용.

353. Martin Heidegger, On the Way to Language(New York: Harper & Row, Publishers, 1982), 57-108.

354. Martin Heidegger, On the Way to Language, 108.

어떤 개시성도 그와 더불어 비 존재자나 공허함의 어떠한 개시성도 없는 것이다."[355]

통상적으로 언어는 세 가지 특성을 가지고 있다.[356] 첫째, 언어는 표현이다(speaking is expression). 여기서 표현이라는 말은 인간의 마음속에 있는 무엇인가를 언어를 통해서 밖으로 표출시킨 것이다. 그래서 말함이란 외적인 것과 내적인 것을 포함한다. 둘째, 언어란 인간의 행위이다(speech is regarded as an activity of man). 언어란 인간을 처음으로 존재케 하는 것이다(It is language that first brings man about, brings him into existence). 다시 말하면 존재는 언어를 통해서 말해진다(Man would be bespoken by language). 셋째, 언어는 사실이나 사실이 아닌 것을 표상(presentation)하거나 재연(representation)시킨다. 그럼에도 불구하고, 하이데거는 언어의 본질은 위에서 말한 것들에 있는 것이 아니라 "언어가 말한다"(language speaks)에 있다. 그러면 여기서 언어가 말한다는 것은 무엇인가? 언어는 적막을 깨뜨리는 종소리처럼 말하는 것이다. 말함에 있어서 언어는 언어가 된다. 언어는 인간에 말을 걸어오면서 말한다(Man speaks only as he responds to language).[357] 다시 말하면 응답을 기다리면서 말한다. 인간은 언어에 응답하면서 만이 말한다. 이미 말해진 것 안에서 말함은 우리를 위해서 말한다.[358] 결국 언어는 존재를 발생케 하며 존재의 의미를 감추며 동시에 밝히면서 드러낸다. 따라서 인간은 언어에 응답하면서 말한다. 그래서 인간은 끊임없이 언어를 말하면서 사는 생활을 배우는 것이 중요하다(What is important is learning to live in the speaking of language).

하이데거의 언어에 대한 이해를 씨슬톤은 세 가지로 설명한다. 첫째,

355. M. 하이데거,「예술 작품의 근원」, 오병남.민형원 공역(예전사, 1996), 93.
356. Martin Heidegger, Poetry, Language, Thought, Trans. Albert Hofstadter, 192
357. Martin Heidegger, Poetry, Language, Thought, Trans. Albert Hofstadter, 210.
358. Martin Heidegger, Poetry, Language, Thought, 210.

언어는 사건적 언어이다. 일어나게 하는 것이다. 자기 것으로 만든 것(to make one's own)이다. 자기 것으로 사용하는 것(to appropriate)이다. 사건적 언어는 단순히 인간의 사고라기보다는 존재에 근거를 두고 있다.[359] 다시 말하면, 언어는 단순히 사고와 감정을 전달하는 매체라기보다는 존재의 의미를 표현하는 존재방식이다. 언어를 가지고 말도 하고, 사고하고, 느끼는 것을 표현한다. 따라서 언어의 이해는 존재의 존재방식을 이해하는 것이다. "언어란 인간이 그것을 가지고 존재에 대해 말하는 원초적인 시이다"라고 하이데거는 말했다.[360] 둘째, 언어는 모여 있음으로서 로고스(logos as collectedness)와 관련하여 언어는 모으는 힘(gathering power)이다. 다시 말하면, 언어는 존재자의 모여 있음의 안에서 존재자의 존재를 있게 한다. 그래서 말함(saying)은 모음의 소리가 된다. 하이데거의 영향을 받은 에른스트 훅풕스는 "믿음의 언어는 믿음을 모음(gathering of faith)과 그리고 그렇게 함으로서 그리스도가 말해지게 한다"라고 말했다. 말씀의 선포는 그리스도를 중심으로 한 공동체를 형성하며 그 속에서 자신의 동반존재성(togatherness)을 갖는다. 셋째, 하이데거는 언어는 "존재의 집(das Haus des Seins die Hut des Anwesens)이다"라고 했다. 언어가 존재의 집이라는 말은 은유로서 존재의 고향이라고 할 수 있다. 그래서 말함(saying)으로써 언어는 존재를 발생케(ereignis, event, occurrence)하는, 혹은 존재를 자기 것으로 귀속시키는

359. In current view, language is held to be a kind of communication. I serves for verbal exchange and agreement, and in general for communicating. But language is not only not primarily an audible and written expression of what is to be communicated. It not only puts forth in words and statements what is overtly or covertly intended to be communicated; language alone brings what is, as something that is, into the open for the first time. Where there is no language, as in the being of stone, plant, and animal, there is also no openness of what is, and consequently no openness either of that which is not and of the empty. Projective saying is poetry: the saying of world and earth, the saying of the arena of their conflict and thus of the place of all nearness and remoteness of the gods. Poetry is the saying of the unconcealedness of what is.(Martin Heidegger, Poetry, Language, Thought, 73-74.)

360. 「두 지평」, 각주 65에서 재인용.

(the mode of appropriation) 존재의 존재방식이다. 존재는 언어를 말하면서 산다는 말이다. 존재는 언어를 말함으로서 들음으로서 살아감으로서 존재하게 되는 것이다. 따라서 말함과 응답은 상관적이지만 말함과 들음에서 들음이 먼저이다. 말함과 응답에서 응답은 말함의 들음에서 오기 때문이다.

하이데거의 언어의 개념을 종합하면 첫째, 언어는 존재를 발생케 한다. 둘째, 언어는 숨겨져 있는 존재자의 의미를 드러낸다. 셋째, 언어는 말한다(language speaks). 그래서 인간은 언어의 말 걸어옴에 응답하면서 말한다. 여기서 응답이란 들음이다. 고요한 적막을 깨뜨리는 종소리처럼 언어는 말을 걸어오며 인간은 이 종소리에 응답함으로 말한다. 여기서 존재의 의미가 드러난다.

해석학적으로 하이데거의 실존을 통한 이해에서 언어를 통한 존재의 이해로의 전회는 이해란 이해의 기술이나 삶의 객관화라기보다는 존재의 존재방식이라는 통찰력을 통하여 현대해석학에 지대한 영향을 끼쳤다. 현존재의 의미란 이미 말해진 언어에 응답함으로서 그의 존재의미가 드러난다는 통찰력이다. 그래서 현존재의 이해란 존재의 말함에서 말하여짐 속에서 살면서 이해가 이루어진다. 하이데거의 언어에 대한 관심과 그의 통찰력은 게오르그 가다머를 비롯하여 후기신해석학(the new hermeneutics)의 주자인, 에른스트 훅스, 게하르드 에벨링에 지대한 영향을 미쳤다.

루돌프 불트만(Rudolf Bultmann)**의 비신화해석**
(Entmythologiert/Demythologizing/**탈신화**/**비신화**/1884-1976))

불트만은 1884년 8월 20일에 올덴부그의 비이펠스테데에서 태어났다. 그는 루터파 목사의 아들로서 전 생애를 성경과 신학연구를 통해서 보냈다. 그는 여러 사람으로부터 영향을 받았지만 해석학적인 관점에서 볼 때 불트만은 언어를 존재의미를 밝히고자 한 후기 하이데거보다는 존재의 실존적 이해를 중요시 한 전기 하이데거의 사상에 영향을 입었다.

불트만은 신약학자로서 그의 비 신화 성경해석학으로서 세계의 이목을 집중시켰던 신학자로서 그의 성경해석학에 대해서 동의를 하든 아니하든 간에 신학을 하는 사람이면 그를 무시할 수 없는 한 시대를 이끌어 간 신약신학자이다.

불트만의 신학은 두 가지 출발점을 갖고 있다. 첫째, 케리그마(κηρυγμα)에서의 신학의 출발점과, 둘째, 실존주의 역사개념이다.[361] 불트만의 비 신화성경해석은 케리그마와 실존적인 역사 이해와 서로 밀접하게 연관되어 있다.

케리그마적 신학의 출발점

불트만은 요하네스 바이스(Johaness weiss)에 의하여 예견되었던 양식비평(form-criticism)방법을 채택하여 복음서를 분석한 결과 복음서는 경구(아포테그마)들과 기적적인 설화로 분류될 수 있으며 이 경구와 설화들은 초대교회가 공동체의 믿음과 변증적인 필요를 충족하기 위하여 공식화 되었으며 나중에는 공관복음서를 구성하는 실에 꿴 구슬과 같이 함께 엮어졌다고 했다. 이와 같은 불트만의 견해가 옳다면 공관복음서들은 예수 그리스도 자신에 관한 것(역사적인)이라기보다는 초대교회 공동체가 믿음으로 받아들인 것, 즉 케리그마이다. 따라서 "우리는 이제 예수와 삶과 인격에 관하여 거의 아무 것도 알 수 없다"[362]라고 말했을 뿐만 아니라 "예수의 역사적 인격은 원시 기독교에서 아주 곧장

361. P. 쉬툴마허, 「신약성서 해석학」, 전경연.강한균 역(대한 기독교출판사, 1986), 214.
362. Rudolf Bultmann, Jesus and The Word (N.Y. Scribner's, 1993), 8.

신화로 변경되었다"[363]라고 불트만은 말했다. 따라서 우리는 역사적 예수를 복음서에서 찾을 수 없다.

불트만의 선포된 복음 (케리그마/κηρυγμα)은 성경 자체가 아니라 성경에서 증언되고 입으로 선포되어 교회를 형성하는 복음이다. 다시 말하면 그리스도 안에서 하나님 행동의 선포가 하나님의 말씀이요 케리그마이다. 구원사건인 예수 그리스도의 십자가와 부활은 객관화해서 증명될 수 있는 성질의 것이 아니라 교회라는 공동체 안에서 선포되어짐으로서 그리고 받아드림으로서, 즉 신앙으로 수납되어짐으로 증명되어지는 사건이다. 이것이 케리그마의 실존적인 이해인 것이다. 이런 점에서 보면 신앙이란 선포에 대한 응답이다. 하나님의 말씀을 통해서 부름에 대한 응답이다. 그래서 신약에서 말하는 예수는 역사적인 예수라기보다는 케리그마로서 예수이다. 증언되고 교회에 의해서 받아드려진 예수이다. 따라서 신앙이란 역사적인 연구의 발견 내용들에 의존하지 않으며 신앙이란 성경의 케리그마적인 선포-즉 인간에게 전해진 하나님의 말씀 속에서 찾아지며 선포되어진 케리그마에 대한 응답이며 결단이다.

실존적 역사이해

불트만의 역사이해는 연대기적인 역사(histori)이해가 아니라 의미의 역사인 실존의 만남에서 이해되어지는 역사(geschichte)이다. "즉 역사의 의미는 과연 현재에 있으며, 또 그 현재가 그리스도교 신앙에 의해 종말론적인 현재로 파악되는 때 역사의 의미는 실현된다"(「역사와 종말론」, 1958, 158). 케리그마인 예수 그리스도 안에서 하나님의 사건--십자가와 부활--은 객관적인 의미라기보다는 실존 가운데서 말씀으로의 결

363. Bultmann, Primitive Christianity in Its Setting (N.Y. Meridian, 1956), 200.

단에서 구원의 역사와 만남을 갖게 되며, 이 만남에서 구원역사의 의미는 객관적이 아니라 실존적으로 이해되어진다. 즉 자기이해(self-understanding)이다.

케리그마 예수는 종말론 사건이다. "종말론적인 사건은 나사렛 예수의 출현에서 시작해서 역사의 흐름 속에서 계속 성취되는 것이다. 그러나 그렇다고 해서 역사가가 확인할 수 있는 역사적 발전 과정은 아니며, 선포(설교)와 신앙에서 그리스도는 종말론적인 사건인 바, 그것은 과거의 한 사실로서가 아니라, 항상 선포에 의해서 '여기 지금' 임재한다는 의미로서의 종말론적 사건이다.[364] " 불트만은 증명할 수 있는 객관적인 역사적 사건 자체를 부인하는 것이 아니라 그것의 실존적인 의미를 중요시한다.

신약의 우주론

불트만의 비 신화 성경해석은 그의 신약의 우주론에 대한 이해에서 기인한다. 그에 의하면 신약의 우주론은 그 자체가 신화적인 성격을 갖고 있다.

> 신약성서 우주론(Weltbild)은 본래 그 특성이 신화적이다. 세계는 삼층적 구조를 지닌 것으로 간주되는데, 중심에는 땅이, 위에는 하늘이 아래에는 음부(지하세계)가 있는 것으로 간주되었다. 하늘은 하나님과 천사장의 것들의 거주지이고..., 지하세계는 지옥이며... 땅은... 한편으로는 하나님과 그의 천사들의 초자연적 활동의 장이며, 다른 한편으로 사단과 그의 귀신들의 활동의 장이다. 이러한 초자연적 세력들은 자연의 순환과정과 인간이 생각하고 의욕하고 행하는 모든 것들 속에 개입한다. 기적들은 전혀 드물지 않다. 인간은 자신의 삶을 통하지 못한

364. 불트만, 「역사와 종말」, 192, 기포드 강의.

다.[365]

불트만에 의하면 신약성경의 우주론은 오늘날의 과학발전이 되기 전에 쓰여 졌기 때문에 신약기자들의 표현방식이 원시적이고 신화적이어서 오늘의 첨단과학의 사고를 갖고 있는 현대인들에게는 이해할 수 없는 이야기이다. 따라서 이 신화적인 사건을 현대적인 언어로 바꾸어야 한다는 것이다.

성경과 신화

불트만에 의하면 신화란 믿을 수 없는 황당무개한 이야기가 아니다. "신화의 목적은 세계를 있는 그대로 객관적으로 묘사하는 데 있지 않고, 인간 자신이 살고 있는 세계 속에서 얻은 자신에 대한 이해를 표현하는 데 있다. 신화는 우주론적으로가 아니라 인간론적으로 해석되어져야 하며 실존적으로 해석되면 더욱 좋을 것"이라고 불트만은 말했다.[366]신화란 단순히 꾸며낸 이야기가 아니라 인간의 실존이해를 신화적인 표현방식을 써서 표현한 것이다. 따라서 불트만은 성경을 실존적으로 해석한다. 현대적인 상황에 맞추어 성경의 메시지를 재해석해야 한다는 말이다.[367]

365. 「두 지평」, 395, 각주 8에서 재인용.
366. 「두 지평」, 398, 각주 15에서 재인용.
367. On the Problem of Demythologizing, i) Term Demythologizing: "by demythologizing, I understood as a hermeneutical procedure that inquires about the reality referred to by mythological statement or texts." ii) the Presupposition of Demythologizing: It is presupposed that "myth indeed talks about a reality, but in an inadequate way. It also presupposes a specific understanding of reality." iii) The Characteristics of Myth according to Bultmann: a) "Myth intends to talk about a reality which lies beyond the reality that can be objectified, observed, and controled, which is of decisive significance for human existence. It is the reality that means for us salvation or damnation, grace or wrath, and that demands of us respect and obedience"(160, 252). Key is here that myth objectifies and thus speaks in objectifies and thus speaks in objective statements about a reality that is not an object and this mythological statement is of decisive significance for human existence. Example, NT world pictures, resurrection, etc. iv) The Human understanding: a)

성경의 탈 신화는 하이데거 철학의 방법에 의해서 된 것이 아니라 신약성경 자체가 탈 신화를 시도한다고 불트만은 주장했다. "탈 신화는 성경을 거부하는 것이 아니라... 과거시대의 세계관인 성경의 세계관을 거부하는 것이다." 그렇게 함으로서 "거짓된 거침돌을 제거하고 참다운 거침돌, 즉 십자가의 말씀에 바로 초점을 맞추게 할 것이다."[368] 따라서 탈신화란 성경의 메시지를 현대 우리가 살고 있는 실존적 상황에 맞추어서 재해석한다는 말이다.

불트만은 자신이 신약의 메시지를 하이데거의 철학에 팔아넘겼다는 비난에 대해서 다음과 같이 변증한다. "어떤 비평가들이 내가 하이데거의 범주들을 차용하여 신약성서에 억지로 적용하려한다고 반대해 왔

understanding "in which we find our selves in a world filled with enigmas and mysteries and in which we experience a destiny that is equally enigmatic and mysterious"(161, 253); b) "We are forced to recognize that we are not lords of our life, and aware of that the world and our lives have their ground and limit in a transcend power that lie (or powers that lie) beyond whatever we can reckon with and dispose of "(161, 253). v) The Problems of Myth: a) Myth talks about a reality, but in an inadequate way; b) Symbols and mythological pictures "conceal" a meaning; theological and philosophical task is to make it interprets clearly; c) the meaning of myth or symbols cannot be reexpressed only mythological language;" It must be interpreted. vi) Demythologizing, therefore is to seek to bring out myth's real intention to talk about our own authentic reality as human being"--existentiell interpretation, that is, self-understanding(161, 253-254).

Two modes of human existence: a)inauthentic existence, b) authentic existence. the former is "we understand ourselves in terms of the world that stands at our own disposal. "Thereby, this is: "We understand ourselves in terms of the future of which we can dispose." Thereby, this existence is characterized as "responsible decision." Here the two modes of human existence are dialectical. And existentiell which results from personal choice is dereved from existential which is concerned with the structure of dasein, and lays ground for personal decision. Therefore, existentiell interpretation of the biblical texts makes possible authentic self understanding--understanding self before God. this self understanding presupposes the "preunderstanding" of God; thereby, demythologizing makes the Bible sensible for modern people. In this respect, demythologzing is a hermeneutical method or a method of an exegesis of an exegesis of the Scriptures.

"Symbolum est collatio, id est coaptatio, visibilium formarum as demonstationem rei invisibilis propositarum."("a symbol is bringing togather, that is, a harmonizing of visible forms for the purpose of demonstrating things that have been stated about what is invisible")[Paul Ricoeur, The conflict of Interpretations, 59]. "The genesis of representation and the problem of motivation both arise in the passage from the act to its expression."(Ricoeour, The Conflict of Interpretation, 215).

368. 「두 지평」, 402, 각주 29에서 재인용.

다. 이것이 단지 그들이 진정한 문제에 눈이 멀어가고 있음만을 보여 주는 것이 아닌가 하고 걱정이 된다."[369] 따라서 불트만은 성경자체가 실존적인 해석을 요구한다고 말한다. 그 이유는 첫째, 성경의 언어는 인간 실존의 문제를 말하고 있으며 새로운 자기이해를 요구하고 있다. 둘째, 신화는 인간 실존이해의 원시적인 표현방식이다. 셋째, 비신화의 과정은 신약자체에서 시작한다는 것이다.

예를 들면, "그를 공중에서 만나게 될 것이다"(살전 4:15-17). 그는 "하늘의 구름을 타고" 오실 것이다(막 14:62). 이러한 사건은 불트만에 의하면 미래에 일어날 사건에 대해서 말하는 것이 아니다. 따라서 "우리는 더 이상 인자가 구름타고 돌아올 것을 바라서는 안 되고 신실한 자들이 그를 공중에서 만나리라는 희망을 품어서도 안 된다"라고 불트만은 말했다.[370] 위의 성경 말씀은 종말론적인 사건으로서 현재 우리에게 신앙의 결단을 촉구하는 것으로 이해해야 한다는 것이다. 뿐만 아니라, 불트만에 의하면 예수 그리스도의 부활사건도 시간과 공간에서 일어난 객관적인 역사적인 사실(ein objectives historiches faktum)이 아니라 인간의 자기이해를 표출시킨 신화라고 했다.

텍스트와 물음의 방향과 비신화 해석

불트만에 있어서 "텍스트에 대한 모든 이해는 물음의 방향(woraufhin)에 의해 인도된다. 따라서 이것은 질문되어진 내용에 대한 사전이해를 전제한다. 이해는--또한 '객관적인' 이해로서--저자와 해석자가 질문되어진 대상에 대해 삶의 관계를 가질 때, 그리고 그 이유 때문에 가능하다."[371] 여기서 중요한 언어는 사전이해

369. 「두 지평」, 407, 각주 48에서 재인용.
370. 「두 지평」, 408, 각주 52에서 재인용.
371. 발터 슈미탈스, 「불트만의 실존적론 신학」, 변순환 옮김(대한기독교출판사, 1991), 243.

(preunderstanding/ vorverstandnis/ nichtwissendes Wissen[의식되지않은 지식])라는 말이다. 이 말은 하이데거에 있어서 이해의 선 구조(fore-structure)를 의미한다. 무엇의 이해는 사전이해를 전제한다는 말이다. 가령 구원에 대해서 질문하는 사람은 이미 구원에 대해서 사전 지식이 없이는 구원에 대한 질문이 불가능하다는 것이다. 다시 말하면, 성경 해석은 해석자의 성경에 대한 실존적인 전 이해가 성경의 해석의 키가 된다는 것이다.

불트만에게 있어서 전 이해란 선입견(prejudice)이라기보다는 질문을 제기하는 방식이다. 성경의 텍스트가 나의 관심사로 되도록 하는 질문을 의미한다. 그렇게 함으로서 성경의 메시지를 현 상황에 맞게 선포해야 성경의 메시지가 의미가 있다는 것이다. 물론 성경의 메시지를 진공속에서 선포하는 것이 아니기 때문에 성경 말씀을 실존상황에 적용시킨다는 것은 중요하다. 따라서 비 신화 해석이란 성경의 신화적인 표현을 없애 버린다는 말이라기보다는 성경을 실존적으로 해석해서 독자의 자기이해를 발견하도록 하는 성경해석으로 사료된다. 실존적인 성경해석은 성경의 의미를 자신의 존재방식으로 이해하려고 한다. 따라서 저자의 의도란 해석자의 텍스트에 대한 실존이해에 의하여 결정된다.

비신화의 문제점

불트만의 실존해석에 있어서 문제가 되는 것을 세 가지로 생각할 수 있다. 첫째, 불트만이 성경의 특정 본문을 신화로 보려고 하는 것은 성경언어를 실존적으로만 보려고 한 것에서 기인된다. 부활의 경우만 보더라도 성경의 저자들은 부활사건을 역사적 사실로 말하고 있다. 우리 주님이 부활하신 후에 제자들에게 말씀하시고, 성경을 가르쳐 주시고, 함께 계시다는 언어를 보면 우리가 일상생활에서 보고 듣고 만지는 그러한 언어를 사용해서 주님이 부활하셨다는 것을 말하고 있다. 사실 죽은 자가 살았다는 것을 이 이상 더 확실하게 말할 수 있는가? 일상 언어를 인간의 자기이해를 표현하는 신화로 보는 것은 잘못된 언어 이해이다. 둘째, 불트만의 실존적 성경해석은 해석자의 콘텍스트(지평)가 텍스트를 해석하는 지평이 됨으로서 성경의 의미를 왜곡시킨다. 셋째, 불트만의 실존적 역사 개념은 실존적인 만남에서 이루어지는 것을 강조함으로서 역사의 주관성을 강조한 나머지 객관성을 무시하게 된다. 따라서 불트만의 실존적 성경해석은 성경 텍스트보다도 해석자의 실존적 지평(콘텍스트)을 중요시함으로서 성경을 일방적으로 또는 주관적으로 해석하게 됨으로서 성경의 본 뜻을 왜곡시킬 수 있다. 이것이 실존적 성경해석의 문제점이다.

성경해석에 있어서 사전 이해의 중요성을 역설한 것은 불트만의 중요한 통찰력이다. 성경의 의미는 실존적인 입장에서 볼 때 자기 것으로, 자기 이해로, 자기 존재방식으로 이해되어 진다. 인식론적인 입장에서 본다면 모든 것의 인식이란 선험적인 것이 아니라 체험을 전제하는 것이기 때문이다. 문제는 어떤 전 이해를 갖느냐가 중요하다. 그럼에도 불구하고, 해석에 있어서 한쪽만을 강조한 불트만의 실존적 성경해석은 절름발이 해석학이다. 이것을 보완하는 작업이 가다머의 "영향사적" (Wirkunggechichte/ effective history) 해석이다.

한스 게오르그 가다머(Hans- Georg Gadamar)의 영향사적 해석학

가다머는 그의 명저「진리와 방법론」(Truth and Method)에서 자기 저서의 목적은 일반적인 해석학의 이론을 제시하는 것이 아니라 이해에 있어서 공통적(공유적인)인 것을 발견하고 이해하는 것은 결코 주어진 대상에 대한 주관적인 이해가 아니라 주어진 대상에 대한 영향사적인 이해라는 것을 보여주기 위한 것이라고 했다.[372] 그렇다. 이해란 단순히 단어의 사전적인 의미를 이해하는 기술이 아니라 텍스트와 해석자의 지평(콘텍스트)의 융합이다. 뿐만 아니라 해석자의 지평은 해석자가 살아온 공동체의 전통에 의하여 성립된 것이다. 이것이 선입견이다.

가다머에 의하면 전 이해란 단순히 현재의 실존적인 것만이 아니라 전통에서 영향을 받는다. 해석자의 전 이해 즉 선입견(Voruteile)은 전통을 통해서 개인에게 영향을 미친다. 그래서 선입견이란 부정적인 의미보다는 존재자의 역사적인 실재(die geschichtliche Wilklichkeit seines Seins)에 영향을 미치게 된다. 전통은 전통적인 관례, 가치, 풍습을 권위 있는 것으로 인정함으로써 존재자의 역사적인 실재에 영향을 미친다. 다시 말하면 "이해는 우리의 주관적인 행위로서가 아니라 자신을 과거와 현재가 그 안에서 끊임없이 뒤섞이는 전통의 과정 속에 위치시키는 것으로서 여겨져야 한다. 이것이 해석학 이론에 표현되어야만 하는 것이다"라고 가다머는 힘주어 말한다.[373] 따라서 영향사란 전통과 시간적 간격이 미치는 영향들이 이해 자체에 미치는 과정을 말한다. 다시 말하면 해석이란 과거와 현재, 또는 텍스트와 해석자 사이의 지평의 융합이다(Horizontverschmelzung). 여기서 텍스트와 해석자의 지평의 융합은 비판적인 거리와 긴장의 동화가 아니라 "역사의식 (historical consciousness) 속에 일어나는 전통과 만남은 모두 텍스트와 현재 사이의 긴장을 경험함을 의미한다. 해석학의 과제는 소박한 동화를 시도함으로써 이러한 긴장을 얼버무리는 것이 아니라 의식적으로 그것(긴장)을 드러내는 데 있다"고 가다머는 경고하고 있다.[374] 해석자의 지평 혹은 해석자의 선입견은 전통과 현재 사이의 역사의식의 긴장 속에서 변

372. 「진리와 방법론」, XIX.
373. 「진리와 방법론」, 258.
374. Truth and Method, 273.

화될 수 있음을 시사한다.

가다머는 해석에서 적용(Anwendung/application)이 이해와 해석을 하나로 통일시키는 것임을 강조한다(We consider application to be as integral a part of the hermeneutical act as are understanding and interpretation).[375] 해석한다고 하는 것은 텍스트의 의미를 현 상황에 적용함으로서 해석은 완성된다는 말이다. 적용이 없는 해석은 추상적인 것이며 절름발이의 해석이다.

가다머의 해석학에 있어서 언어가 차지하는 비중은 상당히 크다. 이해와 언어는 분리될 수 없다. 가다머에 의하면 "언어란 이해 자체가 그 안에서 실현되는 보편적인 전달매체이다. ... 모든 해석은, 대상이 말로 표현될 수 있게 하지만 그와 동시에 해석자 자신의 언어이기도 한, 언어라는 매체를 통해서 발생한다".[376] 게하르트 에벨링의 말을 빌리자면 해석은 언어의 이해라기보다는 언어를 통한(through language) 이해라고 할 수 있다.[377]

가다머에 의하면 해석이란 언어라는 보편적인 매개체를 통해서 이루어진다. 여기서 가다머의 언어에 대한 이해를 볼 수 있다. 언어는 사용자의 사고의 표현임을 알 수 있다. 인간의 사상과 감정을 전달하는 단순한 매개체로서가 아니라 전통에 의해서 매개 된 언어이다. 가다머의 언어의 개념은 언어게임으로서 비트겐슈타인의 언어 개념과 유사점이

375. Truth and Method, 275.

376. Truth and Method, 350(Rather, language is universal medium in which understanding itself is realized. The mode of realization of understanding is interpretation. This statement does not mean that there is no special problem of expression. The difference between the language of a text and the language of the interpreter, or the gulf that separates the translator from the original, is not merely secondary question. On the contrary, the fact that the problems of linguistic expression are already problems of understanding. All understanding is interpretation, and all interpretation takes place in the medium of a language which would allow the object to come into words and yet is at the same time the interpretor's own language.).

377. 「두 지평」, 477, 각주 80에서 재인용.

있지만 해석에 있어서는 이해란 지평을 융합시키는 것이라기보다는 이미 주어진 삶의 표현으로 보는 것이 더욱 명확하다고 볼 수 있다.

가다머에 있어서 해석이란 두 지평의 융합이라는 개념이 중요한 의미를 갖는 것은 사실이지만 칼빈주의 입장에서 본다면 문제가 있다. 해석이란 해석자의 일방적인 이해가 아니라 전통에 의해서 형성된 선입견에 의해서 해석되어지는 쌍방적 즉, 텍스트의 지평과 해석자 지평의 융합에 의해서 이루어진다는 것은 중요한 통찰력이지만 두 지평의 융합에서 해석자의 지평이 항상 텍스트의 지평에 의해서 변화되고, 수정되고, 보완되어야만 한다. 성경을 예로 들면 성경은 어제나 오늘이나 영원히 변치 않는 하나님의 말씀이지만 성경을 해석하는 사람의 지평은 항상 성령의 검으로써 역사하시는 하나님의 말씀과 성령님의 내적 조명과 가르침을 받아서 해석자의 지평이 변화되고, 수정되고 보완되어져야 하기 때문이다. 우리는 성경의 의미를 새로 만들어 내는 것이 아니라 이미 성경자체가 가지고 있는 자연스럽고 분명한 의미를 성령님의 내적조명을 통해서 다시 그 의미를 새롭게 드러내는 것이기 때문이다. 따라서 텍스트와 해석자의 지평이 동시적인 것이 아니라 성령의 조명을 통해서 텍스트의 지평이 항상 해석자의 지평을 변화시키고, 수정하고, 보완해야 한다. 그래야 성경을 있는 그대로 볼 수 있고, 즉 하나님의 말씀으로 볼 수 있으며 그대로 이해할 수 있고, 그대로 선포할 수 있다.

루드위그 비트겐슈타인(Ludwig Wittgenstein)의 문법적 성경해석 (Grammartical Investigation of the Scripture)

루드위그 비트겐슈타인(Ludwig Wittgenstein)을 보는 사람의 각도에 따라서 다르지만 분석철학(analytic philosophy)의 창시자라고도 하며 언어철학(philosophy of language)의 창시자라고도 하나 이러한 견해는 그의 사상을 잘못 이해한 결과라고 생각된다. 그의 사상의 영향을 받아 그가 원치도 않았던 두 학파가 생기기도 했다. 하나는 빈(vienna)을 중심으로 한 논리적 실증주의(logical positivism)요, 다른 하나는 영국 옥스포드 대학을 중심으로 한 언어철학(philosophy of language)이다. 사실 이 두 학파는 비트겐슈타인(Wittgenstein)의 사상과 일치한다고 볼 수는 없으나 영향을 받은 것은 사실이다. 전자는 1920년에서 1930년 사이에 일어난 비엔나(Vienna Circle)를 중심한 학파로서 경험주의 전통에 깊이 영향을 받았으며 이 경험주의 전통과 현대 논리학과 수학적인 이론을 도입해서 특히 초기 비트겐슈타인(Wittgenstein)과 버트란드 러셀(B. Russell)의 저작에 힘입어 경험주의 철학을 이론화한 것으로서 어떤 명제나 문장의 의미는 이의 검증방법(the method of verification)에 의하여 결정된다고 믿었다. 바꿔 말하면 한 문장의 의미는 과학적인 관찰이나 경험에서 그 진실성 여부가 결정된다고 생각했다. 그래서 신학이나 형이상학은 무의미한 것이라고 혹평했다. 후자는 언어의 중요성을 강조하는 입장에서는 비트겐슈타인(Wittgenstein)과 비슷한 점이 있지만 실제로 사용하는 일상 언어는 불분명한 점이 많기 때문에 수학 공식처럼 인위적인 언어를 만들어 일상 언어의 불명료성을 제거하고자 한다는 점에서 근본적으로 다르다고 생각된다. 예를 들면 길버트 라일(G. Ryle)은 그의 유명한 저서인 「마음의 개념」(The Concept of Mind)이란 책의 서론에서

> 이 책은 몇 가지 유보조건 하에서 마음의 이론(혹은 정신의 이론)이라 부를 수 있는 것에 관한 것이다. 그러나 이 책은 마음(mind)에 관한 무슨 새로운 정보를 전달해주지는 않는다. 우리는 이미 정신에 관한 풍부한 정보를 갖고 있다. 이 정보는 철학자들의 논증에서 도출되거나

> 그런 논증에 의해서 반박될 성질의 것이 아니다. 따라서 이 책에 나오는 철학적 논증들은 정신에 관한 기존의 지식을 확장하려는 것이 아니라, 다만 이미 알고 있는 지식들의 논리적인 지형도(logical map)를 올바르게 그리려는 데 그 본연의 의도가 있다.[378]

서론에서 보는 바와 같이 Ryle은 언어적인 입장에서 서구 철학자들의 잘못을 수정하는 이론을 제시하고 있다. 정도의 차이는 있지만 현대 언어철학자들은 인간을 고뇌케 하는 의미, 진리, 이성(mind)과 몸(body)에 대한 이론을 정립하려는 경향이 짙다고 볼 수 있다.

그러나 비트겐슈타인(Wittgenstein)은 언어에 대한 이론을 제시하는 것이 아니라 언어의 사용을 봄으로서 언어의 의미를 명료화하는데 중점을 둔다. 비트겐슈타인(Wittgenstein)은 신학자라고 볼 수는 없으나 신학에 깊은 관심을 가지고 있었으며 모든 것을 종교적인 면에서 봐야 한다고 말했다.[379] 그는 48세 때 다음과 같이 기독교에 대해서 말했다. " 기독교는 철학적으로 이해되어져야 하는 사변적인 교리가 아니며 인간에게 무엇이 일어났고 일어날 것이라는 것을 말하는 이론이 아니라 실제적으로 인간의 삶에서 경험할 수 있는 역사적인 사실에 대한 묘사이다. 죄의식은 실제적인 사건이며 절망과 믿음을 통한 구원도 역사적인 사실이라"고 했다.[380] 비트겐슈타인에 의하면 기독교는 이론이 아니라 어떻게 구원받고 구원받은 신자로써 살아야하는 삶의 방법을 가르쳐 주는 것이 기독교이다. 비트겐슈타인의 친한 친구, 폴 엥글만(Paul

378. 길버트 라일, 「마음의 개념」, 이한우 옮김(문예출판사, 1994), 9.
379. Ruth Rhees, Ludwig Wittgenstein: Personal Recollections, Totowa, NJ: Rowman and Littlefiled, 1981, 79. cited as LWPR.
380. "Christianity is not a doctrine, not, I mean, a theory about what has happened and will happen to the human soul, but a description of something that actually takes place in human life. For 'consciousness of sin' is a real event, and so despair and salvation through faith"(Ludwig Wittgenstein, Culture and Value, ed. G. H. von Wright, trans. Peter Winch, Chicago: The University of Chicago Press, 1980, 28). cited as CV.

Engelman)에 의하면 비트겐슈타인은 말없이 행동하는 믿음(wordless faith)을 가진 자라고 말했다. 비트겐슈타인의 저서에는 기독교에 대한 관심이 많았고 그 저술의 목적도 기독교적이다. 비트겐슈타인(Wittgenstein)은 그의 제자인 듀리(O. C. Drury)에게 말하기를 오스트리아에 있는 자기 친구인 한 신부로부터 편지를 받았는데 그 편지의 내용과 자기 자신의 소감을 다음과 같이 표현했다. "그 편지에서 자기 친구는 하나님의 뜻이라면 비트겐스타인의 저작활동이 잘 되어져가기를 바란다고 했다. Wittgenstein이 말하기를 그것이 내가 원하는 것이다(하나님의 뜻이라면). 바하는 그의 Orgelbuchlein의 타이틀에서 '지극히 높은 곳에서는 하나님께 영광이요, 나의 이웃은 나의 책으로 말미암아 유익을 받을 것이다.' 나도 나의 저작에 대해서 이렇게 말하고 싶다"[381]

비트겐슈타인의 저작에는 기독교에 대한 짤막한 서술들이 많다. 그중에 한 예를 들면 그의 후기 저서인 「철학적인 탐구」(philosophical Investigations)에서 신학의 기능을 문법으로서 신학(theology as grammar)이라고 했다. 여기서 문법의 개념은 영문법이나 국문법과 같은 개념이 아니라 언어의 사용을 지배하는 룰 즉 언어 논리(the logic of language)이다. 간단하게 말한다면 비트겐슈타인(Wittgenstein)의 입장에서 신학이란 이론적인 체계가 아니라, 성경 언어의 사용(use of language)을 통해서 성경의 의미를 파악하는 문법적인 탐구(grammatical investigation)이다.

비트겐슈타인(Wittgenstein)의 문법의 개념은 언어놀이(language game)와 삶의 형태(forms of life)사이의 관계성에 의해서 파악되는 개념으로서 성경해석 방법으로서 중요하다고 생각한다. 그래서 이 논문에서는 1. 비트겐슈타인의 문법(grammar)의 개념, 2. 문법과 언어 놀이

381. Ruth Rhees, LWPR.

(language game), 3. 문법과 삶의 형태(forms of life), 4. 문법과 언어의 생명력, 5. 문법과 보여줌, 6.문법과 "으로서 봄", 7.문법과 성경해석의 관계성을 설명함으로서 비트겐슈타인의 문법의 개념이 성경을 해석하는 방법으로서 매우 유용하게 사용될 수 있음을 명료화 하는데 중점을 둔다.

문법의 개념(the Concept of Grammar)

비트겐슈타인(Wittgenstein)의 문법의 개념은 그의 전기 저서나 후기 저서의 중요한 부분을 차지하고 있다. 이 개념은 철학적인 문제들을 조명하고 명료하게 하는 하나의 방법으로 사용되고 있다. 그러나 이 개념은 전기와 후기에서 아주 다른 의미를 갖고 있다. 「철학적 논고」에서 문법이라는 말은 "논리적 구문"(logical syntax) 혹은 "논리적 문법"(logical grammar)이라는 말과 동의어로 쓰이고 있다. 막스 불렉(Max Black)은 논리적 문법이란 문장 속에서 의미를 주는 문장의 구조의 배열을 말해 주는 룰이라고 했다.[382] 비트겐슈타인(Wittgenstein)에 의하면 우리 일상 언어는 이 논리적 문법을 숨기고 있으므로 철학적인 문제가 생긴다고 봤다. 예를 들면 "이다(is)"라는 단어는 수학에서 하나 더하기 하나는 둘 이다 라고 할 때 "="는 동등하다는 의미, 무엇이 존재하다는 의미, 자동사로서 존재한다(to exist)처럼 "간다"(to go) 형용사로서 무엇이 일어나고 있다는 의미로도 쓰일 수 있다. "is"는 콘텍스트에 따라서 다른 의미를 가지고 있는 다른 심볼이다.[383] 이와 같이 일상 언어는 논리적 문법을 숨김으로서 근본적으로 철학적인 문제를 해결하는

382. Max Black, A Companion to Wittgenstein's Tractatus, Ithaca: Cornell University Press, 1964, 133.
383. Ludwig Wittgenstein, Tratatus Logico-Philosophicus, trans. C.K.Ogden, London; Roultedge & Kegan Paul LTD. 1981, section, 3.323. cited as TLP.

데 혼동을 가져오고 있다고 지적하고 있다. 바로 이 때문에 비트겐슈타인(Wittgenstein)은 이상적이고 인위적인 언어(ideal sign language)를 통해서 언어의 불명료성을 극복할 수 있다고 믿었다. 이러한 논리 체계가 럿셀과 Frege의 견해이다. 논리적 문법을 좀 더 자세하게 알기 위해서는 비트겐슈타인(Wittgenstein)의 그림이론(picture theory)을 살펴보는 것이 중요하다.

비트겐슈타인(Wittgenstein)에 의하면 언어는 세계의 현실을 묘사한다(language pictures a realty of the world). 인간과 세계는 언어를 통해서 연결된다는 말이다. 세계와 언어의 관계성은 논리적인 관계성(logical grammar)인데 이 관계성은 1:1의 관계성 가운데 있다. 그는 이 아이디어를 1914년 가을에 자동차 사고에 대한 재판기사가 실린 잡지를 통해서 갖게 되었다. 변호인이 사고가 어떻게 일어났는가를 그림으로 그리면서 설명한 것을 통해서 비트겐슈타인(Wittgenstein)은 그림과 실제 사고 상황이 서로 상관관계에 있는 것을 발견함으로써 언어로 표현된 문장의 구조는 실제로 세계 속에 존재하는 구조와 같으며 이는 더 나아가서 문장의 구조(logical grammar)는 말할 수 있는 것이 아니라 보여진다는 통찰력을 갖게 되고 이 통찰력은 나중에 보여 지는 것(showing)과 말할 수 있는 것(saying)을 구별하게 했다. 비트겐슈타인(Wittgenstein)은 1919년 8월 19일 러셀(Russell)에게 보낸 편지에서 철학의 근본 문제는 언어로 표현할 수 없는 것은 보여 주어야만 하는 것이라고 말했다. 전기 저서에서는 문장의 구조와 요소를 알게 되면 그 문장의 의미를 알 수 있다고 생각하게 되었다. 이와 같은 견해는 언어가 쓰이는 상황, 사용하는 사람을 고려하지 않은 단순한 언어와 세계만을 말한다. 후기에 이러한 사상이 바뀌게 되었다. 전기 저서 발표 후 16년 후에 비트겐슈타인(Wittgenstein)은 그의 전기 사상의 잘못된 점을 발견하게 되었다. 그는 고백하기를 나의 전기 저서에서 아주 중요한 잘못을 발견하게 되었는데 그것은 논리적 문법이 문장 속에 감추어져 있다는 것과 과학자처럼 논리적인 분석에 의해서 감추어진 문법을 조명할 수 있다고 믿은 것이다.[384]

후기 저서인 「철학적 탐구」에서는 문법의 개념은 전기와는 아주 다르다. 전기에서는 우리 일상 언어 속에 문법이 감추어져 있다고 했는데 후기는 그와는 정반대이다. 문법은 일상 언어 속에 감추어져 있는 것이 아니라 보여 진다고 봤다. 비트겐슈타인(Wittgenstein)은 말하기를 "논리(문법)는 스스로 모든 것을 해결한다. 그래서 우리가 해야만 할 일은 그것이 어떻게 사용되는지를 보는 것이다(logic must take care of itself. All we have to do is to look and see how it does it)."[385] 이 말은 아주 깊은 의미가 있는 말이다. 후기에 있어서 언어의 개념은 언어 자체가 중요한 것이 아니고 언어를 사용하는 사람이 누구이며 어떤 상황에서 사용하는 지가 중요하며 이 개념은 몸의 언어까지도 포함(눈물, 제스처, 눈짓, 목소리의 강약, 옷차림 등)한다. 언어는 단순히 인간의 사상과 감정을 전달하는 매개체라기보다는 삶의 표현이다.

문법은 비트겐슈타인(Wittgenstein)의 후기 사상의 아주 중요한 개념인데 그는 철학의 근본적인 문제를 언어 사용의 혼동에 있다고 봤다. 그래서 그는 언어의 사용(the use of word)을 재배열하거나 그대로 봄으로써 문제의 혼동되는 점을 조명하여 문제가 되지 않게(to dissolve)함으로써 철학의 문제점을 해결하고자 했다. 이 언어의 사용이 바로 문법 혹은 언어논리이다. 그래서 문법은 언어의 사용을 지배하는 룰(rule)이다. 여기서 중요한 단어는 언어의 사용과 룰이라는 말에 있다. 문법의 중요한 점을 네 가지로 말할 수 있다.

384. Ludwig Wittgenstein, Philosophical grammar, ed. rush Rhees, trans. Anthony Kenny, Oxford: Basil Blackwell, 1974, 210

385. Ludwig Wittgenstein, Notebooks 1914-1916, 2nd ed. trans. G.E.M. Anscombe, 2e, lle.

첫째, 문법은 언어의 사용을 묘사한다.[386] 예를 들면 사랑이라는 말을 생각해 보자. 예수님의 사랑, 부부간의 사랑, 청춘남녀의 사랑, 자식과 부모간의 사랑 등을 들 수 있다. 똑같이 사랑이라는 말을 쓰지만 예수님의 사랑과 청춘남녀의 사랑은 차원과 질이 다른 사랑이다. 이는 각 사랑의 문법이 다르다고 말할 수 있으며 문법이 다르기 때문에 그 의미도 다르다. 둘째, 문법은 언어의 의미를 결정한다. 비트겐슈타인(Wittgenstein)은 "한 단어의 의미는 그 언어의 사용에 있다"[387]라고 했다. 여기서 중요한 것은 문법 자체가 그 단어의 의미라는 말은 아니다. 그 단어의 사용이 어떤 상황에서 누가 사용하는가에 따라서 그 의미가 달라진다는 말이다. 우리 인간의 삶 속에서 가장 중요한 언어 중에 하나가 사랑이라는 언어일 것이다. 그러나 사랑이 무엇이냐고 묻는다면 얼른 대답하기가 어렵다. 왜 그렇게도 우리 인간이 원하고 많이 쓰는 단어인데도 왜 우리는 그 의미를 얼른 알기가 어려운 것인가? Webster's English-Korean Dictionary은 사랑은 애정, 좋아함, 연애, 자비라고 정의했다. 이렇게 정의를 내렸다고 해서 우리는 사랑의 의미를 알 수 있는 것인가? 사랑의 명작을 읽었다고 해서 사랑의 의미를 깊이 이해했다고 말할 수 없다. 라이그린(Anders Nygren)의 Agape & Eros라는 사랑의 고전적인 책을 읽었다고 해서 우리는 사랑의 의미를 이해했다고 말할 수 있는가?[388] 이러한 책들을 읽으면 사랑에 대한 지식은 습득할 수 있을지는 몰라도 사랑의 깊은 의미는 이해했다고 볼 수 없다. 왜 그런가?

386. Wittgenstein에 의하면 문법은 다른 방법으로서 설명할 수 없는 언어를 묘사할 뿐이라고 했다(Philosophical Investigations, 3rd ed. Rush Rhees, trans. G.E.M. Anscombe, New York: Macmillan Publishing Co., 1958, section, 496, cited as PI)

387. PI., section, 43

388. Anders Nygren, Agape & Eros, trans. Philips Watson, 1953. Nygren에 의하면 사랑에는 세 가지 종류의 motive가 있는데 첫째는 아가페로서 무조건적인 하나님의 사랑을 말하며 기독교에서 볼 수 있으며, 둘째는 Nomos(율법)로서 도덕적인 무엇을 성취함으로 하나님을 사랑하려는 자세로서 유대인들에 해당하며, 셋째는 에로스로서 영원을 향한 사랑으로서 희랍사상에 속한다.

언어적인 측면에서 볼 때는 사랑이란 정의를 내리거나 책을 많이 읽었다 해서 깊이 이해할 수 있는 개념이 아니라 삶을 통해서 보여 주는 개념이기 때문이다. 성경에서 말하는 하나님의 사랑도 다 같은 맥락에서 이해할 수 있다. 요한일서 4장 7절에 보면 사랑은 하나님께 속한 것(η αγαπη εκ του θεου)이라고 했다(love comes from God). 이 말은 무슨 말인가? 성경에 의하면 진정한 사랑은 인간으로 부터 오는 것이 아니라 하나님으로부터 온다는 말이다.

인간의 사랑은 정도의 차이는 있지만 야속한 것이다. 오늘날에 많은 사람들이 인간에게서 나오는 감정적이고 야속한 사랑으로 인간관계를 갖으려고 하기 때문에 문제가 많다고 생각한다. 에로스의 사랑은 상대방에게서 무엇인가 좋아하는 점을 발견했을 때 인간의 사랑은 싹이 튼다. 왜 내가 좋아하느냐고 묻는다면 그것은 내게서 결핍된 것이기 때문이다. 결핍된 것은 바로 다른 "나"이다. 그래서 인간의 사랑은 소유에 있다. 이것이 인간 사랑의 본질이다. 그러나 참 사랑은 인간으로부터 오는 것이 아니라 하나님으로부터 오는 것이다. 그러면 하나님의 사랑은 어떻게 나타나게 되었는가? 요한일서 4장 9절에 보면 "하나님의 사랑이 이렇게 나타난 바(εφανερωθη)되었으니"(this is how God showed his love among us)라고 했다. 하나님의 사랑은 보여졌다. 혹은 계시되었다. 여기서 중요한 것은 우리는 어떤 때 보여준다는 말을 쓰는가 하는 문제이다. 우리는 "보여 준다"는 말을 잘 모를 때 쓴다. 그래서 기독교에서 말하는 사랑은 말로 하는 것이 아니라 보여주는 것이다. 로마서 5장 8절 말씀이 이를 증명한다. "우리가 아직 죄인 되었을 때에 그리스도께서 우리를 위하여 죽으심으로 하나님께서 우리에게 대한 자기의 사랑을 확증(συνιστησιν)하셨느니라" 여기서 중요한 말은 "확증" 했다는 말(God demonstrates his own love)이다. 하나님은 사랑을 말로 하지 않고 예수님을 십자가에 못 박히게 하심으로 우리를 사랑한다는 것을 증명했다는 말이다. 그래서 사랑을 "말과 혀로만"하려고 하는 사람은 아직 기독교의 사랑의 문법을 모르는 사람이다. 기독교의 사랑은 언어적인 면에서 볼 때 말로 하는 것이 아니라 "행함과 진실함"으로 해야 한다(요일 3:18). 요한일서 4장 10절이나 로마서 5장 8절 말씀에서 보면 하나님의 깊은 사랑은 예수님의 보혈을 통해서 인간의 죄를 용서해주는 데 있다. 우리는 이 사랑을 말하여 사죄의 은총이라 부른다. 비트겐슈타인(Wittgenstein)에 의하면 무엇의 에센스는 문법에 의해서 보여 진다고(essence is expressed by grammar)했다.[389] 그렇다면 기독교의 사랑의 본질은 용서의 사랑에 있다. 용서의 사랑을 구체적으로 배우지 못한 신자는 하나님의 지극한 사랑을 모른다고 말할 수 있다. 원수까지도 사랑하려면 이 사랑을 덧입을 때만이 가능하다. 셋째, 문법에는 두 종류의 문법이 있다. 하나는 표층문법(surface grammar)이요, 다른 하나는 심층문법(depth grammar)이다.[390] 전자는 단지 문장의 구조만을 말하며 후자는 문장의 구조뿐만 아니라 의미를 말한다. 예를 들면 "예수님은 당신을 사랑합니다." "이완용은 당신을 사랑합니다." 이 두 문장에서 문법적으로는 주어, 타동사, 목적어를 다 가지고 있다. 그러나 그 의미는 근본적으로 다르다. 표층문법(surface grammar)은 같지만 심층문법(depth grammar)은 다르기 때문이다. 여기서 중요한 것은 누가 말했느냐가 중요하다. 넷째, 문법은 명령적인 힘(imperative force)을 갖고 있다. 가령 축구경기를 한다고 가정하자. 축구경기를 하고 안하고는 나의 결정에 달려있지만 일단 경기를 하고자 하면 그 경기의 룰을 따라야만 한다. "따라야만 하는" 명령적인 힘은 나에게 있는 것이 아니고 언어의 사용이 가지고 있는 룰이라고 할 수 있다.

389. PI., No. 371.
390. PI., section, 664.

문법과 언어놀이(language-game)

어느 날 비트겐슈타인(Wittgenstein)은 산책하다가 축구게임 하는 것을 보았는데 그때 그는 우리도 언어를 가지고 게임을 할 수 있다는 통찰력을 갖게 되었다고 한다. 어린애들이 처음에는 지시적으로 언어를 배우지만 일단 배우면 여러 가지 다른 언어를 배울 수 있는 것처럼 언어를 쓰고 배우는 것이 게임과 비슷하다. 게임에 룰이 있는 것처럼 언어사용에도 룰이 있다. 이 룰이 문법이며 신자는 성경의 언어를 배움으로써 진정한 신자로 되어가는 것이다. 문제는 어떻게 누가 성경언어를 가르치고 배우느냐에 따라서 여러 가지 형태의 신앙생활의 틀을 결정한다. 개혁주의 신앙을 배우면 개혁주의 신자가 되는 것은 인위적인 것이 아니며 언어사용이 보여주는 논리이다. 이 언어놀이가 문법을 보여준다고 말할 수 있다. 쉽게 말하면 우리의 모든 삶은 여러 가지 형태의 언어놀이를 통해서 이루어진 삶의 형태이다. 이 언어놀이가 어떤 형태의 삶의 틀(form of style)을 형성한다.

문법과 삶의 형태(forms of life)

위에서 말한 것처럼 여러 가지 삶의 형태는 언어놀이에 의하여 형성되어 지는 것이다. 그래서 삶은 주어진 것이며 일단 어떤 형태의 삶의 틀이 형성되면 그것을 바꾸기가 아주 힘들다. 여기서 주어진 것이라고 하는 것은 중요하다. 필자는 미국에서 13년을 살았는데 고기는 안 먹고 살 수 있어도 김치와 된장국을 먹지 않고는 살 수가 없었다. 그 이유는 한국에서 거의 33년 동안 이것들을 먹고 살았기 때문이다. 김치가 쇠고기보다 영양분이 많아서도 아니고 한국 사람의 주체성을 지키기 위해서도 아니다. 여기서 해석학적인 면에서 중요한 것은 어떤 것을 평가하고 해석하고 이해하고 판단하는 근거가 이 삶의 틀에서 나온다는 것이다. 철학적으로 말한다면 삶의 틀은 세계를 보는 안경, 지평 혹은 관점이라는 말이라고 할 수 있다. 칼빈이 성경을 "안경"(spectacle)이라고 말한 것은 중요한 말이라고 생각한다. 성경만으로(Sola Scriptura)라는 말은 개혁주의 안경이라고 한다면 틀린 말이 아닐 것이다. 종합하면 인간은 언어를 사용하여 언어놀이를 하고 언어놀이를 하다보면 어떤 삶의 틀이 생긴다. 그래서 어떤 삶의 틀은 주어지는 것이다. 이 삶의 틀에서 나오는 언어의 사용은 그 언어의 의미를 결정 지운다. 우리가 어떤 언어를 사용한다는 것은 우리는 그러한 삶을 살았다는 것을 전제할 수 있다. 언어의 사용을 통해서 우리는 대개 그 사람이 어떤 사람인가를 알 수 있다.

비트겐슈타인(Wittgenstein)의 사상은 지금까지의 서구사상과 아주 다르다. 전자는 독창적이고 명료성(clarity)과 간결성(perspicuity)에 중점을 두고 언어사용을 봄으로서 모든 것의 에센스를 파악하려 했다면 후자는 체계(system)를 이용하여 거대한 지식의 빌딩을 건축하려 했다. 서구의 많은 철학자나 신학자들까지도 새로운 이론을 도입함으로 과학에서처럼 인간의 근본문제를 해결하는 데 진보를 믿었다. 그러나 비트겐슈타인(Wittgenstein)에 의하면 인간의 근본문제는 예나 지금이나 변한 것이 없으며 방대한 이론을 통해서 쌓아올린 거대한 지식의 빌딩의 체계에 의해서 인간의 병폐적인 사고를 고치려고 하기보다는 언어의 사용을 통해서 그 문제점을 조명하게 했으며, 언어의 원초적인 홈(original home of language)인 언어놀이(language-game)를 통해서 모든 문제의 핵심을 조명하고 파악해서 병폐적인 사고를 치유하고자 한다. 언어에 생명력을 불어넣은 것은 언어에 대한 이론이 아니라 언어사용이다. 비트겐슈타인(Wittgenstein)의 후기 사상의 언어논리 개념은 그가 말한 대로 새로운 이론을 도입해서 문제의 근본을 해결하려 하지 않고 언어의 사용을 봄으로 어디에 문제가 있는가를 조명해주고 이로 인해 문제가 문제로 되지 않게(to dissolve)함으로써 문제를 해결하려 했다. 비트겐슈타인은 전도서 기자가 이미 말했듯이 해 아래 새 것이 없다고 한 말을 깊게 이해한 사람이라고 생각한다. 우리에게 주어진 언어를 가지고 해석에 앞서서 언어사용을 봄으로서 문제점을 새롭게 파악하게 하고 조명해 주는 방법을 제시한 사람이었다. 그가 말한 것처럼 자기의 방법에 창조적인 것이 있다면 이미 있는 것을 새롭게 보는 방법이라고 했으며 그는 자신의 공헌을 이렇게 말했다. "나는 내 방법의 창조성은(그 말이 옳다면) 씨에 속한 것이 아니라 밭에 해당하는 것이라고 믿는다. 나의 밭에 어떤 씨를 심어 보라. 그러면 다른 밭에 심는 것과 다르게 자랄 것이다."[391] 여기서 나온 밭은 성경의 씨 뿌리는 자의 비유에서 나오는 좋은 밭과 같을 것이다. 다른 해석 방법보다 30배 60배 100배나 좋은 결실을 맺는 해석방법이 될 것이다.

문법과 언어의 생명력

무엇이 언어를 생명력 있게 만드는 것인가? 자동차에 기름이 없으면 아무리 좋은 자동차라고 해도 움직일 수 없을 것이다. 아무리 좋은 냉장고라고 해도 전기를 연결하지 않으면 작동하지 않는다. 마찬가지로 언어를 생명력 있게 만드는 것은 언어 자체에 있지 않고 그 사용에 있다. 누가 어떤 상황에서 어떻게 사용하느냐에 따라서 생명을 살릴 수 있는 언어도 되고 죽일 수 있는 언어도 된다. 가령 사형과 무죄라는 언어를 생각해보자. 사전에서 보면 별로 우리에게 감동과 감격을 주지 못한다. 그러나 이 언어가 판사가 재판장에서 사용할 때는 똑같은 언어이지만 완전히 다른 의미를 가지고 있다. 사형은 사람을 죽일 수 있는 언어가 되지만 무죄는 사람을 살릴 수 있는 언어가 된다. 무엇이 똑같은

391. "I believe that my originality(if that is the right word) is an originality belong to the soil rather than to the seed.(perhaps I have no seed of my own). sow a seed in my soil and it will grow differently than it would in any other soil"(Norman Malcolm의 Ludwig Wittgenstein의 14페이지 각주 17번으로부터 재인용).

언어를 이토록 차이 나게 만드는가? 사전이 그렇게 만드는가? 아니면 언어의 사용이 그렇게 만드는가? 언어의 사용이 그렇게 만드는 것이다. 언어를 사용하지 않으면 언어의 힘은 죽어버리게 된다. 필자는 그전에 한국에서는 웬 만한 한자를 쓰고 읽을 수 있었다. 그러나 미국에서 13년의 짧지 않은 세월을 사는 동안 한자를 많이 잊어버렸다. 그 이유가 무엇인가? 미국에서 살았기 때문인가? 아니다. 한자를 사용하지 않았기 때문이다. 왜 우리가 우리의 전화번호를 잘 기억하고 있는가? 전화번호가 암기하기 쉽기 때문인가? 그런 이유도 있지만 근본적으로는 우리가 매일 사용하기 때문이다. 따라서 언어의 생명력은 사용에 있다. 언어를 사용하지 않으면 그 언어에 대한 의미가 불확실해지고 의심이 생긴다. 확실성이란 어떤 객관적인 근거에 있다기보다는 언어의 사용에 있다. 다시 말하면, 언어의 사용이 그 언어의 확실성에 대한 객관적인 근거가 되는 것이다.

문법과 보여줌(grammar and showing)

비트겐슈타인의 철학의 목적은 설명하는데 있는 것이 아니라 묘사(to describe)하는 데 있다. 여기서 묘사한다는 말은 "있는 그대로"를 보여준다는 말이다. 설명을 계속하다보면 결국은 있는 그대로를 보여주게 된다. 그래서 언어의 놀이는 그 게임을 통해서 그 게임의 의미를 설명하는 것이라기보다는 보여주는 것이다. 우리는 잘 모르는 것을 말할 때에 설명보다는 보여준다는 말을 사용한다. 결국 말로 설명할 수 없는 것은 보여주어야 하며 설명할 수 없는 것도 결국은 설명할 수 있는 것을 통해서 보여줄 수밖에 없다. 따라서 주님은 말로 표현할 수 없는 하나님의 나라를 우리가 경험할 수 있는 비유를 통해서 말씀하시지 않았던가! 성경의 깊은 이해는 말씀 그대로 받아드리고 그대로 이해하는 것이다. 성경의 언어는 말로 설명할 수 있는 언어라기보다는 우리의 삶을 통해서 보여주어야 하는 언어이다. 그러기 때문에 성경의 메시지를 말로만 하면 설득력이 없고 하나님의 역사가 일어나지 않는 것이다.

문법과 "으로서 봄"(seeing as)

우리는 일상생활에서 무엇을 평가하고 판단하는 기준은 판단하고자 하는 것의 모든 성분을 알아서 그렇게 하는 것이라기보다는 "으로서 보는" 것이다. 가령 종이 한 장을 가지고 이것이 무엇이냐고 질문한다면 누구나 종이라고 할 것이다. 왜 그런가? 우리가 종이를 만드는 방법과 종이의 화학성분을 알아서 종이라고 하는가? 단순히 우리는 일상생활에서 종이라는 언어를 혹은 언어게임을 배웠기 때문에 종이라고 하는 것이다. 이와 같이 우리는 무엇을 "으로서 보는" 것이다.

몇 해 전 발틱 삼국이 구소련으로부터 독립하였을 때 그 사람들이 말하기를 오늘은 태양이 더 밝게 보인다고 했다. 태양이 그날만 더 밝다고 볼 수는 없다. 그럼에도 불구하고 더 밝게 보이는 것은 그들의 상황이 그렇게 표현하도록 만든 것이다. 다시 말하면 자기들의 상황과 독립에 대한 감격이 그들에게 태양이 밝은 것처럼 보이게 한 것이다.

잠언기자는 해 아래 새 것이 없다고 했다. 그러나 새롭게 볼 수는 있는 것이다. 새롭게 보는 것은 누구나 다 그렇게 보는 것이 아니라 새로운 사람이 되어야 새롭게 보는 것이다. 예수를 믿는 사람은 안 믿는 사람과 전혀 다르게 세상과 사람을 본다.

사도 바울은 로마서 5:3-5에서 예수 그리스도의 은혜로 말미암아 화평을 누리며, 하나님의 영광을 바라고 즐거워하며 이제는 환난 중에도 즐거워하게 되었다고 했다. 환난이 즐거운 것은 아니다. 그러나 예수 그리스도 때문에 환난이 즐거운 것이 되는 것이다. 고난에 새로운 의미를 부여한 것은 고난 자체에 있는 것은 아니다. 예수님이 십자가의 고난을 통해서 인류를 구속하셨기 때문에 고난에 새로운 의미가 있는 것이다. 예수를 믿는 사람에게는 고난은 고통스럽고 괴로운 것이 아니라 고난을 통해서 주님의 생애를 배울 뿐만 아니라 고난을 통해서 우리 믿음의 뿌리가 자라고 신앙의 인격이 신앙인으로서 자라가는 것이다. 인생을 살아가는 것처럼 고난은 인생의 한 부분이 된 것이다. 욥기를 보면 욥은 고난을 통해서 말로만 듣던 하나님을 이제 눈으로 본다고 고백했다. "내가 주께 대하여 귀로만 듣기만 하였삽더니 이제는 눈으로 주를 뵈옵나이다(욥 42:5)" 참으로 감격적이고 놀라운 고백이다. 우리는 얼마나 책이나 다른 사람의 말을 통해서 하나님을 만나려고 했는가? 살아계신 하나님을 우리는 고난을 통해서 눈으로 직접 확인 할 수 있는 것이다. 고난 속에서 우리는 살아계신 아브라함의 하나님, 이삭의 하나님, 야곱의 하나님, 나의 하나님을 만나 뵐 수가 있는 것이다. 따라서 예수님을 통해서 새롭게 변화된 사람만이 성경을 철학이나 도덕책이 아니라 하나님의 말씀으로 보는 것이다.

문법과 성경해석

비트겐슈타인의 입장에서 보면 해석이란 문장 안에서 언어의 사용(the use of language)을 보는 것이다. 여기서 "본다는 것"은 아주 중요한 말이다. 본다는 말은 해석하기 전에 문장에 있는 언어가 어떻게 사용되고 있는가를 보는 것이다. 다시 말하면, 언어놀이를 보는 것이다. 언어놀이(language-game)는 삶의 형태(forms of life)를 형성한다. 언어의 사용은 언어놀이에 의해서 보여 지며 동시에 언어놀이는 어떤 삶의 표현이다. 따라서 언어놀이, 삶의 형태는 서로 구분은 되지만 분리된 것이 아니라 서로 긴밀하게 밀착되어 있다.

언어놀이란 언어의 원초적인 집(heimat)으로서 텍스트와 해석자를 하나로 연합시키며, 텍스트의 의미를 깨닫게 해주는 성령님의 내적조명과 같다. 여기서 언어의 원초적인 집이 언어놀이라는 말은 대단히 중요한 말이다. 우리가 무엇의 가장 깊은 이해를 하려고 한다면 근원으로 돌아가서 살펴봐야하기 때문이다. 따라서 언어의 원초적인 고향은 언어게임이다. 따라서 언어의 깊은 이해는 언어 자체에 있지 않고 그 사용에, 즉 언어게임에 있는 것이다. 일상적인 언어사용에 있는 것이다. 일상 언어란 누구나 다 이해할 수 있고 대화에서 아무런 문제없이 서로를 이해할 수 있다. 그러나 전문용어는 어떤 특정한 사람만이 이해할 수 있는 언어이다. 따라서 성경공부, 강의, 설교는 일상 언어를 사용해야 한다. 성경이 일상 언어로 쓰여 졌기 때문이다. 쉽게 강의하지 못하거나 설교하지 못한다는 것은 강의 주제를 잘 모르거나 성경을 깊이 이해하지 못하기 때문인 것이다. 언어의 사용(언어놀이)은 삶의 틀을 형성하고 언어의 사용은 삶의 틀의 표현이다. 다시 말하면, 언어는 삶의 표현이기 때문에 언어 사용을 통해서 우리는 그 사람의 인격과 역사를 이해할 수 있다. 문장 속에서 언어의 의미는 사용한 사람의 삶의 표현이다.

삶의 틀은 주어진 것이다. 어느 공동체 안에서 살다보면 그 공동체의 특성을 갖게 되고 정체성이 생기는 것이다. 저자는 미국에서 영어의 관사와 정관사, 전치사 사용 때문에 많은 고생을 했다. 지금도 잘 모른다. 영문법을 공부할 때는 아는 것 같지만 실제 사용에서는 자주 혼동된다. 그러나 미국 학생들은 문제가 없다. 자기나라 말이기 때문일 것이다. 그래서 언젠가 왜 당신은 관사, 정관사, 전치사 사용에 아무런 문제가 없느냐고 물었더니 그들의 대답은 아주 단순했다. 영문법을 잘 배웠기 때문이 아니라, "그게 우리가 사용하는 방식이야(That is how we use it.)" 즉 그렇게 사용하며 살았기 때문이라고 했다. 이것이 무엇을 말하는가? 그렇게 사용하고 살다보니 이제는 그렇게 사용하는 것이 하나의 삶이 되었다는 것을 말해주지 않는가!

삶의 틀은 받아드려지는 것이며 주어진 것이다. 그래서 그에 대한 옳고 그름의 판단은 삶의 틀 가운데서 봐야하는 것이다. 다른 기준으로서 판단할 수 없는 것이다. 각 공동체가 다르기 때문에 다른 해석이 나온다는 것은 피할 수 없는 것이다. 그렇다면 다른 모든 공동체가 인정하는 객관성은 없는 것인가? 이것은 어려운 질문이다. 비트겐슈타인의 입장에서 보면 삶의 틀 자체가 객관성이요 주관성이요 어떤 판단의 근거가 되는 것이다. 선험적인 지식이 따로 있는 것이 아니라 삶의 틀 자체가 모든 평가, 해석의 옳고 그름을 정당화하는 기준이 된다. 따라서 비트겐슈타인은 말했다. "그러니까 당신의 말은 사람들의 일치(一致)가 무엇이 옳으며 무엇이 잘못인지를 결정한다는 것인가?--사람들이 말하는 것은 옳거나 잘못이다; 그리고 언어 내에서 사람들은 일치한다. 이것은 의견들의 일치가 아니라, 삶의 형태의 일치이다."[392] 다른 말로 바꾸면 옳고 그름은 선험적으로 주어진 절대적인 기준이라는 것이 아니라 공동체의 산물이라는 것이다. 공동체가 다르면 다른 기준이 생긴다는 것이다. 같은 성경을 가지고 있으면서도 그 해석이 다른 것은 공동체(교파)가 다르기 때문이다. 그러나 이것은 자칫 잘못하면 상대주의를 야기시키지 않나 생각되어지나 여기서 중요한 것은 "기준"이라는 것이 한 개인의 결정에 따라서 된다는 것이 아니라 공동체에서 생성된다는 사실이다.

문법적 성경해석은 성경언어 사용을 보는 것이다. 가령 요한일서 3:18에 보면 "자녀들아 우리가 말과 혀로만 사랑하지 말고 오직 행함과 진실함으로 하자" 라는 말에서 신자의 사랑에 대한 아주 중요한 교

392. 「철학적 탐구」, (So you are saying that human agreement decides what is true and what is false?--It is what human beings say that is true and false; and they agree in the language they use. That is not agreement in opinions but in form of life. No. 241).

훈을 준다. 사랑은 말과 혀로 하는 것이 아니라 행함과 진실함으로 하라고 했다. 여기서 기독교 사랑은 이론이 아니라 행동이라고 할 수 있다. 그래서 우리는 사랑에 대한 강의를 듣거나 책을 읽음으로 배울 수 있는 것이 아니라 우리 삶 가운데서 사랑을 실천해야한다. 뿐만 아니라 진심으로 하라는 말은 사랑은 진실해야한다는 말로 해석할 수 있다. 인간관계에서 진실성이 결여되면 그 관계는 오래가지 못한다. 하물며 사랑은 더 무슨 말을 할 수 있는가! Anders Nygren의 Agape & Eros는 아가페와 에로스 사랑의 개념을 아주 체계적으로 분석한 고전에 속하는 책이다. 그런데 그 책을 읽었다고 해서 우리는 아가페와 에로스 사랑을 이해했다고 할 수 있는가? 사랑에 대해서는 이해 했다고 할 수 있다. 그러나 아가페와 에로스를 우리 삶 속에서 깊이 이해했다고 할 수 있을까? 그렇지 않다. 사랑에 대한 문법(the grammar about love)과 인격적인 사랑의 배움(the grammar of love)은 서로 다른 문법에 속한 것이기 때문이다. 여기서 우리는 해석이란 단순히 문자적인 의미를 알았다고 해서 그 말의 의미를 이해하는 것은 아니다. 해석이란 누가 어떻게 언어를 배우느냐에 달려있다. 학문적으로 배우면 학문적인 의미를 아는 것이요 인격적으로 배우면 인격적인 의미를 알게 된다. 문제는 성경의 언어가 학문적인 언어인가를 우리는 심각하게 질문해야 한다. 물론 성경언어를 이해하는데 학문적인 연구가 필요하지만 그것만으로 충분하지 않다. 학문적인 문법과 신자가 되어가는 문법이 다르기 때문이다. 성경의 언어는 우리 삶을 변화시키고 주님의 영광을 위해서 살도록 하는 언어가 되어야지 그렇지 아니하면 성경의 의도를 잘 이해하지 못하는 경우가 될 수 있기 때문이다. 성경의 언어는 "...에 대하여" 라는 문법(the grammar about mood)이 아니라 "...의 문법"(the grammar of mood)에 중점을 두기 때문이다.

정리하면 비트겐슈타인의 입장에서 보면 해석이란 언어의 사용을 보는 것이다. 그래서 성경해석도 성경언어의 사용을 보는 것이다. 언어의 사용을 보는 것은 기계적인 것은 아니며 삶의 형태의 표현이고 보면 언어의 사용을 보는 해석자의 관점이 성령님의 내적 조명을 통하여 지속적으로 변화되어야 한다. 그렇게 함으로서 성경의 자연스럽고 분명한 문자적인 의미를 드러낼 수 있다. 그런데 문자적인 의미는 믿음의 공동체의 의미를 반영하는 것이다.

성경은 변하지 않는다. 그렇다면 성경해석 문제는 성경자체에 있지 않고 해석자의 문제이다. 해석자의 지평이 성령의 내적조명에 의해서 지속적으로 성경을 하나님의 말씀으로 보고 이해하도록 변화되어져야 한다. 그래서 해석이란 일시적인 것이 아니라 끊임없이 우리의 삶 속에서 이루어진다.

비트겐슈타인의 문법의 개념은 언어의 사용을 통해서 언어의 의미를 이해하는 방법이다. 방법 자체가 좋고 나쁜 것이 아니라 누가 그 방법을 가지고 어떻게 사용하느냐가 중요하다. 가령 칼 자체가 나쁜 것이 아니라 그 사용이 나쁘게도 만들고 유용하게 만든다. 사람을 죽이는데 칼을 사용하면 살인무기가 되지만 생명을 살리는데 사용하면 생명의 칼이 되는 것과 같다. 그래서 비트겐슈타인이 말한 것처럼 문법적인 해석은 씨에 해당하는 것이 아니라 밭이라고 한 것처럼 성경언어를 성령의 조명을 통해서 비트겐슈타인의 문법이라는 밭에다 심으면 성경의 의미를 쉽게 그리고 깊이 이해하게 하는 중요한 통찰력을 얻을 수 있다고 사료된다.[393] 성경해석에 있어서 문법의 개념은 성경언어게임에 의해서 발견되어지는 의미이다. 그러나 성경언어게임을 하는 자는 성령의 조명에 의해서 늘 성경언어게임을 하는 룰이 수정되고 보완되어져

393. "I believe that my originality(if that is the right word) is an originality belong to the soil rather than to the seed.(perhaps I have no seed of my own). sow a seed in my soil and it will grow differently than it would in any other soil" (Norman Malcolm의 Ludwig Wittgenstein의 14페이지 각주 17번으로부터 재인용).

야 한다. 그래야 올바로 성경을 이해할 수 있으며 30배, 60배, 100배의 결실을 맺는 신앙생활을 할 수 있도록 도울 수 있다.

게르하르트 에벨링(Gerhard Ebeling)

'신 해석학파'는 제2차 세계 대전 이후에 생겨난 학문의 방법이다. '신 해석학파'는 선포(Kerygma)를 실존적으로 해석하는 일을 능가하여 신약전체를 실존주의적으로 해석한다. 따라서 '신 해석학파'는 성경본문을 기초로 성경해석 원리를 찾아내는 데 관심이 있는 것이 아니라, 신약전체를 어떻게 해석하느냐에 관심이 있다.[394] '신 해석학파'인 에벨링과 훅스는 "언어사건"(Sprachereignis)과 "말씀의 사건"(Wortgeschehem)을 중심으로 해석학적 신학을 전개하였다.[395]

'신 해석학'은 "하나님이 스스로 해석하는 자이다"라는 말 대신에 "인간은 스스로 해석하는 자이다"라는 말로 태도가 변화된 것이다. 즉 성경해석에 있어서 권한의 소재가 하나님으로부터 인간에게로 넘어가게 된 것이다. 그리고 "성경이 어떻게 말하느냐"가 중요한 것이 아니고 "나에게 의미 있는 것이 어떤 것이냐"로 신학적 입장이 변화되는 것이다.[396]

에벨링의 관심은 하나님의 말씀을 현대에 이해할 수 있도록 선포한다는 데 있었다. 에벨링은 오늘날 기독교 선포의 무력함에 대해서 깊은 문제의식을 가지게 되었다. 에벨링은 오늘날 강단의 설교가 현대인들에게 낯선 언어처럼 들리는 것을 문제시 한다.[397] 에벨링은 사실적, 자

394. Norman Perrin, "The Challenge of New Testament Theology Today", Criterion 4 (Spring, 1965): 30, 33.
395. 김영한, 「신 해석학」(한국개혁신학회 논문집 17권, 2005. 4월호) 257.
396. 박형용, 「성경해석의 원리」(수원: 합동신학대학원 출판부, 2002) 81.
397. G. Ebeling, Introduction to the a Theological Theory of Language (London, 1973), 15-80.

서전적 예수의 생애보다는 예수에게 나타난 것이 무엇이었느냐에 관심을 표명한다.[398]

하나님의 말씀 사건

1959년 그의 논문 「하나님의 말씀과 해석학」(Wort Gottes und Hermeneutik)에서 그는 해석학이란 '말씀 사건을 동반한 이해론'이라고 규정하였다. 그에게 있어서 하나님의 말씀은 발생하는 것(Something that happens)이다.[399] 에벨링은 하나님 말씀이 '초자연적인 특수 말씀'이 아니라, '진정한 본래적인, 최종적인 말씀'이라고 주장한다. 하나님의 말씀과 인간의 말을 분리해서는 안 되며 요한복음 1:14절에 근거해서 말씀이 육신이 되었다는 것은 말씀이 사건이 됨으로서 말씀됨과 인간됨이 하나가 되었다는 의미이다. 에벨링에게 있어서 하나님의 말씀은 '자연적이고 구두적이며 인간과 인간 사이에 일어나는 말씀이다.[400]

그래서 에벨링에게 있어서 설교란 과거의 선포로서 본문을 주석하는 것이 아니라 그 자체가 현재적 선포이다. 에벨링은 성경 텍스트가 쓰여진 그때의 언어 전통과 오늘날의 언어 사이에는 크나큰 간격이 있다고 말한다.[401] 이 간격을 메워야 하는 것이 해석학의 과제이다. 성령의 역할은 이해와 인지(認知)성의 문제를 충분히 풀 수 없다.[402] 신 해석학은 이 간격을 메우고 과거와 현재 사이의 다리를 놓아 주는 것은 성령이 아니라 말씀 자체라고 본다. 에벨링은 텍스트 해석에 있어서 문자

398. 박형용, 「복음비평사」 (서울: 성광문화사, 1985) 202.
399. James Robinson and John B. Cobb(eds), The New Hermeneutic (New York: Harper&Row, 1964) 85.
400. Robinson and Cobb(eds) "Natural, Oral word taking place between man and man." 102.
401. G. Ebeling, God and Word (Philadelphia, 1967) 4.
402. E. Fuchs, "Proclamation and Speech-Event" (Theology Today 19, 1962) 354 G. Ebeling, Theology and Proclamation (E. T. Collins, London, 1966) 42, 100-102.

주의(literalism)는 성실한 의사소통의 적(敵)이라고 본다. 그리고 설교의 중요성을 강조한다. 설교는 텍스트를 청취자의 상황 속에 갖다 놓음으로써 청취자의 고유한 언어로 해석한다.[403]

현대의 언어팽창과 언어소외를 극복하기 위해 에벨링은 전승된 하나님의 말씀이 우리의 현실을 통해서 어떻게 이해되어지는가에 대한 새로운 청취를 강조한다.[404] 예수 그리스도는 그 자체가 말씀사건이다. 예수의 선포는 단지 인간의 선포가 아니라 하나님이 그 안에서 말하는 것이기 때문에 중요하다. 말씀의 선포는 신앙을 일으키며, 그 불러일으킨 신앙에는 확실성과 생명을 불러일으킨다.[405] 하나님으로부터 위임권을 받은 예수의 말에는 하나님의 말씀이 나타난다. 그러므로 하나님의 말씀으로서 예수의 말은 이해를 열어주며 하나님의 실재를 나타내며 신앙의 자리를 열어 우리로 하여금 그 곳으로 들어가게 한다.[406]

말씀의 실존사건

에벨링은 성경을 말씀사건으로 봄으로서 실존성을 강조하려는 장점이 있다. 에벨링은 역사적 예수를 신앙의 모범을 보여주신 신앙의 예수로 보지 않고 신앙에 참여했고 신앙의 근거를 제시한 자로 본다.[407] 그러나 에벨링은 말씀사건이 반드시 계시사건임을 말하지 않는다. 이러한 실존적 진리는 개인적인 진리는 될 수 있지만 객관적으로 타당한 진리는 될 수 없다. 그런 점에서 신 해석학은 객관적인 진리의 기준이 상실하고 실존적 상대주의에 빠질 위험이 있다.[408] 에벨링의 사상은 인간실존을 초월해서 그 자체에서 무제약적으로 계시는 신의 실존을 인간

403. E. Fuchs, Hermeneutik, (Tübingen, 1970) 249-56.
404. 김영한, 208.
405. G. Ebeling, "Theology & Proclamation,‘’ 84.
406. G. Ebeling, “Dogmatik des Christlichen Glauben” 514.
407. Gerhard Ebeling, Word and Faith, trans. James W. Leitch, (Philadelphia, 1963) 202-45.
408. James I. Packer, "The New Hermeneutic: Response" 568.

실존적 표상에 제약시키는 위험성을 지니고 있다고 볼 수 있다.[409]

무엇보다도 하나님 말씀 개념의 초자연적이고 성령론적 성격이 도외시되고 있다. 에벨링의 주장처럼 하나님의 말씀은 인간의 언어로 전달되고 말씀사건으로 나타난 의미가 있다. 그러나 에벨링은 너무 일반 언어적인 기능 속에서 하나님 말씀을 자연 언어적 현상으로 평준화시키고 있는 경향이 있다. 하나님 말씀은 인간언어를 통해서 선포되는 하나님의 심판과 구원의 말씀으로서 전능의 말씀이며 전달자가 성령의 능력에 의해서 조명 받는 초자연적인 측면을 또한 가지고 있다. 그렇게 함으로써만 하나님 말씀은 인간의 실존을 변화시키고 현실을 심판하고 새 현실을 약속하는 말씀이 될 수 있으며 말씀사건을 일으킬 수 있다. 결국 에벨링은 말씀의 실존적인 관계성을 너무 강조하고 언어기능적 측면을 너무 강조한 나머지 이 말씀의 초자연성과 초월성을 약화 내지는 간과하고 있는 것이다.

에른스트 훅스(Ernst Fuchs)

훅스는 본문이 무엇을 말해야 했는지에 대한 질문을 던지기에 앞서 본문 자체가 말을 해 주고 삶을 변화시키기에 오늘날에도 우리에게 여전히 말을 해 준다는 현상을 알아야 한다고 말한다. 훅스는 성경의 언어가 우리를 향해서 스스로 말을 걸어오기 때문에 그 언어는 단순한 말이 아니라 언어사건이 된다고 주장한다.

그 언어는 사랑의 언어라는 것이다. 이 사랑의 언어는 상호이해(das Einverstandnis)의 과정을 거쳐야 한다고 주장한다. 훅스는 "모든 이해는 상호이해에 기초하고 있다"고 말한다. 훅스는 서양학문에 의해 본

409. 김영한, 223.

래의 언어가 오염되었다고 본다. 이처럼 비본래적인 언어가 지배하는 세상 속에서도 새로운 언어가 창조되었는데 이는 오직 하나님의 말씀으로만 가능하다는 것이다. 훅스는 예수 사랑의 언어 속에서만 본래적인 언어를 발견한다.[410]

훅스는 불트만과 마찬가지로 예수님의 선재하심, 부활하신 후에 하늘 보좌 우편에서의 통치하심, 물 위를 걸으심, 성령으로 잉태하심 등의 진술들을 신화적인 용어로 취급한다. 훅스는 불트만의 단점을 지적하며 불트만보다 더 철저하게 신화적 메시지를 비신화화 해야 한다고 말한다. 훅스가 철저하게 비신화화하는 이유는 현대인에게 성경의 적용을 보다 효율적으로 행하기 위함이다. 본문의 문자적 반복만으로는 현대인들에게 호소가 될 수 없는 것이다.[411] 그러므로 본문을 새롭게 말할 수 있기 위해서는 언어의 장벽을 제거해야 한다. 그런 의미에서 훅스에게 언어가 차지하는 비중은 대단히 크다.

언어사건 (Sprachereignis)

훅스는 "언어는 사건을 일으킨다"고 말한다.[412] 훅스는 저자의 의도나 심리보다는 "텍스트의 사실"(die Sache des Textes)을 강조한다. 훅스는 다음과 같이 피력한다: "우리가 텍스트를 해석할 수 있기 전에 텍스트가 우리를 해석한다."[413] 훅스는 진리가 우리를 객관화시켰다고 하면서 우리가 텍스트를 해석하는 것이 아니라 텍스트가 우리자신을 해석해야 한다고 말한다. 신 해석학에서는 해석자가 텍스트를 해석하지 않는다. 오히려 언어가 텍스트를 통하여 해석자를 해석한다. 언어사건은 "비추는 전등으로서"(as a flash of lightening) 이야기한다.

410. 소기천, 15-18.
411. Thiselton, 309.
412. Ernst Fuchs, Studies of the Historical Jesus (London: S. C. M, 1960) 207.
413. G. Ebeling, Word and Faith, 330.

훅스는 현재의 상황 속에서도 히브리서 4장 12-13절: "하나님의 말씀은 살아 있고 운동력이 있어 좌우에 날선 어떤 검보다도 예리하여 혼과 영과 및 관절과 골수를 찔러 쪼개기까지 하며 또 마음의 생각과 뜻을 판단하나니 지으신 것이 하나도 그 앞에서 나타나지 않음이 없고 우리의 결산을 받으실 이의 눈앞에 만물이 벌거벗은 것 같이 드러나느니라"를 강조하면서 신약성경자체가 상황 속에서 변화를 만들고 인간의 의식(意識)이전의 상황 속에서 변화를 만든다고 주장 한다: "텍스트는 그 자체가 살아 있다."[414] 예수의 언어는 "개인을 지적하고 그에게 깊은 감명을 준다."[415] 신약 메시지가 현대의 청취자들에게 새로이 전달되기 위해서는 쓰여진 당시의 문자적 의미가 변화된 현대의 상황 속에서 다르게 전파되어야 한다.

역동적 실존사건

텍스트와 해석자의 문제점을 해결하고자 노력하는 그의 노력은 높이 평가할 만하다. 그러나 그에게 있어서 성경의 영감성이 부인되는 아쉬움이 있다. 그의 통찰은 성경의 언어에 대해서 깊이 관심을 가지고 연구를 하기는 했지만 말씀의 실존적 관계성, 언어의 기능적 측면에 너무 치중한 나머지 말씀의 초자연성, 초월성은 약화되었다.

칼빈은 성령의 내증이 성경의 올바른 해석에 필요한 것임을 주장하였다. 성령의 내증이란 교회의 권위와 또는 인간의 이성이 성경의 해석자가 아니라 성경의 저자인 하나님 자신이 성경의 해석자라는 것이다. 성경의 기자들이 영감으로 성경을 기록했듯이 성경의 해석자에게도 동일한 성령의 내증이 해석자의 마음에서 역사하신다는 것이다.

그러나 훅스에게 있어서 이해는 역사적 사건보다는 실존적 사건이

414. E. Fuchs, Studies of the Historical Jesus (London, 1964) 193.
415. Ibid., 35.

우위에 서게 된다. 훅스는 다음같이 피력한다: "예수를 믿는다는 것은 본질적으로 예수의 결단을 되풀이하는 것을 의미한다."[416] 그런 점에서 역사적 예수의 개념이 실존론적으로 협착화되고 있다. 훅스는 역사적 예수를 메시야적인 자기의식을 지닌 객관적이고 역사적인 인격이 아니라 언어사건을 통해서 우리에게 진정한 실존적 의미를 조명하는 역사적인 의미성에서 논의한다.

훅스에게 있어서 언어사건은 지극히 주관적이기 때문에 그 가치가 주관적인 환상이나 독단에 빠질 위험성을 가지고 있다. 나에게 참되다고 생각되더라도 그것이 타인에게도 수용될 수 있는 객관성이나 보편성을 가진 것이 아니기 때문이다. 그러므로 "훅스의 존재론이 심리학적 환상론으로 해소될 위험"[417]이 있다.

훅스가 말하는 사랑이란 예수 그리스도의 대속의 사랑보다는 우리에게 자기포기의 모범을 보여주신 실존적 사랑이다. 훅스에게 있어서 부활사건이란 불트만처럼 십자가의 적극적인 가치를 표현하는 것, 다시 말하면, 십자가 죽음에서 자기주장의 포기를 표현하는 것으로 이해된다. 이는 실존적인 자기 결단이요 도덕적인 자기 이해이다. 여기에는 역사적인 사실이 탈락해 버린다. 이런 점에 있어서 신 해석학의 사고는 불트만의 사고에서 크게 벗어나지 못하고 있다.[418]

훅스와 에벨링은 성경 텍스트를 단지 고정된 문서로서가 아니라 살아있는 하나님의 말씀사건의 처소로 이해하도록 하였다. 이로서 성경을 역동적이고 실존적인 의미로 해석하려는 긍정적인 시도를 가져왔다. 신 해석학은 지나간 시대의 문헌이 현대인들에게 인격적으로 말하도록 하는 데 크나큰 공헌을 하였다. 복음의 메시지가 오늘날 청취자

416. E. Fuchs, Studies of the Historical Jesus, 28.
417. J. C. Weber, "Language-event and Christian Faith", in: (Theology Today, 21. 1965) 455.
418. A. C. Thiselton, "The New Hermeneutic", 324.

들에게 소통되어야(communicate)하기 때문이다. 신 해석학은 언어를 대상이 아니라 실존에서 일어나는 사건으로 이해함으로써 해석학은 설교학 분야에 중요한 공헌을 하게 된 것이다.

그러나 신 해석학의 근본적인 문제는 성경이 증거하는 예수의 대속적인 죽음과 부활과 재림을 역사적인 사실로 인정하지 않는다는 것이다. 그리고 설령 그것을 개인적인 신앙으로 믿는다고 할지라도 그것을 지성적으로는 역사적인 사실로 인정하지 않는다는 사실이다.[419]

신 해석학은 객관적인 구원사건을 단지 언어사건으로 치환해 버린다. 그래서 이러한 언어사건은 구체적인 실재성을 결여하고 있다. 그래서 그 내용이 비어있다. 신 해석학자들에게는 구원사건과 사랑사건이 역사적으로 객관적으로 일어난 사건이기보다는 텍스트를 읽고 듣는 독자나 청취자의 마음속에서 일어나는 주관적인 사건이다. 신 해석학은 텍스트의 사실을 강조하고 텍스트의 자율성을 강조함으로써 텍스트를 쓴 저자의 의도에서 벗어나려고 하였다. 신 해석학이 주장하는 언어존재론은 하나님의 말씀의 축자영감론을 제대로 드러내지 못한 한계를 지니고 있다.

결국 신 해석학은 하나님에 대한 이해를 자기이해의 수준으로 끌어내리고 말았다. 하나님은 인간실존의 상관자로서보다는 오히려 인간실존의 초월자이시다. 그러나 이들의 실존적 착상은 하나님의 초월성을 인간 실존적 표상에 의해 제약하는 위험성을 지니고 있다. 결과적으로 신 해석학은 성경자체가 무엇을 말하고 있는가에 관심을 기울이고 있는 것이 아니라 성경을 어떻게 이해할 것인가의 문제에 관심을 더 가진 나머지 성경을 실존적으로 해석함으로 본래적 의미에서 멀어지게 하는 결과를 가져왔다고 볼 수 있다.

419. 김영한,「신 해석학」(한국개혁신학회 논문집 17권, 2005. 4월호) 271.

폴 리꾀르(Paul Ricoeur)

폴 리꾀르는 자신을 말씀을 청종하는 사람(a hearer of the Word)으로서 규정하고 또 기독교 메시지의 경청자로서 말씀이 마음을 변화시킨다고 믿는다. 그러나 폴 리꾀르는 텍스트가 저자의 손을 떠났을 때에 그 자체로 독립된 의미를 지닌다고 보았다.[420] 폴 리꾀르는 텍스트의 이해를 위해서 먼저 저자의 주체성에 대한 작품의 관계를 명확히 할 것과 해석학적인 강조점을 숨겨진 주체성에 대한 공감적 연구로부터 작품 자체의 의미에로 옮길 것을 제안하고 있다.[421]

상징 언어의 부활

폴 리꾀르(Paul Ricoeur, 1913-)는 자신의 책 「악의 상징」(The Symbolism of Evil)에서 "비평주의의 사막을 너머서 우리는 다시 부름받기를 원한다"고 하였다.[422] 리꾀르는 근대성(modernism)이 "성스런 무엇을 망각하였다"[423]고 본다. 근대에 이르러 히에로파니(신의 현현)과 성스런 표징과 성스런 무엇에 속한 인간 따위가 모두 잊혀졌다는 것이다. 이러한 망각은 언어의 빈곤의 결과를 가져왔으며 이러한 때에 우리의 언어를 재충전하고 충만한 언어에서 다시 출발하려는 움직임이 일어났다는 것이다. 리꾀르는 "상징은 생각을 불러 일으킨다"[424]는 말로 자신의 상징에 대한 "창조적 해석의 길"을 표현한다.

리꾀르는 인간에 대한 진정한 이해는 인간의 의식 내재적인 영역에

420. P. Ricoeur, Interpretation Theory: Discourse and the Surplus of Meaning, (Fort Worth: Texas Christian Univ. 1976) 25.
421. P. Ricoeur, Hermeneutics and the human science, 47.
422. P. Ricoeur, The Symbolism of Evil, Emerson Buchanan, trans. (Boston: Beacon Press, 1969) 349
423. Ibid. 352.
424. Ibid. 348.

대한 현상학적인 분석을 통해서가 아니라 인간의 본성과 사고의 표현인 신화나 상징에 대한 해석을 통해서 온다고 주장하였다. 리꾀르는 기독교의 성경의 상징들은 인간의 죄의 현실과 악의 체험을 표현할 뿐만 아니라, 인간으로 하여금 인간의 본성 안에 있는 제한성, 오류 가능성, 악의 속박을 극복하고 구원과 자유와 해방으로 나아가도록 해주는 희망의 범주를 열어 주고 있다고 믿는다.[425]

리꾀르는 현대의 과학기술 때문에 우리가 신화를 받아들일 수 없다는 볼트만의 견해를 받아들이지 않는다. 리꾀르는 불트만과 반대로 오늘날의 상황은 오히려 신화와 상징을 필요로 한다고 생각한다. 신화의 문자적 기능은 정지되어야 하나, 신화의 상징적 기능은 긍정되어야 한다. 리꾀르는 상징적 증언을 신 이해를 가져다주는 계시적 담론형식으로 간주한다.[426] 리꾀르는 성서의 언어가 말하고 있는 바를 붙들기 위해서, 그리고 우리 자신을 발견하기 위해서는 모든 형태의 성서의 언어적 표현이 필요하다고 주장한다. 왜 우리는 오늘날 성경으로부터 하나님의 말씀을 듣지 못하는가? 리꾀르에 따르면 그것은 상징적인 언어에 대한 감수성을 상실했기 때문이다. 이를 회복하기 위해서는 상징적 언어(은유, 비유, 신화 등)가 지시하는 실재와 그 언어의 힘을 인정하고 회복해야 한다.

리꾀르에 있어서 우리로 하여금 들을 수 없게 만드는 것은 복음서 메시지의 신화적인 매개체가 아니다. 오히려 우리의 언어가 빈곤하게 되어서 근본적인 악이라든지 은혜에 의해 주어진 소망과 같은 실재들을 명료하게 진술할 수 없게 되었기 때문이다. 리꾀르는 종교적 언어의 특수성을 인정하고 그것을 이데올로기(마르크스), 권력의지(니체), 노이로제(프로이드)로 환원시키는 것을 거부한다. 그는 종교적 언어를 악

425. 윤철호,「폴 리꾀르의 성서 해석학」(장신논단 14집, 1998년 12월호) 193.
426. 김영한,「리꾀르의 신학적 해석학」(한국 해석학회, 2006년 봄) 7.

과 종말과 화해의 증언(tėmoignage, testimony)이라는 관점에서 해석한다.[427]

리쾨르는 자아에 대한 실존주의적, 현상학적 이해는 상징, 신화, 비유적 표현을 통해서만 표현되고 경험된다는 사실을 강조한다. 「악의 상징」에서 그는 아담의 타락 신화는 이러한 인간 실존의 악에 대한 상징적 표현이라고 말한다.

리쾨르에 의하면 은유는 삶 속에서의 경험을 재 진술함으로써 우리로 하여금 사물들의 새로운 연관관계를 보도록 해주며 또한 역사 안에서의 하나님의 현존의 자취를 "해독"(decode)하게 해준다. 성경의 상징은 우리의 이성적 추론의 과정을 한계 지으면서 또한 열어 놓는다. 그러므로 해석학의 과제는 독자의 눈과 귀를 열어서 우리의 진정한 본래적 실존의 모습을 우리의 상상력 앞에 전개시켜 주어야 하는 사명을 가지고 있다.[428] 리쾨르에 의하면 상상력은 텍스트에 대하여 반응하는 우리 자신의 한 부분이다.[429]

리쾨르는 복음서에 나오는 문학적 장르인 비유(parable)를 중요시한다. 비유적 은유(a parabolic metaphor)는 실제로 재기술하는 충격을 주고 "봄과 존재의 새로운 길"(a new way of seeing and being)을 연다. 하나님의 나라는 이야기 속에서 일어나는 것과 같다. 리쾨르는 은유를 "발견적 허구"(a heuristic fiction)로 파악한다. 은유는 역사 속에서 하나님의 현존 자취를 알아내는 도구이다. 은유는 사물에 있어서 새로운 결합을 보도록 허락하는 생생한 체험을 재기술하는 도구이다.

리쾨르는 성경의 언어를 그의 철학적 개념인 "시학"(poetics)이라는 범주 안에서 이해하고자 한다. 시적 진술은 과학적 언어의 기술적 기능

427. Ibid. 25.
428. 윤철호, 202-204.
429. P. Ricoeur, "The Symbolism of Evil", 352.

을 정지시킨다.[430] 시적 언어는 "사상의 질서에 참여함이나 귀속함"(participation-in or belonging-to an order of things)을 회복한다. 시적 기능은 실재를 재기술한다. 여기서 재기술이란 전위(transposition)나 변형(metamorphosis)을 말한다.[431]

시적 기능은 텍스트의 자율성, 작품의 외부성, 텍스트 세계의 초월성을 재현한다. 시적 기능에서 진리는 일치나 오류와 검증의 기준에서 벗어나 "현현"(menifestation)으로 나타난다.[432] 이것은 텍스트 앞에서 전개되는 성경 텍스트의 이슈이다. 이 세계는 "새로운 존재"이다. "성경 텍스트에 의하여 투영되는 새로운 존재는 일상적 경험의 세계를 넘어서서 그의 길을 연다."[433] 여기서 리꾀르는 불트만과는 달리, 성경 텍스트가 상징이나 신화를 통해서 말하는 은유적 지시기능은 실재의 의미를 차단하는 것이 아니라 오히려 새로운 존재의 세계를 여는 것으로 해석한다.

리꾀르는 주어진 텍스트의 의미를 존중하는 데 있어서 성경적 보수주의자들과 의견을 같이 했다. 그는 역사비판가들처럼 텍스트 배후의 역사나 원저자의 의도와 심리적 상태로 되돌아가는 데 관심이 없고, 성경의 증언, 더욱이 부활의 변혁적 능력에 대한 관심을 가진다. 그는 성경의 특별한 신학적 귀절보다는 성경의 모든 문학적 장르를 이러한 계시의 증언으로 보았다.

전유

리꾀르에 의하면 텍스트를 이해한다는 것은 텍스트의 고유의 세계를 이해하는 것이다. 그러므로 리꾀르는 슐라이허마허나 딜타이가 제

430. Ibid. 101.
431. Ibid. 102.
432. Ibid. 102.
433. Ibid. 104.

시한 저자의 심적 의도를 드러내려고 한 "낭만주의 해석학"(Romanticist hermeneutics)을 거부한다. 낭만주의 해석학은 저자의 의도 이해 또는 텍스트의 의미를 저자의 문화적 상황에 참여한 첫 독자가 파악하는 것으로서 이해하였다. 리꾀르는 낭만주의 해석학이 저자의 의식행위와 쓰여진 텍스트 사이의 차이를 설명하는데 실패했다고 본다. 쓰여진 텍스트를 읽는 것은 저자와 생생한 대화를 나누는 것과는 다르다. 대화 속에서 우리는 다른 사람의 내면속으로 들어갈 수가 없다. 리꾀르는 "담론의 의미가 텍스트 배후에 숨어 있다고 상정되는 저자의 의도가 아니라는 것이다. 그것은 저자의 그 본래적 독자에게 공통적인 역사적 상황이 아니다. 본래적인 독자들의 감정의 기대도 아니다."[434] "텍스트에서 최종적으로 이해되어지는 것은 저자나 그의 추정되는 의도나 텍스트의 내재적 구조가 아니라 텍스트 너머로 그것의 지시체로서 의도된 세계류(the sort of world)이다."[435]

리꾀르에 따르면 자아에 대한 이해는 언제나 간접적이며 나의 외부의 문화와 역사로부터 주어지는 기호를 해석함으로써, 그리고 이 기호들의 의미를 전유(轉有)함으로써 생겨난다. 리꾀르는 텍스트 자체를 해석학의 유일한 기반으로 간주한다. 텍스트 배후에 있는 저자의 개인적 내면성으로 들어가서는 안 된다. 리꾀르는 비심리학적인 의미, 즉 텍스트의 의미를 강조한다. 리꾀르의 관심은 성경의 저자가 무엇을 말하려고 하였는가 하는 심리주의 해석에 있지 않다. 그의 관심은 텍스트가 자체의 증언하는 바에 의하여 무엇을 의미하는가하는 물음에 있다. 그에게 있어서 해석학의 과제는 성경 본문의 지시체를 설명하고 이해

434. P. Ricoeur, "Interpretation Theory: Discourse and The Surplus of Meaning" (Fort Worth: Texas Christian University Press, 1976) 92.

435. P. Ricoeur, "Toward a Hermeneutic of the Idea of Revelation," in: Essays on Biblical Interpretation, (edited with an Introduction by Lewis S. Mudge), 1980, Fortress Press, 100.

하고 전유하는 것이다. 그에 있어서 진정으로 중요한 것은 본문의 세계이다.[436]

리쾨르는 텍스트를 이해하는 것은 저자의 의도를 이해하는 것이라는 전제를 거부한다. 기록된 담화의 의미는 더 이상 저자의 의도에 속박되지 않는다. 텍스트 이해와 그에 상응하는 텍스트 앞에서의 인간 실존의 이해를 추구한다. 리쾨르는 "텍스트 세계"(the world of the text) 또는 "텍스트 앞에 있는 세계"(the world in front of the text)라는 표현을 사용한다."[437]

친숙화

해석자는 텍스트에 대한 설명을 통과해 "텍스트의 세계"를 만나고, 이 "텍스트의 세계"를 마주하면서 자기 자신을 이해한다. 이것이 "텍스트 앞에서의 자기 이해"이다. 텍스트에 우리 자신을 노출시킴으로서 텍스트로부터 '넓어진 자아'(an enlarged self)를 얻는 것이다. 텍스트는 독자가 자신을 이해할 수 있게 하는 매개(Vermittlung)이다. 리쾨르의 해석학은 텍스트와 해석자의 관계를 일방적인 주객의 관계로 보지 않고, 상호주관적 관계로 본다. 리쾨르는 텍스트를 새롭게 자신의 이해로 만들어 나가는, 즉 친숙화하는 방법의 다양성을 향해 텍스트를 개방하였고 해석의 다양성을 정당화하였다.

텍스트의 의미론적 자율성과 텍스트의 세계를 자신의 것으로 만드는 친숙화(appropriation)는 성서 해석의 다양성을 향해 문을 열어놓는다. 친숙화, 곧 독자의 세계 지평과 텍스트의 세계 지평의 융합[438]은 새로운 이해로 이끌어 가기 때문이다. 텍스트 해석의 마지막 단계는 텍스

436. S. Mudge, "Reply to Lewis" Essays on Biblical Interpretation, 44.
437. P. Ricoeur, "Toward a Hermeneutic of the Idea of Revelation," 100.
438. P. Ricoeur, "Interpretation Theory: Discourse and The Surplus of Meaning"(Fort Worth: Texas Christian University Press, 1976) 92.

트 앞에서의 자기이해이다. 리꾀르에게 있어서 자기이해를 위한 텍스트 의미의 전유, 또는 친숙화(appropriation)는 해석자의 주관적인 관심에 의해 전적으로 규정되지 않는다.

리꾀르에 의하면 텍스트는 해석자의 마음대로 해석되어서는 안 된다. 슐라이허마허와 딜타이가 해석을 저자와의 감정이입으로 파악한 데 반하여 리꾀르는 해석을 객관적인 설명과 더불어 깊이 있게 확장시키는 이해로 파악한다. 리꾀르는 텍스트의 자기지시(the text's self-reference)를 강조한다. 그는 텍스트를 심리화(心理化) 하지 않고 해석한다. 텍스트 해석에 있어서 인간자아는 끊임없이 포기되어야 하고 해석자는 텍스트의 자기지시 앞에 서야 한다.[439]

리꾀르는 텍스트의 객관적인 의미에서 이탈되어버린 역사 실증주의와 그에 대한 반작용으로서의 문자적 우상주의를[440] 극복하고, 텍스트의 모든 문학적인 장르와 스타일로 제 기능을 하여 텍스트의 의미를 그 풍부함 가운데에서 전달할 수 있는 지평을 열어놓은 점에서 그 공헌이 있다고 할 수 있다.

리꾀르는 낭만주의 해석학처럼 텍스트의 뒤로 돌아가 저자의 의도를 파악하려고 하지 않았고, 역사비평과 같이 첫 번째 상황이나 편집자의 의도를 파악하려고 하지 않았으며, 이데올로기화된 구조주의 방법론과 같이 텍스트 안에 갇혀있지도 않았으며, 불트만처럼 텍스트로부터 실존적 이해로 성급히 나아가지도 않았다. 신학적 해석학의 통찰은 리꾀르로 하여금 단지 철학자나 종교철학자로만 머물게 하지 않고 성경이 제시하는 복음적 약속을 겸허하게 받아들이는 신앙자의 입장에 서게 한다.

439. P. Ricoeur, "The Hermeneutics of Testimony," in: Essays on Biblical Interpretation, 120.
440. Sallie McFague, Metaphorical Theology (Philadelphia; Fortress Press, 1982) 2.

리꾀르는 텍스트의 세계를 깊이 만나기 위해서 텍스트 이면에 있는 저자의 의도에 대한 이해(슐라이허마허), 텍스트가 쓰여진 첫 번째 상황에 대한 이해(역사비평), 텍스트의 구조에 대한 이해(구조주의), 텍스트가 독자의 공동체에 미치는 영향에 대한 이해(가다머), 텍스트가 독자에게 가할 수 있는 체계적으로 왜곡된 의사소통의 구조에 대한 이데올로기의 비판(하버마스), 텍스트가 어떻게 쓰여 졌고, 전수되었으며, 각각 다른 시간과 장소에서 어떻게 수납되었는가, 곧 텍스트의 역사에 대한 이해(전통적 성경주석과 문학비평양식)를 포함하여야 한다는 것이다. 성경에 의해 제안된 세계는 나에게 개인적으로 지시하는 인격적 측면만이 아니라, 우주론적 차원, 사회-윤리적 차원, 역사-문화적 차원을 포함하는 '의미총체성'(a totality of significations)의 세계이기 때문이다.[441] 이처럼 리꾀르는 성경해석에 필요한 모든 방법론들을 총동원하는 포용적 자세를 취하고 있는 듯 싶다.

폴 리꾀르의 한계

리꾀르의 신학적 해석학은 여러 가지 장점에도 불구하고 텍스트가 지니는 문학적 상상력을 지나치게 강조한다. 그럼으로써 그의 신학적 해석학에서 사실과 픽션의 경계가 허물어지고 있다. 성경은 문학을 포함하고는 있으나 하나의 문학적 상상력의 차원이 아니라 하나님의 역사적 계시에 대한 구체적인 증언이기 때문이다. 이것이 그의 해석학의 한계라고 말할 수 있다.[442]

성경에 상징적이고 은유적 요소가 있지만 성경의 사건 자체가 은유는 아니다. 성경은 어디까지나 역사적 사건과 사실에 바탕을 두고 있

441. Paul. Ricoeur, "Philosophical Hermeneutics and Biblical Hermeneutics" In From Text to Action : Essays in Hermeneutics II. (Evanston: Northwestern University Press. 1991) 96.
442. 김영한, 「리꾀르의 신학적 해석학 연구」(한국 해석학회, 2006년 봄) 26

다. 그런 측면에서 그가 성경의 역사성을 인정하지 않고 신화(Saga)로 보는 부분은 용납할 수 없다. 이는 성경을 한낱 신화적 문학작품 정도로 전락시켜 말씀에 대한 절대성과 신뢰성을 무너뜨리는 결과를 가져올 것이다. 성경은 상징 언어도 아니요, 친숙하게 이해하기 좋은 은유적 표현도 아니다. 성경은 역사 속에서, 그리고 지금도 살아계신 성령 하나님께서 우리에게 말씀하시는 절대불변의 진리이다. 리꾀르는 특히 성령의 존재에 대해서 거의 언급하고 있지 않다. 이는 그의 성경관에 있어서 영적인 측면이 결여되어 있기 때문이다. 성경의 영적인 측면을 고려하지 않을 때에 우리에게 말씀하고자 하시는 하나님의 본래적 의도를 읽어내는데 한계가 있을 수밖에 없다.

캐빈 벤후저(Kevin J. Vanhoozer)는 폴 리꾀르의 제자로서 리꾀르 연구로 박사학위를 받았다. 그러나 그는 리꾀르의 취약한 부분을 넘어서고 있다. 특히 리꾀르의 약점인 성령론적 해석학에 대해서 한계를 지적하고 있다. 그는 해석학에 있어서 누구보다 성령의 역할을 중요시 한다. 그는 도널드 블로쉬의 말을 인용해서 교회 교부들과 종교개혁자들이 모두 하나님의 말씀을 텍스트 이상의 것으로 보았다고 지적한다. 즉 하나님의 말씀은 강력하고 살아있으며 무활성의 글자들 속에 생명을 불어 넣는 분이 바로 성령이라고 한다.[443] 그에 의하면 성령은 해석학적 죄악 즉 텍스트의 타자성을 왜곡하는 해석상의 폭력을 우리에게서 청소해 간다. 성령은 기록된 하나님의 말씀에 덧붙여지거나 그 말씀을 개선하는 어떤 보충물이 아니다. 성령은 텍스트의 의미를 바꾸지 않고 그 의미를 섬긴다. 성령은 우리가 텍스트의 메시지를 받지 못하도록 방해하는 이데올로기적이거나 우상숭배적인 편견들을 점진적으로 제

443. Donald G. Bloesch, Holy Scripture: Revelation, Inspiration & Interpretation (Downers Grove Ill.: InterVarsity, 1992) 21-22.

거해 간다.[444]

성령은 말씀을 더 잘 섬기기 위하여 독자를 확신시키고 조명해주며 성화시킨다. 느헤미야 8장에 나오는 것처럼 성령은 말씀을 통해서 공동체를 훈련시키는 사역을 하신다. 성경은 그 자체로 의로움 가운데 훈련시키는데 유익하다(딤후 3:16). 우리의 오염된 인지적이고 영적인 환경은 모든 텍스트들에 대한 이해를 흐리게 만든다. 성령은 우리의 이성적인 기능에 기적을 행함으로서가 아니라 우리의 마음에 골고루 은혜를 뿌려주심으로써 우리가 자기기만의 희생제물이 되지 않을 수 있도록 해 주신다. 해석에서 성령의 역사는 독자 속에 어떤 새로운 기능이나 능력을 주시는 것이 아니라 이미 우리가 소유하고 있는 기능들을 재정향(reorientation)시켜 준다. 성령은 특히 개인들과 신앙 공동체 안에 해석의 덕목들을 개발시키고 "마음을 새롭게"(롬 12:2) 하여 텍스트의 의미를 받아들이는데 도움을 준다.[445]

성령은 텍스트의 지평과 독자의 지평의 융합 배후에서 역사하고 있는 창조적인 권능이다. 성령이 재창조하는 사역의 자리는 텍스트의 글자가 아니라 오히려 해석자의 삶이다. 해석자는 죄인으로서 텍스트의 메시지가 현 상태를 위협한다고 감지할 때마다 텍스트를 왜곡하는 경향을 지닌 자다. 벤후저는 문자적인 뜻의 우선성을 인정하면서 성령의 역할을 무시하지도 않으며 성경을 굳어 있는 명제들을 담고 있는 책으로 축소시키지도 않는다.[446]

해석은 일종의 영적인 훈련이다. 독자들은 텍스트의 의미를 흡수하여 활용하고자 하면서 자신들과 역사적인 거리와 텍스트의 내용과 씨름한다. 텍스트는 독자들에게 실질적인 효과들을 산출하려는 곧 그들

444. 케빈 벤후저, 「이 텍스트에 의미가 있는가?」(IVP 출판사, 2003) 665
445. Ibid. 668
446. Ibid. 669

을 말씀의 형상대로 변화시키려는 목적을 가지고 있다. 텍스트는 따라오기를 원할 뿐만 아니라 말하자면 육화를 원한다. 해석의 목적은 삶의 구현이다.

하나님의 말씀에 대한 이해는 소명이다. 사명과 제자도로 부르는 것이다. 이 말씀에 따르는 것은 죽음의 문제가 될 수 있다. 3세기 카르타고의 감독이었던 키프리안(Cyprian)은 좋은 땅에 떨어진 씨앗의 300배의 결실이 교회의 순교자들에게 실현된 것을 보았다. 순교자는 자신의 목숨보다도 자신의 증거를 중시하는 사람이다(계 12:11). 순교자는 끝까지 인내하며 증거 하는 사람이다. 순교자는 자기가 구현하려는 의미를 위하여 자기 목숨을 바치는 사람이다. 그러므로 해석학의 특권은 해석학의 책임으로 이어진다. 곧 의미를 위하여 '순교자'로 부름 받은 자가 바로 해석자이다.

그런데 리꾀르가 주장한 것처럼 성경을 단지 문학적 상상력의 차원으로만 이해한다면 성경말씀을 위해서 목숨을 걸 수 있겠는가? 칼빈은 자신의 심정을 드리는 심정으로 성경을 대하고 해석하고 그 말씀대로 살고자 몸부림을 쳤다. 그런 의미에서 성경해석자는 단지 자신의 해석기술을 자랑하고자 하는 영광의 해석학에 머물러서는 안된다. 말씀에 순종하고 말씀대로 사는 십자가의 해석학, 겸손의 해석학이 필요하다. 또한 부활의 해석학, 확신의 해석학이 균형을 잡아 주어야 한다. 겸손과 순종, 확신의 자세가 해석적 회의주의와 태만을 극복하게 한다.

전체적으로 현대해석학을 종합하면 해석이란 일방적인 것이 아니라 쌍방적이라는 데 있다. 다시 말하면 해석은 텍스트와 해석자의 관계성 속에서 이루어진다는 말이다. 가다머는 이것을 두 지평의 융합이라고 한다. 이와 같은 통찰력은 해석이란 단순히 성경을 해석하는 룰을 제시하는 것이 아니라 해석은 어떻게 이루어지는가에 초점이 맞추어져 있다. 그래서 해석결과가 중요한 것이 아니라 해석과정을 중요시 하고 있다. 해석이란 한 번에 끝나는 것이 아니라 텍스트와의 끊임없는 대화가 필요하기 때문이다. 그러나 칼빈의 입장에서 보면 해석이란 두 지평의 융합이라는 의미를 무시하지는 않지만 성경해석이란 단순히 두 지평의 융합이 아니라 성령이 해석자의 지평을 조정하고 변화시켜야 한다. 현대해석에 있어서 텍스트는 성경을 비롯한 모든 문서에 속하지만 칼빈에 있어서는 텍스트는 성경이기 때문에 다른 세상문서와 질적으로 다르다. 성경은 성령의 감동으로 된 것이지만 세상문서는 인간이 기록했기 때문에 성경과 세상문서는 질적으로 다르다. 성경은 성령의 조명하에서만 올바로 해석될 수 있다. 따라서 성령의 내적조명이 현대해석학에서는 없다. 따라서 성령의 조명이 전제된다면 현대해석학에서 말하는 여러 가지 통찰력이 성경을 해석하는데 도움을 준다고 볼 수 있다.

나오는 말

시작이 있으면 끝이 있는 것처럼 이제 칼빈의 성경해석학을 마무리 할 때이다. 칼빈은 다양하게 그리고 폭넓게 학문을 탐구했고 성경을 깊이 이해한 사람이다. 그의 친구 갈라스 목사가 평가한대로 칼빈은 탁월하고 경건한 목사였다.[447] 학문적으로 말하면 그는 탁월한 신학자였다. 많은 학자들은 지적인 사랑으로 하나님(amor intellectualis Dei)을 알려고 했지만 칼빈은 경건한 믿음으로 하나님(fides pia Dei)을 알려고 했다.[448] 아마 교회사를 통해서 칼빈만큼 경건하게 하나님을 사랑한 사람을 찾아보기 힘들 것이다. 그는 자신의 심장을 제물로 하나님께 드리고 일생을 살았기 때문이다. 이렇게 하나님이 위대하게 쓰신 사람, 칼빈의 성경해석학에 대해서 배우고 결론을 내린다는 것 자체가 저자에게는 영광이며 하나님의 은혜이다. 두렵고 떨림이 있다. 여기서 두렵고 떨림이란 20년이란 짧지 않은 세월 동안 연구한 것에 대한 결론을 내린데서 오는 감동으로 이해하고 싶다.

칼빈의 '성경해석자로서 성령'이라는 말은 성경해석사에 원자폭탄

447.「인간 칼빈」, R. 스토페르, 박건택 옮김(엠마오, 1983), 96. Calvin's Commentaries, Vol. VII, Epistolary Dedication by Nicolas Des Gallars to the Freiend, John Crispin, (Xiii) 이사야 주석 제 2권, Gallars에 의하면 뛰어나고 하나님을 생명을 바쳐 사랑하고 경외한 교회를 위한 목사로 칼빈을 평가했다(eminent and godly pastor of the Church, John Calvin).

448. 윌리윔 랄프 잉에,「플로티누스의 신비철학」, 조홍규 옮김(누멘, 2011), 16. 여기서 신에 대한 지적인 사랑이란 우리를 위로 끌어올리는 사랑 즉 지식적으로 하나님을 사랑하는 것일 것이다. 다시 말하면 지적인 사랑이 우리를 신에게로 끌어올린다는 말이다. 그러나 칼빈에서는 지적인 사랑이 우리를 하나님께 끌어올리는 것이 아니라 경건한 사랑이 우리를 하나님께로 끌어올린다고 말할 수 있다.

같은 충격을 주는 선언이다. 오늘날 해석이란 일방통로가 아니라 쌍방적이라는 것, 즉 상호적이라고 한다. 물론 해석이란 텍스트와 해석자의 관계성에서 성립된다. 그래서 해석이란 두 지평의 융합이라고 한다. 다시 말하면 텍스트의 지평에 의해서 형성된 선입견(preconception)에 의해서 해석은 이루어진다는 말이다. 여기서 선입견은 인위적인 것이 아니라 텍스트에 의해서 자신도 모르게 살아온 과정 속에서 형성되어진 것이다. 이런 점에서 아무도 선입견에서 벗어날 수 없다. 개혁주의자는 개혁주의에 의해서 형성된 선입견에 의해서 성경을 해석한다. 그러나 해석이란 상호적이라는 말이 칼빈의 입장에서 볼 때 과연 옳은 말인가?

칼빈은 초대교부들이나 중세신학자들과 '근원으로 돌아가자(ad fontem)'는 르네상스의 휴먼이즘 사상에서 많은 것을 배웠다. 그러나 그는 여과 없이 받아들인 것은 아니다. 칼빈은 성령의 깨우침을 받아서 일생동안 경외심을 가지고 성경을 공부하는 가운데 성경은 성령의 내적조명에 의해서 이해되어져야 한다는 진리를 배웠다. 그래서 그는 성경을 통해서 자신의 성경해석 원리, 목적, 방법, 자질을 개발했다.

초대교부들은 성경해석에 있어서 성령의 역할을 부정한 것은 아니지만 칼빈처럼 성경해석의 원리로서 전면에 내세워 강력하게 주장하지는 않았다. 중세도 마찬가지이다. 르네상스 휴머니즘도 '근원으로 돌아가자'는 말은 했지만 성령을 이야기하지는 않았다. '성경의 진정한 해석자는 성령이라'는 말은 사실 칼빈에 와서 성경해석의 전면에 부각되었다.

성경은 성령에 의해서 영감된 것이다(딤후 3:16). 이 전제하에서 칼빈의 성경해석학은 시작되고 끝이 난다. 여기에 성경의 진정한 해석자는 성령이요, 성경이 절대적 권위를 가지며, 성경은 절대 무오하며, 성경이 유일한 신앙의 규범이라는 말도 근거를 갖게 된다. 루터에서 칭의 교리가 교회를 서게도 하고 무너지게도 하는 교리였다면 칼빈에게는 성경은 성령의 감동으로 된 것이라는 축자영감교리가 교회를 무너지게도 하고 서게도 한다고 말할 수 있다.

'성령이 진정한 성경의 해석자'라는 말은 '성경을 올바르게 해석하게 분은 성령이라'고 풀어서 쓸 수도 있다. 성경을 올바르게 해석하게 하는 분은 생명력이 없는 이론이 아니라 살아계신 성령 하나님이다. 이런 짐에서 보면 성령은 성경의 진정한 해석자라는 말은 성경해석방법이 아니라 성경해석 전체를 지배하고 조정하는 성경해석원리이다. 이 원리는 칼빈의 성경 해석목표, 방법, 자질을 조정하여 성경에서 저자의 의도인 예수 그리스도의 관점에서 성경 본문의 자연스럽고 분명한 문자적인 의미를 드러내게 한다. 이러한 성경해석이 참으로 좋은 성경해석이다.

현대해석에서 말하는 것처럼 해석은 일방적인 것이 아니라 상호적이라는 말을 칼빈은 무시하지는 않지만 성경해석이란 단순히 성경의 텍스트의 지평과 해석자의 상호지평의 융합이라는 말은 받아들이지 않을 것이다. 텍스트와 콘텍스트는 같은 것이 아니기 때문이다. 물론 텍스트의 의미는 문맥에 의해서 결정되지만 텍스트의 올바른 의미를 모르고서 어떻게 올바로 해석할 수 있겠는가? 예를 들어보자. 강둑에 심겨진 나무가 있다. 바람이 부는 것도 아닌데 강물에 비친 나무는 흔들리고 있다. 왜 그럴까 하고 자세하게 봤더니 물결 때문에 나무가 흔들리는 것처럼 보였다. 이것은 무엇을 말해주는가? 나무가 흔들리지도 않는데 나무가 흔들리는 것은 강 물결이라는 실존상황에서 해석하다 보니 그렇게 보인 것이다. 그래서 콘텍스트가 텍스트를 해석한다는 말은 문제가 있다. 콘텍스트가 텍스트를 해석하는데 중요할지라도 텍스트에 의해서 콘텍스트가 조정되지 않을 때 우를 범하게 됨을 알 수 있다. 뿐만 아니라 '나무가 흔들리는 것이 아니라 물결이 흔들리기 때문에 나무가 흔들리는 것처럼 보인다' 에서 서로 상호성이 있다. '나무가 흔들리지 않는다'는 것을 알기 위해서는 강둑 위에 있는 나무라는 텍스트와 강 물결에 흔들리는 나무라는 콘텍스트의 상호 관계성에서 파악된다. 그러나 칼빈의 입장에서 보면 강둑의 나무와 강물에 비친 나무의 상호성을 인정하더라도 상호성을 올바르게 사용하고 이해하게 하는 것을 조정하는 것은 해석자가 아니라 성령이다. 그래서 현대해석의 두 지평의 융합에는 깨우치고, 보게 하고, 듣게 하고, 마음에 확신을 주는 성령이 없다. 다시 말하면 성경해석원리인 성령이 현대해석학에는 없다. 따라서 현대해석이란 관점을 가지고 성경을 해석하면 올바로 성경을 해석할 수 없다. 해석을 한다고 하더라도 감화력 있고 깊이 있는 성경해석은 불가능하다. 성경의 진정한 해석자인 성령이 없기 때문이다. 성령의 조명이 없는 해석, 설교, 성경공부는 아무리 잘 해석되고 설명되어진다고 하더라도 그런 해석, 설교, 성경공부는 우리를 예수님께 인도할 수 없다. 예수님에 대한 배고픔을 갖게 하고, 목말라하게 하는 설교, 성경해석, 성경공부는 반드시 성령의 조명을 받아야 한다. 성령이 성경의 진정한 해석자이기 때문이다.

칼빈의 입장에서 보면 현대해석학의 문제점은 성경과 일반문서를 동등하게 본다는 것이다. 성경은 성령의 영감으로 된 책이지만 일반문서는 인간이 기록한 것이다. 그래서 성경과 일반문서는 질적으로 서로 다른 책이다. 따라서 성경은 성령의 감동을 받아서 해석해야만 올바르게 해석될 수 있다. 다시 말하면 성령의 내적조명이 해석자가 텍스트를 통해서 콘텍스트를 해석하도록 조정하고 도와준다. 이와 같은 성령의 조명이 없을 때 올바른 해석이란 불가능하다. 인간은 죄 때문에 인지적인 능력이 항상 제한되어 있기 때문이다. 다시 말하면 인간은 어두움 가운데 있다. 따라서 빛으로써 성령의 도움이 없이는 우리는 성경을 올바로 볼 수도, 들을 수도, 인지할 수도, 확신할 수도 없다.

칼빈에 의하면 성경이라는 텍스트의 올바른 의도와 의미를 결정하는 것이 해석자가 아니라 성령이다. 성령은 해석자가 성경에 대한 올바른 지평을 갖도록 경건과 학문을 통해서 조절한다. 학문과 경건은 서로 다른 것이지만 칼빈에 있어서 구분은 되지만 분리되지 않는다. 그래서 성령이 경건한 학문을 쓰셔서 해석자의 관점을 조절하고 올바르게 성경해석을 하도록 도와준다. 다시 말하면 해석자는 성경이라는 텍스트의 지평에 의해서 항상 개방되어야 하고 조절되어야 성경을 올바로 해석할 수 있는 자질을 갖춘 사람이 된다. 그래서 성경의 올바른 해석은 텍스트와 해석자의 지평 융합이라는 상호적이라기보다 항상 해석자의 지평은 성령의 내적조명을 통해서 성경의 가르침에 의해서 형성되어져야 한다. 여기서 성경의 가르침이란 성경이라는 성령의 학교에서 성경의 제자로써 성경을 배움으로써 해석자의 올바른 지평이 형성되어진다는 말이다. 이 지평을 형성하는 삶이 경건한 생활이요 경건한 학문이다. 따라서 경건한 학문과 경건한 생활이 없는 성경해석은 청중이나 독자에게 감화력을 줄 수 없고 성경의 깊은 이해에 도달 할 수 없다.

진정한 성경해석자는 칼빈의 말대로 인간이 아니라 성령이다. 성령이 우리에게 하나님의 말씀을 들을 수 있는 귀를 주시고 눈을 열어 성경의 영적인 의미를 볼 수 있게 하시며 우리 지성으로 깨닫게 하시고 마음에 확신을 주셔서 단순하고 자연스런 의미를 찾고 그 말씀에 순종하도록 한다. 따라서 성령이 성경의 진정한 해석자란 성령이 해석자에게 성경의 신비스러운 의미를 준다는 말이 아니라 성경해석자의 지평이 성경에 의해서 올바로 형성되고 작동하도록 조정하시는 분이시라는 말이다. 따라서 성령의 조명은 성경해석원리이고 성경해석목표는 저자의 의도를 드러내는 것이며 좋은 성경해석방법은 성경의 단순하고 자연스러운 의미를 드러내는 것이며 감동적이고 깊은 성경해석은 경건한 학문과 생활에 의하여 좌우된다. 따라서 진정한 성경해석자는 인문주의자나 철학자나 신학자나 목회자가 아니라 성령 하나님이다. 이와 같은 칼빈의 깊은 통찰력은 오늘의 목회현장에 있는 우리에게 신선한 충격을 주며 올바른 성경해석에 대한 새로운 지평을 열어준다.

〈참고 문헌〉

1. 칼빈 원전

- *Joannis Calvini Opera quae supersunt omnia*(CO). Edited by W. Baum, E. Cunitz, and E. Reuss. 59 vols. Braunschweig, 1863-1900.
- J*oannis Calvini Opera Selecta*(OS). Ed. Petrus Barth and Guilem Niesel, 5 vols.(Monachii in Aediubus Chr. Kaiser Verlag, 1926-1962.
- *Ioannis Calvini Opera Exegetica Volumen XIII, Commentarius In Epistolam Pauli Ad Romanos*, Ediderunt T.H.L. Parker, D.D. D.C. Parker, D. Theol., (Libraie Droz, Geneva, 1999).

2. 번역서적

- 「개혁주의 신앙고백집」. 김의환 편역(대한예수교장로회총회, 2003).
- 거스리. W.K.C.「희랍철학입문 탈레스에서 아리스토텔레스까지」 박종현 옮김(서울: 서광사, 2003).
- 그랜트, R.M.「성서해석의 역사」, 이상훈 역(대한기독교서회, 1990).
- 라일, 길버트,「마음의 개념」, 이한우 옮김 (문예출판사, 1994).
- 스타인, 로버트 H. 「비유해석학」 오광만 역 (도서출판 엠마오, 1993).
- 팔머, 리차드 E. .「해석학이란 무엇인가」 이한우 역 (문예출판사, 1993).
- 슈미탈스, 발터 .「불트만의 실존적론 신학」 변선환 옮김 (대한기독교출판사, 1991).
- 「메란히톤과 부처」. 기독교고전총서 17. 이은선. 최윤배 옮김 (두란노 아카데미, 2011).
- 마이켈슨, 버클리 .「성경해석학」 김인환 역 (크리스챤 다이제스트, 1995).
- 딜타이, 빌헤름.「체험. 표현. 이해」 이한우 역 (책 세상, 2002).
- 소광희.「하이데거의 존재와 시간강의」(문예출판사, 2003).
- 쉬툴마허, P.「신약성서 해석학」 전경연.강한균 역(대한 기독교출판사, 1986).

• 슐라이허마허, 프리드리히. 「Fr. 슐라이허마허」 최신한 옮김 (철학과 현실사, 2000).
• 스토페르. R. 「남편.아버지.친구.목회자로서 인간 칼빈」 박건택 옮김(엠마오, 1989).
• ________. 「인간 칼빈」 박건택 옮김 (엠마오, 1983).
• 후크마, 안토니 A. 유호준 역 (기독교문서선교회, 1990).
• 씨슬톤, 앤써니. 「두 지평」 권성수 외 역(총신대학출판부, 1995).
• 융겔, 에버하르트. 「바울과 예수」(이화여자대학출판부, 1990).
• 리차드, 요셉.「칼빈의 영성」 한국칼빈주의 연구원/편역(기독교문화협회, 1986).
• 잉에, 월리윔 랄프. 「플로티누스의 신비철학」, 조홍규 옮김 (누멘, 2011).
• 칼빈, 존. 「공관복음」, Vol.17, 박문재 역 (크리스챤 다이제스트, 2011).
• _______ .「칼빈 성경 주석」Vol.1 (성서원, 1999).
• _______ .「구약성경주해」Vol.2 (성서원, 1999).
• _______ . 「칼빈 성경 주석」Vol.13 (성서원, 1999).
• _______ . 「칼빈 성경 주석」Vol.19 (성서원, 1999).
• _______ . 「칼빈 성경 주석」Vol.20 (성서원, 1999).
• _______ . 「칼뱅의 시편 119편 설교」(기독교문서선교회, 2000).
• _______ . 「칼빈의 경건」, 이형기 옮김 (크리스챤 다이제스트, 1989).
• ________ . 「칼빈의 갈라디아서 강해설교 (상)」김동현 옮김 (도서출판 서로사랑, 2000).
• ________ . 「칼빈의 갈라디아서 강해설교 (하)」김동현 옮김 (도서출판 서로사랑, 2000).
• _______ . 「신약성서주석」Vol. I, 공관복음 I (서울:성서원, 1999).
• _______ . 「칼빈의 십계명설교」 벤자민 팔리 편역 (성광문화사, 1991).
• _______ . 「영한 기독교강요」, 편집부 번역 (서울: 성문출판사, 1990).

• ______ . 영한합본「기독교강요」, 김충호 역 (한국출판사, 2000).
• 벤후저, 케빈.「이 텍스트에 의미가 있는가?」(IVP 출판사, 2003).
• 슈트롬, 크리스토프.「개혁자 칼뱅」, 문명선.이용주 옮김 (도서출판 넥서스, 2009).
• 영, 프란시스.「초대 기독교 신조 형성사」 이후정.홍삼열 역 (컨콜디아사, 1994).
• 슐라이허마허, 프리드리히.「해석학」 H. Kimmerte편 구희완 역 (양서원, 1992).
• 하이데거, 마틴.「예술 작품의 근원」 오병남.민형원 공역(예전사, 1996).
• 리델보스, 헤르만.「하나님 나라」 오광만 역 (솔로몬, 2009).
• 할러데이, 헤이즈.「성경주석학」 김근수 역 (도서 출판 나단, 1993)

3. 국내서적 및 논문

• 김영한. "리꾀르의 신학적 해석학" (한국 해석학회, 2006년 봄).
• _____ . "신 해석학" (한국개혁신학회 논문집 17권, 2005. 4월호).
• 박건택.「칼빈과 설교」(솔로몬, 1999).
• 박형용.「성경해석의 원리」(수원: 합동신학대학원 출판부, 2002).
• 윤철호. "폴 리꾀르의 성서 해석학" (장신논단 14집, 1998년 12월호).
•「칼빈과 영성」(고신대학교 개혁주의학술원, 2010).

4. 외국서적 및 논문

• *A Select Library of Nicene and Post-Nicene Fathers of the Christian Church*, Second Series(Michigan: W.M.B. Eerdmans Publishing Company, 1979).
• Becker, Christian. J. "The Authority of Scripture; Normative or Incidental," *Theology Today*, Vol.49, No.3 (october, 1992).
• Belt, Henk van den. *The Authority of Scripture in Reformed Theology* (Leiden.Boston: Brill, 2008).

- Beza, *vita*. CO 21.
- *Biblical Hermeneutics in Historical Perspective ed.* Mark S. Burrow & Paul Rorem (Michigan:William Eerdmans Publishing Company, 1991).
- Biblical Interpretation in Early Church, Trans. & Edit. Karlfried Froehlich (Philadelphia:Fortress Press, 1984).
- Black, Max. *A Companion to Wittgenstein's Tractatus* (Ithaca: Cornell University Press, 1964).
- Bloesch, Donald G. *Holy Scripture: Revelation, Inspiration & Interpretation* (Downers Grove .: Inter Varsity, 1992).
- Boyle, Marjorie O' Rourke. *Erasmus on Language and Method in Theology*(Toronto and Buffalo: University of Toronto Press, 1977).
- Breen Quirinus. *Christianity and Humanism Studies on the History of Ideas*(Michigan: Grand Rapids, William B. Eerdmans publishing Company, 1968).
- Bultmann, *Primitive Christianity in Its Setting* (N.Y. Meridian, 1956).
- Calvin, John. *Institutes of the Christian Religion* in two volume series. Edited by John T. McNeil. Trans. Ford Lewis Battles(Phildelphia: The Westminster Press, 1977.
- __________. *Calvin: Theological Treatises*, LCC. Vol 22.
- Calvin's Commentaries, Vol.5, *The Gospel according to St. John and The First Epistle of John*(Philadelphia: Wm. B. Eerdmans Publishing Co. 1964).
- __________. *Calvin's Commentaries*. Vol.3.
- __________. *Calvin's Commentaries.* Vol. 11. Corinthians and Timothy, Titus & Philemon(Phildelphia: Wm. B. Eerdmans Publishing Co. 1964).
- __________. *Calvin's Commentaries*, Vol. 16 (Michigan: Baker Book House, 1989).
- __________. "Preface of the Homilies of Chrysotom", *The Hartford Quarterly*(winter, 1965).
- _________. *The Mystery of Godliness and other Selected Sermons* (Michigan: Wm. B. Eerdmans Publishing Company, 1950).

- Calvin, John. *Calvin's New Testament Commentaries*, Vol. 11. Trans. T.H.L. Parker. Editors, David W. Torrance and Thomas F. Torrance(Michigan: Grand Rapids, Eerdmans Publishing Company, 1996).
- *Calvin and Hermeneutics* edited by Richard C. Gamble, Vol. 6(New York & London: Garland Publishing, INC. 1992).
- *Calvin Studies IV*, Editor, John H. Leith and W. Stacy Johnson, 1988,
- *Collectanea Augustiniana*, Melanges T.J., Van Bavel, Publes Par (Leuven University Press, 1990).
- Dowey, A. JR. *The Knowledge of God in Calvin's Theology* (Michigan: Grand Rapids, William B. Eerdmans Publishing Company, 1994).
- Ebeling, G. *Introduction to the a Theological Theory of Language* (London, 1973).
- ________, *Word and Faith*, Trans. James W. Leitch, (Philadelphia, 1963).
- Eden, Kathy. *Hermeneutics and Rhetorical Tradition* (New Heaven and London, Yale University press, 1997).
- Erickson, Millard J. *Evangelical Interpretation* (Michigan: Grand Rapids, Baker Books, 1993).
- *Exegetical Dictionary of the New Testament*. Vol. 3, Hortst Balz and Gehard Schneider(Michigan: William B. Eerdmans Publishing Company, 1993).
- Farra, Frederic W. *History of Interpretation*, Reprinted 1961 by Baker Book House from the 1886.
- Floor, L. "The hermeneutics of Calvin"(16), Vol. 6. *Calvin and hermeneutics*, ed. Richard C. Gamble(New York: Garland Publishing, INC., 1992).
- Fuchs, E. *Studies of the Historical Jesus* (London, 1964)
- Fuller, Daniel P. *"The Holy Spirit's Role in Biblical Interpretation,"* accessed on Jan. 29, 2009.
- Gadamer Hans-Georg , *Truth and Method*, Second, Revised Edition, Translation revised by Joel. Weinscheimer and Donald G. marshall(New York: The Continuum Publishing Company, 2000).
- Gonzalez, Justo L. *History of Christian Thought,* 1 Vol. (Nashville: Abingdon Press, 1970).

• Guthrie, W.K.C. *A history of Greek Philosophy*, Vol.6 [Cambridge: Cambridge University Press, 1981].

•Hagner, Donald A. "Philo", New Dictionary of Theology.

• Hazlett, W. Ian O. "Calvin's Latin Preface to His Proposed French Edition of Chrysostom's Homiles: Translation and Commentary"(*Humanism and Reform: The Church in Europe, England, and Scotland, 1400-1463.* Essays in honor of James K. Cameron, ed. by James Kirk(Cambridge: Blackwell Publishers, 1991).

• Heidegger, Martin. *On the Way to Language*(New York: Harper & Row, Publishers, 1982).

• Hillerbrand(ed.), Hans J. The Reformation: *A Narrative History Related by Contemporary Observers and Participants*(Michigan: Grand Rapids, Baker Book House, 1987).

• Hirsch, E.D. *Validity in interpretation*(New Haven and London: Yale University Press, 1967).

• Hunter, A.M. "I. The Interpreter and the Parables," *Interpretation*(Jan., 60).

• Kantzer, Kenneth S. "Calvin and The Holy Scriptures," Ed. J.f. Walwoord (*Inspiration and Interpretation*(Grand Rapids: Eerdmans, 1957).

• Kennedy, George A. *Classical Rhetoric and its Christian and Secular Tradition from Ancient to Modern Times,* (Chapel Hill: The University of North Carolina Press, 1980).

• Klooster, Fred H. "The Role of the Holy Spirit in the Hermeneutic Process: Relationship of the Spirit's Illumination to Biblical interpretation," Hermeneutics, Inerrancy, and the Bible, Ed. Earl D. Radmacher and Robert D. Preuss(Michigan: Grand Rapids: Zondervan, 1984).

• Lubac, Henri de. S.J. *Medieval Exegesis,* Vol. 1, The Four Senses of Scripture, Trans. Mark Sebanc(Edinburgh:T.&T Clark, 1998).

• McCarteny, Dan G. *Westminster Theological Journal,* Vol.48 (1986).

• McFague, Sallie. *Speaking in Parables*(Philadelphia: Fortress Press, 1975).

• ______________, *Metaphorical Theology* (Philadelphia; Fortress Press, 1982).

• ______________. "Literal and Allegorical Interpretation in Origen's Contra

Celsum," *WTJ*. Vol.48 (1986).
- Meer, Vander. F. Augustine the Bishop: the Life and Work of Father of Church, Trans. Brain Battershaw and G. R. Lamb (London and New York, 1961).
- Montgomery, John Warwick(Minneapolice: Bethany Fellowship, 1974).
- Muller, Richard. The Unaccomodated Calvin(New York: Oxford university Press, 2000).
- Origen, First principles.
- Pelikan, Jaroslav. Credo, *Historical and Theological Guide to Creeds and Confessions of Faith in the Christian Tradition*(New Haven and London: Yale University Press, 2003).
- Perrin, Norman. *"The Challenge of New Testament Theology Today"*, Criterion 4 (Spring, 1965).
- Puckett, David L. *John Calvin's Exegesis of the Old Testament* (Kentucky: Westminster John Knox Press, 1995).
- Robinson, James M. and Cobb, John B. , Jr. eds., *New Frontiers in Theology* Vol. II. The New Hermeneutic (New York: Harper & Row, Publishers, 1964).
- Runia, Klaas. "The hermeneutics of the Reformers", *Calvin Theological Journal*, Vol. 19(1984).
- Ricoeur, P. Interpretation Theory: *Discourse and the Surplus of Meaning* (Fort Worth: Texas Christian University. 1976).
- __________. "*Philosophical Hermeneutics and Biblical Hermeneutics*" In From Text to Action : Essays in Hermeneutics . (Evanston: Northwestern University Press. 1991).
- Rhees, Ruth. *Ludwig Wittgenstein: Personal Recollections*, Totowa, NJ: Rowman and Littlefiled, 1981.
- Rudolf Bultmann, *Jesus and The Word* (N.Y. Scribner's, 1993).
- Schneider, John R. *Philip Melanchthon's Rhetorical Construal of Biblical Authority, Oratio Sacra* (Lewiston: The Edwin Mellen Press, 1990).
- Steinmetz, David, E., *Calvin in Context* (New York: Oxford University Press, 1995).

- Warfield, Benjamin Breckinridge. "John Calvin the Theologian", in *Calvin and Augustine,* ed. by Samuel G. Crag(Philadelphia: The Presbyterian and Reformed Publishing Co., 1956).
- Walker, W. *Calvin's Institutes.* Trans. E. N. Weiss(Geneva, 1909).
- Weber, J. C. *"Language-Event and Christian Faith"*, in: (Theology Today, 21. 1965).
- Wendel, Francois. *Calvin, Origins and Development of His Religious Thought.* Trans. Philip Mariet(New York: Harper& Row, 1963).
- Wittgenstein, Ludwig. *Tratatus Logico-Philosophicus,* Trans. C.K.Ogden, London; Roultedge & Kegan Paul LTD. 1981.
- ____________________. *Philosophical Investigation.* Third Edition. Trans. G.E.M. Anscombe.(New York:Macmillan Publishing Co. INC., 1958).
- ____________________. *Philosophical Grammar*, ed. Rush Rhees. Trans. Anthony Kenny(Oxford : Basil Blackwell, 1974).
- ____________________. *Culture and Value*. ed. G. H. von Wright, trans. Peter Winch(Chicago: The University of Chicago Press, 1980).
- Wolfson, H. A. *Philo* (Cambridge, 1947).

칼빈의 성경해석학, 성경해석자로서 성령

초판발행 2011년 10월 1일
지은이 고광필 · 김재흥
펴낸이 김길수
디자인 천수연
펴낸곳 UBF(대학생성경읽기선교회) 출판부
등록번호 제300-1982-0012호
등록일자 1980. 3. 27

주소 (110-850) 서울 종로구 효제동 54-2
Tel 741-2377, 763-7097 Fax 741-3350

값은 표지에 있습니다.
ISBN 978-89-86788-52-5 03230